项目资助

本书获西华师范大学出版基金和国家一般培育项目（19B002）共同资助

留守幼儿情绪及行为问题的实证研究

曹晓君 著

中国社会科学出版社

图书在版编目(CIP)数据

留守幼儿情绪及行为问题的实证研究 / 曹晓君著. —北京：中国社会科学
出版社，2021.6

ISBN 978 - 7 - 5203 - 8175 - 8

Ⅰ.①留… Ⅱ.①曹… Ⅲ.①农村—幼儿—情绪—行为分析—社会
问题—研究—中国 Ⅳ.①D669.5

中国版本图书馆 CIP 数据核字(2021)第 055502 号

出 版 人	赵剑英	
责任编辑	赵 丽	
责任校对	周 昊	
责任印制	王 超	

出 版	中国社会科学出版社	
社 址	北京鼓楼西大街甲 158 号	
邮 编	100720	
网 址	http://www.csspw.cn	
发 行 部	010 - 84083685	
门 市 部	010 - 84029450	
经 销	新华书店及其他书店	

印 刷	北京明恒达印务有限公司	
装 订	廊坊市广阳区广增装订厂	
版 次	2021 年 6 月第 1 版	
印 次	2021 年 6 月第 1 次印刷	

开 本	710×1000 1/16	
印 张	19.75	
字 数	294 千字	
定 价	99.00 元	

凡购买中国社会科学出版社图书，如有质量问题请与本社营销中心联系调换
电话：010 - 84083683

前　言

20世纪90年代以来，随着中国社会政治经济的快速发展，留守儿童的心理发展及教育问题成为学术界研究的热点。目前，大多数研究者主要针对学龄期留守儿童的教育、安全、情感缺失等问题进行探讨，而对处于学龄前期的留守幼儿关注极少。幼儿期是个体身心发展的关键时期，对今后健全人格及正常的社会性发展尤为重要。2010年颁布了《国家中长期教育改革和发展规划纲要（2010—2020）》，纲要中明确提出了"重点发展农村学前教育，努力提高农村学前教育普及程度，着力保证留守儿童入园"。这一纲要表明国家已经充分肯定了留守幼儿教育工作的重要性。留守儿童中的留守幼儿占很大比例，由于家庭结构的缺失导致幼儿产生一系列的情绪和行为问题，因此，留守幼儿更需要社会各界的关爱。若能为留守幼儿的问题找到合理的解决途径，这也将是保证整个教育公平的起点。

留守幼儿的情绪及行为问题影响着幼儿身心健康发展，本书就留守幼儿频繁出现的、典型的情绪及行为问题展开一系列实证研究。书中涉及相关情绪与行为问题、环境变量的测验量表和访谈问卷的编制与改编，同时涉及相应情绪与行为问题的情境实验设计。总之，通过问卷调查、结构与非结构式访谈、实验法、观察法等多种形式的实证研究方法，对留守幼儿情绪及行为问题的发生、发展特点进行系统考查。在实地调研的基础上，通过对数据及文字资料的收集、整理及深度分析后，从幼儿自身、留守家庭、幼儿园、社区、社会等角度进一步探讨留守幼儿情绪及行为问题发生的原因和心理机制，整合家庭、幼儿园、社会三大主力对留守幼儿的情绪及行为问题进行应对和干预。

　　本书从生态系统理论模型视角提出相应的教育对策，以期将这些方法与对策运用到留守幼儿的实际生活和教育教学中去，通过对不同的情绪及行为问题采用不同的措施进行干预，以消除留守幼儿典型的情绪及行为问题；主要采用幼儿园心理辅导、学习渗透、家庭教养、社区帮扶等多种途径，形成"幼儿—家庭—幼儿园—社会""生理—心理—社会—教育"相结合的良好的心理品质与行为习惯的养成和维护系统。

　　全书共八章内容，前四章主要针对留守幼儿的情绪问题及环境影响因素展开研究，第五章和第六章主要针对留守幼儿的行为问题及环境影响因素展开研究，第七章和第八章分别针对留守家庭和幼儿教师在教育中存在的问题及原因进行分析，在此基础上提出改善留守幼儿家庭教育及师幼关系问题的对策和建议。第一章的主要研究内容为留守幼儿的情绪理解，分三个小节，通过实验法和问卷法系统地探讨了留守幼儿情绪理解的发展特点及其与家庭教养方式的关系，并提出相应的教育对策。第二章的主要研究内容为留守幼儿的情绪表达规则知识，分三个小节，通过实验法和访谈法考察了留守幼儿情绪表达规则知识的发展状况及其对同伴关系的影响。第三章的主要研究内容为留守幼儿的情绪表达策略，分三个小节，通过实验法和问卷法考察了留守幼儿情绪表达策略的发展特点，以及家庭教养方式对留守幼儿情绪表达策略的影响。第四章的主要研究内容为留守幼儿的情绪调控策略，分四个小节，通过实验法、问卷法和访谈法深入探讨了留守幼儿情绪调控策略的发展特点及其与同伴关系、嫉妒情绪之间的关系。第五章的主要研究内容为留守幼儿的攻击行为，分三个小节，通过观察法、访谈法和问卷法系统考察了留守幼儿攻击行为的发展特点以及家庭教养方式、情绪理解对留守幼儿攻击行为的影响。第六章的主要研究内容为留守幼儿的社交退缩行为，分三个小节，通过问卷法考察了留守幼儿社交退缩行为的特点和家庭教养方式对留守幼儿社交退缩行为的影响。第七章的主要研究内容为留守幼儿的家庭教育问题及对策，分四个小节，通过问卷法和访谈法深入调查留守幼儿家庭教育现状，分析影响农村留守幼儿家庭教育的因素，从而提出改善农村留守幼儿家庭教育问题的对策和建议。第八章的主要研究内容为留守幼儿的师幼关系问题及对策，分四个小节，通过问卷法、访谈法和观察法相结合的研究方法，对留守幼儿师幼关系现状进行调查，在调查结果的基础上分析留守幼儿师幼关系存在的问题及原因，最后提出促进留守幼儿师幼关系良性互动的建议。

　　本书对留守幼儿的情绪及行为问题做了些许探索性研究，但由于作者水平有限，书中难免会有各种缺点和错误，真诚希望同行专家和广大读者批评指正。

目　　录

第一章　留守幼儿的情绪理解

自中国改革开放以来，伴随着城市化进程的不断加快，东西部地区经济发展越来越不均衡，迫使中西部农村大量剩余劳动力进入东部发达城市务工，因经济、社会多种客观因素的制约，务工人群的未成年子女无法跟随父母一起学习生活，只能留在当地农村由其他人代养，因此在社会中出现一个特殊群体——留守儿童。《中国 2010 年第6 次人口普查资料》数据显示，[1] 中国农村留守儿童约为 6100 万人，其中 3—6 岁的学龄前儿童占很大比例。2012 年国家教育部颁布《3—6 岁儿童学习与发展指南》，[2] 其中对 3—6 岁幼儿的生活、学习及身心发展等多方面提出指导性意见。2015 年 6 月 16 日至 18 日，习近平总书记在贵州农村调研期间强调，要关心留守儿童和老年人，做好保障和改善民生工作。2016 年《国务院关于加强农村留守儿童关爱保护工作的意见》[3] 中指出"进一步加强农村留守儿童关爱保护工作，为广大留守儿童的健康成长创造更好的环境"。结合目前民政部发布的《图表：2018 农村留守儿童数据》可知，截至 2018 年 9 月，中国农村留守儿童近 7000 万人，其中 0—5 岁的留守儿童占全国留守总人数的 21.7%。[4] 可见有相当数量的农村留守幼儿缺少父母陪伴。

---

[1] 中华人民共和国国家统计局：《2010 年第六次全国人口普查主要数据公报（第 1号）》（http://news. ifeng. com/gundong/detail_ 2011_ 04/28/6038844_ 0. shtml）。

[2] 中华人民共和国教育部：《学习贯彻〈3—6 岁儿童学习与发展指南〉》（http://baobao. sohu. com/20120529/n344346606. shtml）。

[3] 中华人民共和国中央人民政府：《国务院关于加强农村留守儿童关爱保护工作的意见》（http://www. gov. cn/zhengce/content/2016 – 02/14/content_ 5041066. htm.）。

[4] 中华人民共和国民政部：《图表：2018 农村留守儿童数据》（http://www. mca. gov. cn/article/gk/tjtb/201809/20180900010882. shtml）。

　　幼儿期是个体身心发展的关键时期，对今后健全人格及正常的社会性发展尤为重要。留守幼儿的父母由于外出工作等原因将幼儿留在老家，他们的成长教养主要由祖辈监护人来负责。留守幼儿父母的监护角色长期"转让"给年龄较大的祖辈，可能会因为父母角色缺失、祖辈教养精力不足、教养方式不当以及教养观念落后等因素导致留守幼儿的情感需求得不到满足，甚至遭到忽视。研究表明，留守儿童相比其他类型的儿童情绪更不稳定，社会行为问题更多，人际交往较差。[①] 也有研究指出，长时间与父母分离的留守幼儿更容易出现情绪及行为问题。[②] 但是，作为弱势群体的留守幼儿是不是"问题儿童"并没有十分绝对的定论，[③] 也并不能认为留守幼儿的发展结果就一定比非留守幼儿差。总之，开展留守幼儿情绪及行为方面更加深入、系统的研究不仅可以完善其社会性发展的理论体系，而且对于留守幼儿相关问题的解决及政策措施的制定均具有重要的现实意义。

第一节　幼儿情绪理解概述

一　情绪理解的概念

　　情绪理解是情绪能力的重要组成部分之一，指的是个体基于情境环境对情绪反应做出的识别与认知，包括对表情的识别、对情绪的认知与解释。目前，研究者对于情绪理解定义的侧重点均有所不同。Camras 认为情绪理解侧重于个体对情绪表达的认知与解释的能力，是儿童在早期就已形成的对个体的心理活动、动机行为以及情境情绪理解的能力。Cassidy 和 Parker 认为情绪理解侧重于个体大脑对情绪情

---

　　① 罗静、王薇、高文斌：《中国留守儿童研究述评》，《心理科学进展》2009 年第 17 期。

　　② 罗惠文、盖若琰、徐凌忠等：《外出务工的父母对学龄前留守儿童情绪和行为问题影响的研究》，《中国初级卫生保健》2016 年第 2 期。

　　③ 黎志华、尹霞云、朱翠英：《农村留守儿童情绪与行为特征：平均趋势与个体差异》，《湖南农业大学学报》（社会科学版）2013 年第 3 期。

境的储存与反应功能，个体通过观察情境，能够产生对他人情绪产生的原因以及情绪所造成的后果的认知，大脑因此将观察到的信息进行储存与整理，进而控制个体对信息所产生的情绪反应。Harris 和 Izard 认为情绪理解侧重于个体的有意识行为，个体能够有意识地识别与认知自身的情绪以及情绪产生的原因、情绪造成对外部环境的后果等。因此，他们主要以个体在外部环境中表现出的情绪反应为研究内容，以及研究个体心理活动内容与个体外部环境所表现的情绪反应之间的关系。Halberstadt 和 Carpenter 认为情绪理解侧重于个体的发展过程，个体对情绪最初的识别与认知是外部情境的情绪反应。随着时间的推移，个体的不断发展使其能够对外部情绪进行深入理解，会考虑到他人更为复杂的心理活动过程。综上所述，情绪理解可被定义为：个体不仅能够识别与认知他人外部的情绪反应，还能够了解与理解更为复杂、深层次的心理活动，探索他人情绪产生的原因以及所造成的后果。

二　情绪理解的分类

情绪理解包括对表情的识别、对情绪的认知与理解，不同的研究者对情绪理解的内容有不同的分类。

（一）按照年龄发展阶段对情绪理解分类

Pons 和 Harris 根据个体不同的年龄阶段将情绪理解的内容划分成为 9 个层次的类别：（1）情绪识别：3—4 岁的幼儿基于面部表情对基本情绪（喜、怒、哀、乐）的识别；（2）基于外部因素的情绪理解：3—4 岁的幼儿开始理解外部因素如何对情绪产生影响，以及理解情绪所带来的后果；（3）基于愿望的情绪理解：3—5 岁的幼儿开始能够理解对某一件事抱有不同的愿望时会有不同的情绪反应与情绪理解；（4）基于信念的情绪理解：4—6 岁的幼儿开始知道个体的内心对事物怀有信念或者态度，不论其信念是否正确，都会对个体的情绪反应与情绪理解产生影响；（5）基于线索的情绪理解：3—6 岁的幼儿能够对记忆与情绪之间的关系进行理解，如幼儿曾经经历过一件快乐的事情，当幼儿的记忆被激活，再次回忆当时的场景时依然能够产生情绪反应；（6）情绪调节策略：6—8 岁的幼儿能够对自己的情绪采用策略进行调节；（7）情绪隐藏：4—6 岁的幼儿已经能够开始理解内心真实的情绪与外部表现出来的情绪之间的差别；（8）基于混合情绪的理解：8 岁左右的幼儿能够理解在情境下可以产生多种不同的情绪反应；（9）基于道德的情绪理解：8 岁左右的幼儿能够理解积极情绪或者消极情绪的产生都是基于道德判断产生的，当个体受到道德称赞时会产生积极情绪，当个体受到道德谴责时则会产生消极情绪。

（二）情绪理解的维度分类

此外，还有研究者认为情绪理解的内容由三个维度，共 10 个成分构成：（1）第一个维度（基于外部环境的情绪理解）：它由 3 个成分构成，其中包括面部表情识别、情绪情境识别与情绪反应；（2）第二个维度（基于内部状态的情绪理解）：它由 3 个成分构成，其中包括基于愿望、基于信念以及基于情绪表达规则的情绪理解；（3）第三个维度（基于反思的情绪理解）：它由 4 个成分构成，其中包括基于混合情绪、基于道德、基于情绪调节以及基于情绪产生原因的情绪理解。

国内研究者从不同的角度对情绪理解内容分类进行了探讨与分析，其一是从情绪状态的角度，对情绪理解内容分类进行整理与分析，认为情绪理解内容应该包含表情识别、情绪情境识别以及混合情绪的情绪理解；其二是从情绪过程的角度，对情绪理解内容分类进行整理与分析，认为情绪理解内容应该包含基于愿望的情绪理解、基于信念的情绪理解、基于情绪表达规则的理解以及基于情绪调节的理解。[①]

（三）幼儿情绪理解的分类

幼儿情绪理解的内容包括以下几个方面：（1）面部表情识别：面部表情是人们将感受、情绪展现给外部的一种方式，有研究发现婴儿

---

① Harris, P. L., Johnson, C. N., Hutton, D., Anddrews, G., Cooke, T., "Young Children's Theory of Mind and Emotion", *Cognition and Emotion*, Vol. 3, 1989, pp. 379 – 400.

早期便能识别面部表情，甚至可以模仿他人的面部表情。[①] 2—3 个月的婴儿也能识别基本情绪（喜、怒、哀、乐），但只能识别静态的面部表情。[②] 经典的视崖研究也证明了婴儿在识别面部表情时，将他人的面部表情作为社会参照，并由社会参照来指示婴儿做出行为反应。社会参照能够指导婴幼儿根据他人的情绪表情做出行为反应，还能帮助婴幼儿通过这些情绪表情来理解他人的意图。[③] 研究发现，在识别不同的面部表情上，只有 19% 与 26% 的幼儿能够识别出消极情绪（悲伤、愤怒），有 64% 的幼儿能够识别出积极情绪（快乐），15% 的幼儿能够识别出中性的面部表情。[④] 幼儿在识别面部表情时也有显著的性别差异，女孩的面部表情识别能力高于男孩，尤其是在识别消极情绪（悲伤）时更是高于男孩。[⑤]（2）情绪情境识别：指幼儿根据情境中存在的信息与线索来识别他人的情绪。研究发现，他人在情境中的情绪反应能够被 3 岁幼儿进行情绪识别，这就表明 3 岁左右的幼儿能够根据情境中的信息与线索来识别他人的情绪。[⑥]（3）基于愿望、信念的情绪理解：基于愿望的情绪理解是指幼儿理解对某一件事抱有不同的愿望时会有不同的情绪反应与情绪理解，基于信念的情绪理解是指幼儿开始知道个体的内心对事物怀有信念或者态度，不论其信念是否正确，都会对个体的情绪反应与情绪理解产生影响。

①　Haviland, J., Lelwica, M., "The Induced Affect Response: 10-Week-Old Infants' Responses to Three Emotion Expressions", *Development Psychology*, Vol. 23, 1987, pp. 97 – 104.

②　Schwarzer, G., Jovanovic, B., "The Relationship Between Processing Facial Identity and Emotional Expression in 8-Month-Old Infants", *Infancy*, Vol. 15, No. 1, 2010, pp. 28 – 45.

③　Sorce, J. F., Emde, R. N., Campos, J. J., "Maternal Emotional Signaling: Its Effects on the Visual Cliff Behavior of 1-Year-Olds", *Developmental Psychology*, Vol. 21, 1985, pp. 195 – 200.

④　Jones, D. J., Abbey, B., "The Development of Display Rule Knowledge: Linkage with Family Expressive and Social Competence", *Child Development*, Vol. 69, No. 4, 1994, pp. 1209 – 1222.

⑤　Cervants, C. A., Callanan, M. A., "Lables and Explanations in Mother-Children Emotion Talk: Age and Gender Difference", *Developmental Psychology*, Vol. 60, 1989, pp. 411 – 422.

⑥　Denham, S. A., "Social Cognition, Prosocial Behavior, and Emotion in Preschoolers: Contextual Validation", *Child Development*, Vol. 57, No. 3, 1986, pp. 194 – 201.

3 岁左右的幼儿开始能够理解基于愿望的情绪理解，4 岁时开始理解基于信念的情绪理解，在幼儿 6 岁时能够根据信念有关的情绪来理解相关的任务。随着年龄的增长，幼儿基于愿望、信念的情绪理解能力也随之提高。[①]（4）基于混合情绪的理解：基于混合情绪的理解是指幼儿对他人在同一个情境下产生的多种不同情绪的理解。由于幼儿认知水平较低，因此幼儿很难理解他人能够同时具有多种不同的情绪。Donaldson 以幼儿对混合情绪的理解能力进行研究，提出幼儿基于混合情绪的理解共经历三个水平。水平 0（4—5 岁）：4—5 岁的幼儿只能理解一种情绪，无法理解两种或者多重情绪；水平 1（5—8 岁）：5—8 岁的儿童开始能够理解个体能同时拥有多种情绪，但只能根据情绪产生的顺序对多种情绪进行理解，不能理解多种情绪可以同时产生；水平 2（8—11 岁）：8—11 岁的儿童能够理解他人可以产生多种不同的情绪，也能理解同一情境下能够产生不同的甚至是矛盾的情绪。

三　幼儿情绪理解的影响因素

（一）言语发展对幼儿情绪理解发展的影响

言语发展水平的高低能够对幼儿情绪理解发展产生重要的影响。有研究发现，幼儿掌握新型词汇的水平与其发展面部表情识别能力有着显著的关系。[②]并且，幼儿掌握言语语法能力的水平能够显著地影响其情绪理解能力的发展。同时，言语环境也能够对幼儿的情绪理解能力发展产生影响。亲子之间的对话内容、对话风格、对话频率等均与幼儿的情绪理解发展能力有着显著相关性，这就意味着幼儿的情绪理解发展会受到不同言语环境的影响。[③]研究发现，从 1 岁半开始到

---

① Harris, P. L., Johnson, C. N., Hutton, D., Anddrews, G., Cooke, T., "Young Children's Theory of Mind and Emotion", *Cognition and Emotion*, Vol. 3, 1989, pp. 379 – 400.

② Widen, S. C., Russell, J. A., "Children Acquire Emotion Categories Gradually", *Cognitive Development*, Vol. 23, No. 2, 2008, pp. 291 – 312.

③ Fivush, R., "Maternal Reminiscing Style and Children's Developing Understanding of Self and Emotion", *Clinical Social Work Journal*, Vol. 35, No. 1, 2007, pp. 37 – 46.

11 岁之间的这个发展过程，是儿童发展情绪理解能力的关键时期。[①]
在这期间，由于 4 岁左右的幼儿言语水平得到快速发展，能够与他人
进行有效交流与情绪表达，因此，有研究发现 4 岁是幼儿发展情绪理
解能力的重要时期。[②]

（二）家庭教养环境对幼儿情绪理解发展的影响

不同的家庭环境能够对幼儿情绪理解发展产生不同的影响。幼
儿的情绪理解能力受到父母的情绪表达以及父母与幼儿之间的沟
通、交流质量的影响。因此，根据以往的研究可以发现，不同的
家庭教养环境会对幼儿的情绪理解能力产生不同的影响，和谐的
家庭环境与良好的家庭教养方式能够促进幼儿情绪理解能力的发
展。研究发现，相比非留守幼儿，留守幼儿的情绪理解能力得分
更差，这就意味着留守幼儿的情绪理解能力发展有一定的缺陷，
这会影响留守幼儿以后的情绪能力发展，以及影响留守幼儿的社
会交往能力与社会性发展。[③] 国外有研究者以 3—5 岁的寄养幼儿
为研究对象，对寄养幼儿的情绪理解能力与心理理论进行探究。
结果发现，寄养幼儿与非寄养幼儿在情绪理解能力与心理理论方
面均有显著差异，寄养幼儿明显存在不良的心理与行为、情绪理
解水平较低等现象。[④]

（三）亲子依恋对幼儿情绪理解发展的影响

抚养者与幼儿的情感交流影响幼儿的情绪理解发展。有研究表
明，亲子之间的依恋对幼儿的情绪理解能力有显著的影响，当幼
儿对抚养者形成安全型依恋时，其情绪理解能力能够得到更好的

---

① Pons, F., Lawson, J., Harris, P. L., De, R. M., "Individual Differences in Children's Emotion Understanding: Effects of Age and Language", *Scandinavian Journal of Psychology*, Vol. 44, No. 4, 2003, pp. 347 – 353.

② 陈英和、崔艳丽、王雨晴：《幼儿心理理论与情绪理解发展及关系的研究》，《心理科学》2005 年第 3 期。

③ 展宁宁：《农村留守幼儿的情绪理解能力与侵犯性和同伴关系的关系》，《社会心理科学》2014 年第 10 期。

④ Pears, K. C., "Emotion Understanding and Theory of Mind among Maltreated Children in Foster Care: Evidence of Deficits", *Development and Psychopathology*, Vol. 17, 2015, pp. 47 – 65.

发展。[①] 研究发现，幼儿在 1 岁左右对母亲产生的依恋关系能够显著地预测幼儿 6 岁时的情绪理解能力。[②] 有研究者以中国家庭教养环境为研究背景，通过采用情境故事与情绪表情图片来研究幼儿的情绪理解发展，并根据幼儿依恋的不同类型来研究幼儿的依恋与情绪理解之间的关系。结果发现，安全型依恋在情绪理解上有显著的优势，即安全型依恋的幼儿在情绪理解总分以及基于外部因素的情绪理解、基于愿望与信念的情绪理解得分上显著高于其他依恋类型的幼儿。[③] 从依恋类型理论角度出发，当幼儿为安全型依恋时，幼儿与抚养者之间的沟通与交流是积极与健康的，因此幼儿能够在与抚养者的互动中学习到如何准确地识别与理解他人的情绪反应。

（四）父母元情绪理念对幼儿情绪理解发展的影响

父母元情绪理念与幼儿情绪理解发展密切相关。有研究表明，具有良好的情绪理念的母亲与幼儿的情绪理解发展呈显著的正向相关，[④]而与幼儿的攻击性行为、焦虑倾向等呈显著的负向相关。[⑤][⑥] 具有良好的情绪理念的母亲，通常向幼儿展现较为积极的情绪，并对幼儿的情绪反应进行帮助与指导，进而推动幼儿情绪理解能力的提升。[⑦] 母

---

① Ontai, L. L., Thompson, R. A., "Patterns of Attachment and Maternal Discourse Effects on Children's Emotion Understanding From 3 to 5 Years of Age", *Social Development*, Vol. 11, No. 4, 2002, p. 18.

② Steele, H., Steele, M., Croft, C., Fonagy, P., "Infant-Mother Attachment at One Year Predicts Children's Understanding of Mixed Emotions at Six Years", *Social Development*, Vol. 8, No. 2, 2010, pp. 161 – 178.

③ 马伟娜、姚雨佳、曹亮：《幼儿情绪理解层次的发展及其与依恋的关系》，《心理发展与教育》2010 年第 5 期。

④ 蒋雅琳：《父母的后设情绪理念对幼儿情绪调节能力的影响》，硕士学位论文，台南大学，2005 年，第 66 页。

⑤ Lunkenheimer, E. S., Shields, A. M., Cortina, K. S., "Parental Emotion Coaching and Dismissing in Family Interaction", *Social Development*, Vol. 16, No. 2, 2007, pp. 232 – 248.

⑥ Katz, L. F., Windecker-Nelson, B., "Parental Meta-Emotion Philosophy in Families with Conduct-Problem Children: Links with Peer Relations", *Journal of Abnormal Child Psychology*, Vol. 32, No. 4, 2004, pp. 385 – 398.

⑦ Denham, S., Kochanoff, A. T., "Parental Contributions to Preschoolers' Understanding of Emotion", *Marriage and Family Review*, Vol. 34, No. 3, 2002, pp. 311 – 343.

亲情绪紊乱阻碍幼儿情绪识别能力的发展，母亲对幼儿的情绪过于干涉也会阻碍幼儿情绪识别能力的发展。[①] 也就是说，母亲对于幼儿自身的情绪反应进行过度地干涉与管教时，可能会对幼儿情绪理解发展产生负面影响。当母亲的情绪理念较为紊乱时，难以调节自我情绪与幼儿的情绪反应，从而会导致幼儿的情绪理解能力水平较低。通常来说，母亲在家庭中是幼儿主要的抚养者，因此母亲情绪紊乱，难以解决自我情绪与家庭中其他人的情绪，更会破坏整个家庭的教养环境，让幼儿在消极的家庭教养环境中成长，这样则会不利于幼儿的情绪理解发展。此外，父亲作为家庭中的一员，在家庭环境中经常具有消极的情绪，对幼儿的情绪反应过于指责与冷漠时，也可能会不利于幼儿情绪能力的发展。[②] 研究发现，父母的元情绪理念能够对幼儿的情绪调节与情绪理解能力起到显著的预测作用，并且能够根据幼儿的情绪调节与情绪理解能力对幼儿的社会行为进行间接的预测。[③]

第二节　留守幼儿情绪理解的发展特点

一　幼儿情绪理解的发展特点

（一）幼儿基于面部表情识别的情绪理解的发展特点

越来越多的学者对面部表情识别的研究对象从婴儿转向幼儿。3—5 岁的幼儿基于面部表情的识别得分较高，多数国外的研究者认为，幼儿时期是发展面部表情识别能力的关键期。Harrigan，J. A. 分

---

① Katz, L. F., Windecker-Nelson, B., "Domestic Violence, Emotion Coaching and Child Adjustment", *Journal of Family Psychology*, Vol. 20, No. 1, 2006, pp. 56 – 67.

② Eisenberg, N., Gershoff, E. T., Fabes, R. A., Shepard, S. A., Cumberland, A. J., Losoya, S. H., et al., "Mother's Emotional Expressivity and Children's Behavior Problems and Social Competence: Mediation through Children's Regulation", *Developmental Psychology*, Vol. 37, No. 4, 2002, pp. 475 – 490.

③ Cunningham, J. N., Kloewer, W., Garner, P. W., "Emotion Socialization, Child Emotion Understanding and Regulation and Adjustment in Urban African American Families: Differential Associations across Child Gender", *Development and Psychopathology*, Vol. 21, No. 1, 2009, pp. 261 – 283.

别选取幼儿与儿童进行面部表情识别，幼儿年龄为 3 岁组与 6 岁组，儿童年龄为 9 岁组与 12 岁组。研究结果发现，12 岁组儿童的面部表情识别得分显著高于 6 岁组与 3 岁组的幼儿，9 岁组儿童与 6 岁组幼儿的面部表情识别得分显著高于 3 岁组幼儿。由此可以看出，当幼儿处于 3—12 岁这一时期时，其面部表情识别能力不断上升。[1] Izard，C. E. 等将儿童分为两个实验组分别进行面部表情识别能力的研究。一个实验组的年龄为 2—5 岁，该实验组的幼儿根据实验的指令完成寻找情绪表情图片的任务，然后再对找出的情绪表情图片进行表情命名。另一个实验组的年龄为 6—9 岁，该实验组则是先对情绪表情图片完成表情命名的任务，然后再对情绪表情进行再认。研究结果发现，2—5 岁组的幼儿，其实验得分随着年龄的增长而提高。而 6—9 岁组的儿童发展到 7—9 岁时实验得分已经趋于稳定。该研究结果表明 2—6 岁是幼儿面部表情识别能力快速发展的时期，在 6 岁左右时其面部表情识别能力趋于成熟，发展速度也较为稳定。[2] 该研究结果与 Harrigan 的结果均论证了 3—6 岁是幼儿面部表情识别能力快速发展的时期。

同时，众多国内的研究者也对幼儿的面部表情识别能力进行研究。有研究者对基本情绪的面部表情识别能力进行研究，基本情绪包括喜、怒、哀、乐四种。研究对象为 4—7 岁的儿童，以此来研究 4—7 岁儿童的面部表情识别能力。实验结果表明，4—7 岁儿童在面部表情识别得分上有显著的差异，年龄越大其得分也越高，4—6 岁与 7 岁儿童的面部表情识别得分有显著差异，表明 6—7 岁是儿童面部表情识别能力快速发展的时期。[3] 另外有研究者以 3—6 岁的幼儿为研究对象进行面部表情识别能力研究，结果发现，幼儿的面部表情识别能

---

[1] Harrigan, J. A., "The Effect of Task Order on Children's Identification of Facial Expressions", *Motivation and Emotion*, Vol. 8, 1984, pp. 157 – 169.

[2] Izard, C. E., Harris, P. L., "Emotional Development and Developmental Psychopathology", *Developmental Psychopathology*, Vol. 1, 1995, pp. 467 – 503.

[3] 莫书亮、苏彦捷：《儿童情绪表情识别的眼睛线索之发展研究》，《心理科学》2004 年第 6 期。

力在 3—5 岁时快速发展，幼儿在发展到 5 岁之后其面部表情识别能力趋于平缓。[①] 在研究面部表情识别能力的基础之上，有研究者对面部表情的动态状态进行了研究。以 4—6 岁幼儿为研究对象，探讨幼儿识别面部表情的动态状态的能力。研究结果发现，幼儿在 4 岁时对于积极情绪（高兴、快乐）动态状态的识别能力已经趋于完善，在 6 岁时对积极情绪与消极情绪（悲伤、愤怒）动态状态的识别能力也已经开始趋向成熟。[②]

（二）幼儿基于情境的情绪理解的发展特点

幼儿在一定的情境环境中，根据他人的表情、情境线索等来理解情境情绪。幼儿基于情境的情绪理解的研究方法大部分采用的是情境故事法，向幼儿呈现容易理解的故事来考察幼儿能否准确识别与理解故事中人物的情绪。[③] 然而，由于幼儿的认知水平与言语理解水平较低，因此采用情境故事法来研究幼儿基于情境的情绪理解具有一定的局限性。考虑到幼儿的认知水平有限，Denham 以布偶的表情线索来研究幼儿基于情境的情绪理解，并分为两种不同的情境。一种是明显情境，指的是大部分人在该情境下都能够体验到一种情绪，比如过年发压岁钱时幼儿都能体验到开心情绪。另一种是非明显情境，指的是在该情境下不同的人能够体验到不同的情绪，比如要上体育课时，喜爱运动的幼儿很开心，而不喜爱运动的幼儿则会有不开心的情绪。在实验开始之前，由幼儿的母亲报告幼儿在该情境下应有的情绪反应。实验正式开始时，呈现的布偶则会表现出与母亲报告相反的情绪反应，比如母亲报告幼儿在上体育课时会感到不开心，在实验中布偶上体育课时则会表现出很开心的情绪反应，要求幼儿从四种基本情绪（喜、怒、哀、乐）中挑选出一种合适的

---

① 王振宏、田博、石长地、崔雪融：《3—6 岁幼儿面部表情识别与标签的发展特点》，《心理科学》2010 年第 2 期。

② 马啸：《4—6 岁幼儿动态表情识别能力发展特点》，硕士学位论文，陕西师范大学，2012 年，第 37 页。

③ Ribordy, S. C., "Vignettes for Emotion Recognition Research and Affective Therapy with Children", *Journal of Clinical Child Psychology*, Vol. 17, 1988, pp. 322 – 325.

表情贴在布偶身上，以此来研究幼儿是否能够控制自身的情绪体验，站在他人的角度来理解情绪反应。①② 实验结果表明，在明显的情绪中，幼儿对开心与伤心的情绪识别最高，对害怕的情绪识别最低。③ 在母亲报告幼儿的情绪反应与布偶表现的情绪反应相反的情况下，幼儿对情绪的识别较高。在非明显的情境中，幼儿对开心—伤心的情绪识别较高，对愤怒—恐惧的情绪识别较低。④ 此外，Denham, S. A. 的研究发现 3 岁左右的幼儿就能够结合情境与情绪，由情境中的线索推断出他人的情绪反应。⑤

有研究者在单一的情境情绪识别与理解的基础上，考察了幼儿对于在一个情境中有多种情绪反应的识别与理解。在一个情境中向幼儿呈现出相互冲突、矛盾的情绪反应，结果发现，4—5 岁的幼儿无法识别出多种情绪反应，只能理解单一的情绪反应。当幼儿稍微年长一点，则能够理解在一个情境中产生的相互冲突、矛盾的情绪反应。⑥

（三）幼儿基于愿望、信念的情绪理解的发展特点

愿望是指个体对某一件事抱有一定的想法，并想要得到实现的一种心理状态，是比较常见的一种表现形式。⑦ 幼儿在早期就已经能够理解愿望，并且 2 岁左右的幼儿就能够正确使用关于愿望的词汇。关于信念的定义基本一致。彭聃龄认为信念可以调节与控制个体的行为，是个体坚信某种观念的一种人格倾向；黄希庭认为，信

---

① Arsenio, W., "Affective Predictors of Preschoolers' Aggression and Peer Acceptance: Direct and Indirect Effects", *Developmental Psychology*, Vol. 36, 2000, pp. 438 – 448.

② Garner, P. W., "Continuity in Emotion Knowledge From Preschool to Middle-Childhood and Relation to Emotion Socialization", *Motivation and Emotion*, Vol. 23, No. 4, 1999, pp. 247 – 266.

③ Denham, S. A., Couchoud, E. A., "Young Preschoolers' Understanding of Emotion", *Child Study Journal*, Vol. 20, No. 3, 1990, pp. 171 – 192.

④ Denham, S. A., Couchoud, E. A., "Young Preschoolers' Understanding of Equivocal Emotion Situations", *Child Study Journal*, Vol. 20, No. 3, 1990, pp. 193 – 202.

⑤ Denham, S. A., "Social Cognition, Prosocial Behavior, and Emotion in Preschoolers: Contextual Validation", *Child Development*, Vol. 57, No. 3, 1986, pp. 194 – 201.

⑥ 熊莲君：《父母教养方式对3—6岁幼儿情绪理解能力发展的影响》，硕士学位论文，湖北师范大学，2017年，第38页。

⑦ 彭聃龄：《普通心理学》，北京师范大学出版社2001年版，第328页。

念是个体坚信某种观念是正确的，并且个体的行为受其支配的一种个性倾向。[1] 信念的定义包括三个层面：第一，信念具有差异性，每个个体所拥有的信念都不一样，它是个体主观的一种观念；第二，信念具有确信感，个体对某种观念抱有坚信的确定感；第三，信念能够影响个体的行为。[2] 愿望与信念不同，信念是对世界的表征与解释，包含的东西较为复杂，属于高级的心理状态。而愿望则较为直观、容易理解。基于信念的情绪理解是指个体对情境中自己或他人所坚信的观念是否一致时所产生的情绪反应。[3] 幼儿基于愿望与信念的情绪理解的研究方法通常采用的是情境情绪法，是指为幼儿呈现设定的情境，在该情境中有的能够满足人物的愿望，也有的不能满足人物的愿望，情境中人物会根据愿望能否得到满足来产生相应的情绪反应，然后要求幼儿对情境中产生的情绪反应做出判断与评价。

Harris 曾经采用情境情绪法来研究幼儿基于愿望与信念的情绪理解。在实验中，Harris 为幼儿呈现一定的情境：设定小猫咪喜欢吃小鱼干，然后在小猫咪不知情的情况下，用鸡肉干换掉了小猫咪喜欢吃的小鱼干。然后让幼儿判断小猫咪在吃鸡肉干之前（基于信念的情绪理解）与吃鸡肉干之后（基于愿望的情绪理解）的情绪体验。研究结果发现，大部分 3 岁左右的幼儿能够对基于愿望的情绪进行理解，也就是说大部分 3 岁的幼儿能够判断小猫咪在吃鸡肉干之后的情绪是不开心的，因为和自己的期望不一样，但此时的幼儿无法理解基于信念的情绪反应。[4] 幼儿在发展到 4 岁时，开始理解基于信念的情绪，在发展到 6 岁时，大部分幼儿都能够理解基于信念的情绪。有研究表明，幼儿基于愿望的情绪理解的发展关键期在 4—5 岁，并且幼儿在 5

---

① 黄希庭：《普通心理学》，人民教育出版社 2000 年版，第 211 页。

② 甄炜：《3—6 岁儿童愿望、信念情绪理解认知发展的实验研究》，硕士学位论文，山西大学，2005 年，第 1 页。

③ 陈璟、李红：《幼儿心理理论愿望信念理解与情绪理解关系研究》，《心理发展与教育》2008 年第 1 期。

④ 参见卓美红《2—9 岁儿童情绪理解能力的发展研究》，硕士学位论文，浙江大学，2008 年，第 7 页。

岁时已经普遍能够理解基于愿望的情绪。[①]

　　研究者发现，5—6 岁的幼儿在基于愿望的情绪理解上没有显著差异，并且幼儿在发展到 6 岁时都能理解愿望与情绪之间的关系。然而，4 岁与 6 岁的幼儿在基于信念的情绪理解得分上有显著差异，这也就是说幼儿基于信念的情绪理解能力随着年龄的增长而不断提高，4 岁是幼儿发展基于信念的情绪理解能力的关键期。[②] 有研究者以 3—5 岁的幼儿为研究对象，对幼儿基于愿望、信念的情绪理解的发展进行研究，结果发现，3 岁与 5 岁幼儿在情绪理解的方式上存在差异，并且 3—5 岁的学龄前儿童能够准确推测他人的愿望，4—5 岁的幼儿开始能够基于信念推测他人的情绪。[③] 幼儿基于愿望、信念的情绪理解有不同的研究结果，其原因可能是研究对象与研究方法不一样造成的差异性。但结合有关研究可以看出，幼儿基于愿望的情绪理解的发展时期早于基于信念的情绪理解。

　　（四）幼儿基于混合情绪理解的发展特点

　　幼儿基于混合情绪理解的发展是幼儿情绪理解能力发展的重要成分之一，对幼儿在日常生活中准确理解他人情绪以及理解事物都具有重要的实际意义。[④] Harris，P. L. 以幼儿基于混合情绪理解形成过程为研究内容，为幼儿设计了一个能够产生混合情绪的情境。结果发现，6 岁之前的幼儿只能准确理解其中一种情绪。基于此，研究者在一个情境中设计出不同的情绪，比如一个情境中包括积极情绪与消极情绪，再让幼儿对情境中不同的情绪进行识别，结果发现，幼儿在单个情绪情境中能够准确识别其中的情绪。但如果将两种情绪混合在一个情境中，6 岁之前的幼儿则只能识别一种情绪，无法识别与理解在

---

　　① Harris, P. L., Johnson, C. N., Hutton, D., Anddrews, G., Cooke, T., "Young Children's Theory of Mind and Emotion", *Cognition and Emotion*, Vol. 3, 1989, pp. 379 - 400.

　　② Denham, S. A., "Social Cognition, Prosocial Behavior, and Emotion in Preschoolers: Contextual Validation", *Child Development*, Vol. 57, No. 3, 1986, pp. 194 - 201.

　　③ 杨小冬、方格：《学前儿童对事实、信念、愿望和情绪间关系的认知》，《心理学报》2005 年第 5 期。

　　④ Steele, H., Steel, M., Croft, C., et al., "Infant-Mother Attachment at One Year Predicts Children's Understanding of Mixed Emotions at Six Years", *Social Development*, Vol. 8, No. 2, 1999, pp. 161 - 178.

一个情境中的两种情绪。① Gnepp, K. 的研究认为, 6 岁之前的幼儿不能理解一个情境产生两种不同情绪的原因在于幼儿认知水平较低, 无法判断情境中复杂的情绪, 因此只能理解情境中第一次接触的情绪。② 然而, 也有研究证明, 5 岁左右的幼儿可能会根据特定的情境来区分与识别相互冲突、矛盾的事件。4—5 岁的幼儿可能会理解不同的事件会产生不同的情绪。③

Steele 等研究者通过给幼儿呈现卡通人物的情境, 让幼儿在情境中识别出卡通人物的情绪。结果发现, 5—6 岁的幼儿开始能够识别出卡通人物的混合情绪, 如快乐与悲伤。但是由于呈现的情境都是相继发生的, 不是在同一个情境中产生的混合情绪, 因此该研究结果与意义有一定的局限性。Gordis 等研究者弥补了这一不足, 研究采用的情境能够产生相互冲突、矛盾的混合情绪。研究结果发现, 6 岁左右的幼儿开始能够理解混合情绪, 如快乐与悲伤。Wintre, M. 则认为, 由于年龄较小的幼儿言语表达与情绪表达发展较为缓慢, 因此只能对情境中的一种情绪做出相应的反应。④ Harter, S. 与 Buddin, B. 则从同质性的角度, 将混合情绪分为同质性混合情绪和非同质性混合情绪。同质性混合情绪是指混合情绪属于同一种性质, 比如同属于积极性情绪, 或者是同属于消极性情绪。非同质性混合情绪是指混合情绪的性质不相同, 比如在混合情绪中同时存在积极性与消极性的情绪。研究结果发现, 当幼儿发展到 7 岁左右时才能识别同质性混合情绪。随着年龄的增长, 发展到 11 岁时才能识别与理解非同质性混合情绪。⑤

---

① Harris, P. L., *Children and Emotion: Mixed Emotions*, Oxford: Blackwell Publishers, 2001, p. 101.

② Gnepp, K., "Recognition of Uncertainty in Emotional Inferences: Reasoning about Emotionally Equivocal Situations", *Developmental Psychology*, Vol. 28, No. 2, 1992, pp. 145 – 158.

③ Bennett, M., Galpert, L., "Children's Understanding of Multiple Desire", *International Journal of Behavioral Development*, Vol. 16, No. 1, 1993, pp. 15 – 33.

④ Wintre, M., "Self-Predictions of Emotional Response Patterns: Age, Sex, and Situational Determinants", *Child Development*, Vol. 61, 1990, pp. 1124 – 1133.

⑤ Harter, S., Buddin, B., "Children's Understanding of the Simultaneity of Two Emotions: A Five Stage Developmental Acquisition Sequence", *Developmental Psychology*, Vol. 23, No. 3, 1987, pp. 388 – 399.

二　留守幼儿情绪理解的发展特点

中国普遍存在留守幼儿的现象，相当一部分的留守幼儿在个体成长发展过程中缺乏父母的陪伴与教养，因此或多或少会存在心理与行为问题。由于幼儿期是个体身心发展的关键期，对此我们应当重视幼儿时期的心理健康问题。考虑到留守幼儿的特殊性，本书对留守幼儿的情绪及行为倾向等进行了多方面的研究。那么，针对留守幼儿情绪理解的性别、年龄及监护类型等方面的差异问题，笔者进行了如下研究。

（一）研究方法

1. 研究对象

随机选取四川省南充市高坪区某镇一所幼儿园小、中、大班的86名留守幼儿作为研究被试。其中小班25名，中班29名，大班32名；男童48名，女童38名。不同监护类型中祖辈监护（由祖父母或外祖父母抚养）的留守幼儿有34名，单亲监护（由父亲或母亲独自抚养）的留守幼儿有52名。具体数据见表1-1。

表1-1　　　　　　　幼儿基本情况分布表　　　　　单位：人

	男童	女童	总人数
小班	15	10	25
中班	15	14	29
大班	18	14	32
总人数	48	38	86

2. 研究工具

参照Harris等人制作的TEC情绪图片，为被试提供积极情绪（高兴）、中性情绪（平静）和消极情绪（悲伤、害怕）三种类型的情绪理解图片。为了避免性别因素对幼儿材料理解的干扰，我们把实验图片设计为男孩版与女孩版。实验过程中主试向幼儿展示不同性别儿童的三种表情图片，考察幼儿情绪理解的真实水平。如果幼儿能够识别图片中的情绪计 1 分，不能识别则计 0 分，最后记录幼儿在不同情绪理解任务上分别的得分及总分。

3. 研究程序

研究人员采取跟班的形式进行访谈实验，每个班级平均跟班一周。情绪理解采取单独访谈的方法，在幼儿自由活动时间内进行，记录幼儿在每种情绪图片上的情绪理解得分。

4. 数据处理

根据幼儿在情绪理解任务上的表现对其选择进行计分并计算总分，将所有整理的数据采用 SPSS 22.0 进行统计分析，分析方法包括描述性统计、t 检验、方差分析和事后检验。

（二）研究结果

1. 留守幼儿情绪理解的性别差异比较

为考察不同性别留守幼儿情绪理解能力的差异，本书对男女童的情绪理解能力进行独立样本 t 检验（结果见表 1 - 2）。

表 1 - 2　　留守幼儿情绪理解的性别差异比较（M ± SD）

	男童	女童	t
高兴	0.81 ± 0.394	0.97 ± 0.162	- 2.363 *
平静	0.38 ± 0.489	0.34 ± 0.481	- 0.313
伤心	0.88 ± 0.334	0.89 ± 0.311	- 0.283
害怕	0.25 ± 0.438	0.34 ± 0.481	- 0.981
情绪理解总分	2.31 ± 1.014	2.55 ± 0.860	- 1.187

注：* $p < 0.05$，** $p < 0.01$，*** $p < 0.001$；情绪理解总分是指高兴、平静、伤心、害怕情绪得分相加的总分，下同。

经独立样本 t 检验，结果显示，男童对高兴情绪的理解能力显著低于女童（t = - 2.363，$p < 0.05$）。但在对平静、伤心、害怕情绪的理解及情绪理解总分上，男女童之间的性别差异不显著（$p > 0.05$）。

2. 留守幼儿情绪理解的年级差异比较

为考察不同年级留守幼儿的情绪理解能力差异，本书对小、中、大班留守幼儿的情绪理解能力进行单因素方差分析（结果见表 1-3）。

表1-3 留守幼儿情绪理解的年级差异比较

	年级	M ± SD	F
高兴	小班	0.76 ± 0.436	3.125*
	中班	0.90 ± 0.310	
	大班	0.97 ± 0.177	
平静	小班	0.20 ± 0.408	3.767*
	中班	0.31 ± 0.471	
	大班	0.53 ± 0.507	
伤心	小班	0.92 ± 0.277	0.421
	中班	0.90 ± 0.310	
	大班	0.84 ± 0.369	
害怕	小班	0.16 ± 0.374	5.984**
	中班	0.17 ± 0.384	
	大班	0.50 ± 0.508	
情绪理解总分	小班	2.04 ± 0.841	6.171**
	中班	2.28 ± 0.841	
	大班	2.84 ± 0.987	

根据单因素方差分析结果可知，高兴情绪理解的年级差异比较显著 [$F_{(1, 86)}$ = 3.125，$p < 0.05$]，经事后检验发现，小班留守幼儿对高兴情绪的理解比大班要差（M [小班 - 大班] = -0.209，$p < 0.05$）。平静情绪理解的年级差异也比较显著 [$F_{(1, 86)}$ = 3.767，$p < 0.05$]，经事后检验发现，小班留守幼儿对平静情绪的理解比大班要差（M [小班 - 大班] = -0.331，$p < 0.05$）。害怕情绪理解的年级差异非常显著 [$F_{(1, 86)}$ = 5.984，$p < 0.01$]，经事后检验可知，留守幼儿年级越低，对害怕情绪的理解越差（M [小班 - 大班] = -0.340，$p < 0.05$）；（M [中班 - 大班] = -0.328，$p < 0.05$）。总情绪理解能力的年级差异非常显著 [$F_{(1, 86)}$ = 6.171， p＜0.01］，经事后检验可知，留守幼儿年级越低，总情绪理解能力越差（M［小班 – 大班］ = – 0.804，p＜0.01）；（M［中班 – 大班］ = – 0.568，p＜0.05）。通过差异检验发现，留守幼儿对伤心情绪的理解不具有显著的年级差异（p＞0.05）。

3. 留守幼儿情绪理解的监护类型差异比较

为考察不同监护类型下留守幼儿的情绪理解能力差异，本书对祖辈监护与单亲监护留守幼儿的情绪理解能力进行独立样本 t 检验（结果见表 1 – 4）。

表 1 – 4　　留守幼儿情绪理解的监护类型差异比较（M ± SD）

	祖辈监护	单亲监护	t
高兴	0.89 ± 0.319	0.88 ± 0.328	0.126
平静	0.36 ± 0.487	0.36 ± 0.485	0.010
伤心	0.94 ± 0.232	0.84 ± 0.370	1.493
害怕	0.28 ± 0.454	0.30 ± 0.463	– 0.222
情绪理解总分	2.47 ± 0.941	2.38 ± 0.967	0.443

根据独立样本 t 检验结果可以得出，不同监护类型的留守幼儿对高兴、平静、伤心、害怕情绪的理解均不具有显著差异（p＞0.05）。

（三）分析与讨论

在对情绪理解的性别差异比较中发现，留守幼儿对高兴情绪的理解上性别差异显著，男孩的得分明显低于女孩，此结果与李燕等人的结论相一致，[1] 在其他情绪的理解上性别差异均不显著。原因可能在于监护人对于男孩和女孩采取不同的教养方式，当男孩出现某些积极情绪时，家长更多地采用忽视的态度，对于女孩来说，家长会更加耐心地迎合她们。这种态度的差异导致男孩在社会交往过程中认为应喜不形于色，要内敛，进而无意识地压抑自身的正性情绪，不让他人察

---

① 李燕、朱晶晶、贺婷婷：《母亲情绪调节与幼儿情绪理解能力：母亲应对方式的中介作用》，《心理科学》2016 年第 5 期。

觉，同时也影响他们对正性情绪的理解和识别。结果中也看出男孩和女孩在消极和中性情绪的理解上差异不显著，这一结果可能由于幼儿认知水平的局限性造成，不管男孩女孩，他们对于情绪的理解能力都较低，均处在不断发展完善的过程中。

在留守幼儿情绪理解的年级比较结果中，留守幼儿在高兴、平静、害怕情绪和情绪理解总分上都具有比较显著的年级差异，随着年级的增长，情绪理解能力也在逐步提高。而在伤心情绪得分上年级差异不显著，这一结果与姚端维等人的研究结论一致。[1] 在各类情绪的理解上，小班幼儿在伤心情绪上理解能力较好，而大班幼儿在高兴情绪上理解能力较好。原因在于小班幼儿由于言语自我表达能力较弱，大多数时间通过哭的方式表达内心想法及寻求外界关注，当他们的需求得不到满足时，就会以哭闹形式表现出来，故对伤心情绪体验较多。而大班幼儿随着认知能力的提高，能够准确表达自己内心的想法，遇到问题不是以哭闹形式来解决，能够与老师和同伴进行言语沟通，对伤心情绪的体验和经历相对减少；同时幼儿园老师和家长在日常教育过程中注重幼儿积极健康人格的培养，传达正能量的信息，这使得大班幼儿在高兴情绪理解上得分最高。中班属于小班和大班间的过渡阶段，在高兴和伤心情绪理解上都处于中间水平。研究还发现不管在哪个年级，害怕情绪理解得分都最低，同时小班的理解能力最差。这可能与平时教育教学中教师尽量避免呈现负性事件，时刻为儿童提供充满安全感的情境，尽量不让儿童出现内心恐惧感有关，尤其是对小班幼儿来说更为明显，结果导致幼儿对害怕情绪识别能力最差。

在不同监护类型的留守幼儿情绪理解的比较中发现，高兴、平静、伤心、害怕情绪理解得分及情绪理解总分的差异均不显著。虽然单亲监护比祖辈监护更能重视留守儿童精神层面的需求，[2] 但毕竟受

① 姚端维、陈英和、赵延芹：《3—5 岁儿童情绪能力的年龄特征、发展趋势和性别差异的研究》，《心理发展与教育》2004 年第 2 期。
② 张娜、蔡迎旗：《不同监护类型留守幼儿在生活、学习及沟通方面的困难与需求差异比较》，《学前教育研究》2009 年第 5 期。

到文化程度和时间、精力的限制，一个人要承担起务农、教育孩子、照顾老人等多项重任，难免会顾此失彼，因身心疲惫疏于亲子之间的情感交流及情绪表达，因此祖辈监护和单亲监护下幼儿的情绪理解能力不存在显著差异。

（四）教育建议

1. 监护人应多关注留守幼儿情绪理解能力的发展

情绪理解是心理理论内容的重要组成部分，情绪理解能力的高低与心理理论发展程度高低有着密切的联系。从上文可以看出，幼儿的情绪理解发展水平的高低能够影响其认知发展与社会性发展。Eisenberg，N. 等研究认为，幼儿拥有识别与理解他人情绪反应的能力，是幼儿今后发展社会性交往、亲社会行为等的重要前提。[1] 如此看来，情绪理解对于幼儿有着重要的作用。

从现实情况来看，大部分监护人对于抚养留守幼儿有着错误的认知，认为保证留守幼儿的物质生活良好、学习成绩优异、平时不犯错误等就是对留守幼儿的教育。很少有监护人关心与照顾留守幼儿的心理与情感方面的问题，这容易使留守幼儿在本就缺少父母陪伴的情况下，加大心理与情绪问题出现的可能性。留守幼儿可能会因此出现情绪紊乱，对于负面情绪不知如何理解与调节，从而影响其情绪能力的健康发展。鉴于此，监护人应该意识到留守幼儿发展情绪理解的重要性，有意识地对留守幼儿的情绪理解进行引导与帮助。一方面，监护人可以补充关于情绪理解的相关理论知识，在日常生活中多关注留守幼儿的情绪反应，重视情绪在留守幼儿日常生活中起到的作用；另一方面，监护人应该与留守幼儿的幼儿园教师多进行交流与沟通，向专业的教师学习如何培养留守幼儿的情绪理解能力，理解家庭教养方式对留守幼儿情绪理解能力的影响，并对现有的家庭教养方式进行改进，以促进留守幼儿情绪理解的发展。在日常生活中，监护人与留守

---

① Eisenberg，N.，Fabes，R. A.，Losoya，S.，"Emotion Responding: Regulation, Social Correlates, and Socialization"，*Personality and Individual Differences*，Vol. 27，1999，pp. 913 – 932.

幼儿在沟通与交流时，应该多涉及关于情绪方面的话题，或者在交流的过程中设立不同的情绪情境来丰富留守幼儿的情绪反应。

2. 监护人应帮助留守幼儿理解与表达情绪

幼儿对情绪的正确理解与表达是其情绪理解发展的重要标志之一。监护人是留守幼儿身边的重要他人，应该帮助留守幼儿学习如何正确地理解与表达情绪。监护人可以通过与留守幼儿一起阅读图画书、绘本等形式，帮助幼儿对书中的人物情绪进行识别与理解，比如快乐、悲伤、害怕、生气等基本情绪；引导留守幼儿观察人物的面部表情，从而识别出人物在各种情境下表现的不同情绪反应，并进一步理解不同情境下的情绪反应产生的原因及导致的后果，最终促进留守幼儿正确地理解情绪。监护人也可以通过创立不同的情绪情境或者角色扮演等情境模拟游戏，让留守幼儿在特定的情绪情境下，通过言语或者肢体语言来表达出该情境下的情绪，旨在让留守幼儿体验不同情境的情绪反应，站在他人的角度上去理解与表达情绪。[①]

幼儿期是儿童口头语言发展的关键期。监护人在与留守幼儿交流的过程中，尽量多地使用和情绪有关的词汇，引导幼儿学会用相关的词汇来表达自己的情绪，使幼儿在言语认知上加深对情绪词汇的理解与表达，促进幼儿对情绪的表达能力。比如，在遇到开心的事情时，引导留守幼儿用多个形容词来表达其内心情绪等。此外，监护人还应该引导幼儿去评价他人的情绪，表达自己对他人情绪的态度和看法。

3. 幼儿园可通过绘本教育提高留守幼儿的情绪理解能力

在幼儿园中开展培养情绪理解能力的系列活动是很有必要的，活动内容及开展形式要符合幼儿的身心发展特点。乡镇幼儿园要充分利用园内现有的教学资源及活动材料，将培养情绪理解能力的活动融入幼儿日常学习生活中。每个年级段的教学任务应根据幼儿的认知发展水平进行设计，小班、中班、大班可以设定难度不断递增的情绪理解任务及活动。

幼儿园中的绘本教育主要通过教师向幼儿讲述配有图片的简短故

---

① 杨艳：《培养幼儿情绪表达能力的策略》，《早期教育》2014 年第 8 期。

事，将故事中蕴含的哲理与情感通过直观、形象、易接受的形式间接传达给幼儿。绘本教育目前普遍运用于各类幼儿园的教育教学中，有很多城市幼儿园为各个年级的幼儿建立配套的绘本阅读区域，供孩子们自由阅读，甚至有的幼儿园将这种教育形式作为专门的教研项目，进行长期的追踪研究。绘本中形象的图画能够激发幼儿浓厚的阅读兴趣，教师也更容易开展教学。

关于绘本教育如何影响幼儿情绪理解能力的问题，众多学者开展了相关调查研究。刘云艳等研究了情绪主题绘本是否对幼儿的情绪能力存在影响，结果发现，绘本教育与绘画、表演、讨论等方式结合使用更有利于幼儿情绪能力的发展。[1] 张哲等探讨了绘本阅读对幼儿社会性发展的影响，结果表明，绘本教育的确对幼儿的情绪性行为具有一定程度的影响，在进行一段时间的绘本教育后，幼儿的攻击行为发生概率大幅度降低。[2] 所以，幼儿教师在教育教学实践中要充分运用绘本教育形式，将绘本教育融入幼儿的日常教育活动中，通过课上教师引导阅读和课下幼儿自主阅读相结合的学习形式，进而有效提高幼儿对于各类情绪的理解能力，减少幼儿情绪性行为问题的出现。

第三节　留守幼儿情绪理解与家庭教养方式的关系

一　家庭教养方式的概念界定

父母教养方式最早由 Baumrind 提出，指的是父亲在家庭中起到了主导作用，子女的社会性发展、在社会中的人际关系、沟通交流的技能主要是由父亲促成的。最早的父母教养方式主要阐述了父亲的作用，却忽视了母亲在家庭教养中的重要性。在前人的基础上，

---

① 刘云艳、刘婷、周涛：《运用情绪主题绘本开展幼儿情绪教育的理论基础与教学模式》，《学前教育研究》2011 年第 8 期。

② 张哲、曾彬：《绘本阅读对幼儿社会性形成的实验研究》，《陕西学前师范学院学报》2016 年第 1 期。

Darling 和 Steinberg 补充了母亲的作用，认为父母教养方式是父母在家庭中教养子女所展现出相对稳定的情感与态度，并促进子女的社会性发展。由此可见，父母教养方式是指父母养育子女、促进子女社会化，对待子女的情感与态度所表现出的稳定性。对于家庭教养方式概念的主要观点目前集中在两个方面：一方观点认为，家庭监护人的教养观念、教养的情感态度和教育行为有机结合并构成家庭教养方式；另一方观点认为，监护人在养育子女过程中采用的各种教养方法和行为叫作家庭教养方式，其具有相对的稳定性。综上所述，家庭教养方式可被定义为：监护人在养育子女的过程中所表现出来的教养观念、教育行为以及教养的情感态度的有机结合，并且具有一定的稳定性。

二 幼儿情绪理解能力与家庭教养方式的关系

影响幼儿情绪理解能力发展的因素众多，既包括气质、言语发展水平、亲子依恋等主观因素，也包括家庭、学校、社会环境等客观因素。而从家庭的角度看，父母教养方式或家庭教养方式均能影响幼儿的情绪理解。研究者以 3—4 岁幼儿为研究对象，探讨不同类型的父母教养方式对幼儿基于信念的情绪理解的发展是否有影响。首先，主试对幼儿的父母进行访谈，了解最近关于教养幼儿的情境，让父母仔细回忆并真实作答（比如，最近一次幼儿犯错的情境是什么？你在知道幼儿犯错后采取了什么样的教育方法？）；其次，主试根据父母的回答将答案编码成四种教育策略，即情感交流、一般性交流、训斥教育和不明确回应。研究结果发现，幼儿基于信念的情绪理解与情感交流呈显著的正相关，即父母采取情感交流的方法教养幼儿时，幼儿关于信念的情绪理解发展越好。幼儿基于信念的情绪理解与一般性交流、训斥教育及不明确回应的相关均不显著。[①]

Jones 以 5 岁幼儿为研究对象，研究幼儿的情绪理解与其父母教

---

① Ruffman, T., Perner, J., "Do Infants Really Understand False Belief? Response to Leslie", *Trends in Cognitive Sciences*, Vol. 9, 2005, pp. 462 – 463.

养方式之间的关系。研究结果发现，当父母教养方式是积极型时，能够促进幼儿的情绪理解能力发展；当父母教养方式为消极型时，则会阻碍幼儿情绪理解能力的发展。研究还表明，母亲教养方式与幼儿情绪理解能力有极其显著的相关，这也就是说母亲教养方式为积极型时，幼儿的情绪理解能力发展较好。[①] Cassidy，J. 等人的研究也表明，不同的父母教养方式对幼儿情绪理解能力有着不同的影响。[②]

幼儿情绪理解识别能力与父母的情绪表达有显著的相关，即父母的情绪表达是积极型时，能够对幼儿情境情绪识别能力起到显著的正向预测作用；父母消极的情绪表达则对幼儿情境情绪识别能力起到显著的负向预测作用。[③]乔建中通过采用"巴昂情绪测量表"来研究幼儿情绪能力发展与父母教养方式的关系，结果发现，父母教养方式对幼儿情绪能力发展有着显著的影响，积极类型的父母教养方式能够促进幼儿情绪能力的发展，消极类型的父母教养方式则会阻碍幼儿情绪能力的发展。[④]

刘国艳等发现，健康的家庭教养方式能够促进幼儿的情绪与行为的发展。[⑤]熊莲君以3—6岁幼儿为研究对象，探究幼儿情绪理解能力的发展与父母教养方式的关系。结果发现，父母教养方式与幼儿情绪理解能力的发展有显著的相关。在父亲教养方式中，惩罚、拒绝否认与幼儿情绪理解能力有显著的负相关，并且父亲教养方式中惩罚对幼儿情绪理解能力有着显著的负向预测作用，也就是说父亲对幼儿采取惩罚的教养方式时会阻碍幼儿情绪理解能力的发展。在母亲教养方式

---

① Jones，D. J.，Abbey，B.，"The Development of Display Rule Knowledge：Linkage with Family Expressive and Social Competence"，*Child Development*，Vol. 69，No. 4，1994，pp. 1209 – 1222.

② Cassidy，J.，Parke，R. D.，Butkovsky，L.，Braungart，J. M.，"Family-Peer Connection：The Roles of Emotional Expressiveness within the Family and Children's Understanding of Emotions"，*Child Development*，Vol. 63，1992，pp. 603 – 618.

③ 石磊：《儿童情绪表达规则及其与家庭情绪表露的相关研究》，硕士学位论文，西南大学，2010 年，第 27 页。

④ 乔建中：《情绪的社会建构理论》，《心理科学进展》2003 年第 5 期。

⑤ 刘国艳、王惠珊、张建端、连光利、黄小娜、石淑华：《父母教养方式对幼儿行为及情绪的影响》，《医学与社会》2008 年第 5 期。

中，情感温暖与幼儿情绪理解能力有着显著的正相关，并且母亲教养方式中情感温暖能够对幼儿情绪理解能力起到显著的正向预测作用，也就是说母亲对幼儿采取情感温暖的教养方式时，可以促进幼儿情绪理解能力的发展。[1] 综上可知，父母教养方式为积极型时，能够提高幼儿的情绪理解能力；父母教养方式为消极型时，则会阻碍幼儿情绪理解能力的发展。

不同文化背景下的父母教养方式对幼儿的情绪理解发展有着不同的影响。Vinden，P. G. 以 3—6 岁幼儿为研究对象，调查韩裔文化背景的幼儿与英裔文化背景的幼儿情绪理解发展与父母教养方式之间的关系，并根据父母教养态度问卷将父母教养风格划分为三类：控制性行为、学习自由、鼓励自主。研究结果发现，专制型的父母教养方式与英裔文化背景幼儿的情绪理解发展呈现显著的负相关。韩裔文化背景的父母教养方式大部分为专制型教养方式，但韩裔文化背景的幼儿情绪理解发展水平均高于英裔文化背景幼儿的情绪理解发展水平。[2] 可以看出，尽管不同文化背景下父母教养方式对幼儿情绪理解发展有着不同的影响，但由于父母与幼儿的沟通、交流存在个体差异，因此可能存在同一种类型下的父母教养方式对幼儿情绪理解发展的影响有差异的情况。

三　留守幼儿情绪理解与家庭教养方式的关系

根据前文可知，不同的家庭教养方式对幼儿情绪理解有着不同的影响。由于留守幼儿的家庭环境与一般幼儿相异，因此所采用的家庭教养方式也不尽相同，对留守幼儿可能会造成不同的影响。留守幼儿的家庭环境中，大部分监护人为祖辈，他们对留守幼儿只起到照顾饮食起居的作用，缺少科学的教养观念与教育行为，更缺乏对留守幼儿情绪情感的关怀与关注，从而可能导致留守幼儿的情绪理解发展方面

---

① 熊莲君：《父母教养方式对 3—6 岁幼儿情绪理解能力发展的影响》，硕士学位论文，湖北师范大学，2017 年，第 38 页。

② Vinden, P. G., "Children's Understanding of Mind and Emotion: A Multi-culture Study", *Cognition & Emotion*, Vol. 13, No. 1, 1999, pp. 19 – 48.

出现问题。本书旨在考察留守幼儿情绪理解与家庭教养方式之间的关系，具体研究如下。

（一）研究方法

1. 研究对象

随机选取四川省南充市高坪区某镇一所幼儿园小、中、大班的 86 名留守幼儿及其监护人作为研究被试。其中小班 25 名，中班 29 名，大班 32 名；男童 48 名，女童 38 名。问卷由监护人填写，共发放问卷 86 份，回答不完整的问卷都及时联系监护人进行修改，故回收 86 份，问卷有效回收率为 100%。不同监护类型中祖辈监护的留守幼儿有 34 名，单亲监护的留守幼儿有 52 名。

2. 研究工具

（1）情绪理解图片

同本章第二节的"研究工具"部分。

（2）家庭教养方式问卷

家庭教养方式的测查工具采用杨丽珠、杨春卿于 1998 年所编制的家庭教养方式问卷。该问卷从"限制"和"关爱"两个向度对儿童的家庭教养方式进行分类，问卷共包括 40 个题目，采用 5 点计分方式，"从不"计 1 分、"很少"计 2 分、"有时"计 3 分、"经常"计 4 分、"总是"计 5 分。问卷分为五个维度：民主性、专制性、溺爱性、放任性和不一致性。根据研究需要我们选取其中的四个维度概括为四种类型：绝对权威型（专制性）、民主权威型（民主性）、骄纵溺爱型（溺爱性）和忽视冷漠型（放任性）。不同的家庭教养方式类型对应不同的题目，根据题目的总得分判断留守幼儿家庭教养方式的类型。经检验，问卷的分半信度和同质性信度分别是 0.852 和 0.711，重测信度值为 0.825，可见该问卷具有良好的内部一致性与稳定性。

3. 研究程序

研究人员以跟班的形式进行测查，每个班级平均跟班一周。情绪理解采取单独访谈的方法，在幼儿自由活动时间内进行，记录幼儿在每种情绪图片上的情绪理解得分。家庭教养方式问卷委托每个班级的主班老师以作业的形式在下午放学时发放给幼儿。因认知能力达到一定水平，中班和大班的幼儿能够准确理解老师需要传达给家长的信息，并能顺利地将问卷交给家长完成，第二天或第三天及时交回。小班幼儿因认知能力有限，需要主班老师在放学时跟家长沟通，说明情况后再把问卷发放给家长。有个别留守幼儿的监护人是不能识字的（外）祖父母，最后由研究人员利用放学时间亲自一对一访谈来收集问卷数据。

4. 数据处理

留守幼儿在情绪理解任务及家长在家庭教养方式问卷上的得分均采用 SPSS 22.0 进行统计分析，分析方法包括描述性统计、t 检验、方差分析和相关分析。

（二）研究结果

1. 留守幼儿家庭教养方式的特点

通过整理留守幼儿家庭教养方式问卷的人口统计学数据发现，留守幼儿家庭监护类型中祖辈监护的家庭有 34 个，单亲监护的家庭有 52 个。通过对家庭教养方式类型得分进行统计分析，发现绝对权威型家庭有 26 个，民主权威型家庭有 25 个，骄纵溺爱型家庭有 20 个，忽视冷漠型家庭有 15 个。

表 1-5　　　　　　　留守幼儿家庭教养方式类型统计表

	祖辈监护	单亲监护	总人数
绝对权威	10 人	16 人	26 人
民主权威	6 人	19 人	25 人
骄纵溺爱	11 人	9 人	20 人
忽视冷漠	7 人	8 人	15 人
总人数	34 人	52 人	86 人

由表 1-5 可知，被调查的留守幼儿家庭监护类型中，单亲监护的留守幼儿最多，单亲监护中以母亲监护为主，父亲监护较少。祖辈监护的留守幼儿少于单亲监护，且多以祖父母或外祖父母监护为主，

少量存在曾祖父母监护的情况。绝对权威型教养方式最多，民主权威型教养方式次之，且两类教养方式中单亲监护类型人数均多于祖辈监护；在骄纵溺爱型教养方式下，祖辈监护类型人数多于单亲监护；忽视冷漠型教养方式人数最少，其中单亲监护与祖辈监护类型人数相当。

（1）留守幼儿家庭教养方式的性别差异比较

通过对四种类型家庭教养方式的得分在不同性别间进行独立样本 t 检验，结果表明（见表 1 - 6），不同性别的留守幼儿家庭教养方式不存在显著差异（$p > 0.05$）。

表 1 - 6   留守幼儿家庭教养方式的性别差异比较（M ± SD）

	男	女	t
绝对权威	37.17 ± 3.309	37.95 ± 3.869	- 0.990
民主权威	40.83 ± 3.062	40.95 ± 3.938	- 0.147
骄纵溺爱	30.81 ± 2.773	30.45 ± 3.294	0.547
忽视冷漠	15.71 ± 2.805	14.79 ± 3.362	1.353

（2）留守幼儿家庭教养方式的年级差异比较

通过对四种类型家庭教养方式的得分在不同年级间进行单因素方差分析，结果表明，骄纵溺爱型家庭教养方式得分的年级差异非常显著 $[F (1, 86) = 5.239, p < 0.01]$，经事后检验表明，留守幼儿年级越低，监护人采取骄纵溺爱教养方式越多（M［小班 - 大班］= 2.460，$p < 0.01$）。忽视冷漠型家庭教养方式得分的年级差异极其显著 $[F (1, 86) = 8.013, p < 0.001]$，经事后检验表明，留守幼儿年级越低，监护人采取忽视冷漠教养方式越多（M［中班 - 大班］= 2.316，$p < 0.01$；M［小班 - 大班］= 2.761，$p < 0.001$）。绝对权威和民主权威这两类家庭教养方式随年级变化差异不显著（$p > 0.05$）。

表1-7 　　　　　留守幼儿家庭教养方式的年级差异比较

	年级	M ± SD	F
绝对权威	小班	37.52 ± 3.743	0.000
	中班	37.52 ± 3.924	
	大班	37.50 ± 3.183	
民主权威	小班	41.12 ± 3.574	1.098
	中班	41.45 ± 3.449	
	大班	40.19 ± 3.355	
骄纵溺爱	小班	31.96 ± 2.894	5.239**
	中班	30.79 ± 2.541	
	大班	29.50 ± 3.100	
忽视冷漠	小班	16.48 ± 3.306	8.013***
	中班	16.03 ± 2.275	
	大班	13.72 ± 2.943	

（3）留守幼儿家庭教养方式的监护类型差异比较

通过对四种类型家庭教养方式的得分在不同监护类型间进行独立样本 t 检验，结果显示（见表1-8），不同监护类型的留守幼儿家庭教养方式不存在显著差异（p > 0.05）。

表1-8 　　　留守幼儿家庭教养方式的监护类型差异比较（M ± SD）

	祖辈监护	单亲监护	t
绝对权威	37.92 ± 3.652	37.22 ± 3.513	0.887
民主权威	40.19 ± 3.679	41.38 ± 3.232	-1.550
骄纵溺爱	30.97 ± 3.806	30.42 ± 2.269	0.840
忽视冷漠	15.61 ± 2.881	15.08 ± 3.225	0.802

2. 留守幼儿情绪理解与家庭教养方式的关系

为阐明留守幼儿情绪理解与家庭教养方式类型之间的关系，笔者将情绪理解各维度及总分与家庭教养方式四个类型得分进行相关分析

（具体见表1-9）。

表1-9　　　　　留守幼儿情绪理解与家庭教养方式的相关

	高兴	伤心	平静	害怕	情绪理解总分
绝对权威	0.355**	-0.071	0.059	-0.109	0.073
民主权威	0.199	0.009	0.117	0.014	0.137
骄纵溺爱	-0.273*	0.018	-0.115	-0.062	-0.175
忽视冷漠	-0.308**	-0.047	-0.209	-0.105	-0.277**

结果表明，高兴情绪与绝对权威型教养方式呈非常显著的正相关（r=0.355，p<0.01），说明留守幼儿积极情绪理解与专制型教养方式之间是正向线性关系。伤心、害怕、平静情绪及情绪理解总分与绝对权威教养方式相关均不显著（p>0.05）。高兴、平静、伤心、害怕情绪及情绪理解总分与民主权威型教养方式相关也均不显著（p>0.05）。高兴情绪与骄纵溺爱型教养方式具有较显著的负相关（r=-0.273，p<0.05），伤心、平静、害怕情绪及情绪理解总分与骄纵溺爱型教养方式相关均不显著（p>0.05）。高兴情绪及情绪理解总分与忽视冷漠型教养方式均具有非常显著的负相关（r=-0.308，p<0.01；r=-0.277，p<0.01），平静、伤心、害怕情绪与忽视冷漠型教养方式相关均不显著（p>0.05）。

（三）分析与讨论

1. 留守幼儿家庭教养方式的一般特点

由上述结果可知，留守幼儿家庭教养方式在单亲监护下主要以民主权威型和绝对权威型为主，在祖辈监护下主要以绝对权威型和骄纵溺爱型为主。这说明在留守幼儿这一群体中，单亲监护人比祖辈监护人对留守幼儿的教养更为科学民主，对孩子的健康情绪和行为习惯的培养更加重视。骄纵溺爱型教养方式主要以祖辈监护为主，祖辈监护的（外）祖父母对留守幼儿过度宠爱，保护有加，生怕孩子受到一点点伤害，对孩子的不良行为放任不管，甚至变相鼓励。这种教养方式下成长的留守幼儿在与同伴及他人交往中更多地以自我为中心，只考虑自身感受，不会换位思考，霸道无理，一旦要求无法满足就会出现很大的情绪波动和行为问题。绝对权威教养方式下监护人要求孩子凡事都听从家长的安排和命令，孩子没有主动权和自主权。单亲监护及祖辈监护的家长均有很大一部分人采取绝对权威教养方式，可能由于教育孩子的重任落在自己身上，在巨大的责任感和教养压力下选择了此种教养方式；久而久之，幼儿在性格上会缺乏主见，变得胆小怯懦，做事畏首畏尾，容易产生社交退缩行为。

绝对权威型、民主权威型、骄纵溺爱型和忽视冷漠型教养方式不存在显著的性别差异。郭晓飞等人却认为女生的教养方式比男生更积极，[①] 与本书结果不太一致，主要原因在于被试群体的年龄不同，该研究的被试为中小学生，而本书选取的是幼儿群体。幼儿阶段男女性别分化不明显，家长在教养方式上也不需要做太多的性别化区分，所以对于留守男孩、女孩的教养方式一致。

不同年级留守幼儿家庭教养方式的差异比较发现，骄纵溺爱型和忽视冷漠型教养方式存在显著的年级差异。留守幼儿年级越低，骄纵溺爱型和忽视冷漠型的教养方式越多。王忠清等人的研究认为，家长采取忽视性的教养方式存在显著的年级差异，3 岁儿童的被忽视率最高，[②] 与本书结果一致。骄纵溺爱型教养方式下留守幼儿受到过多宠爱，家长不限制幼儿的问题行为。幼儿年龄越小，越渴望得到家长更多的关心和爱护。骄纵溺爱型教养方式下的监护类型主要是祖辈监护，"隔代亲"已成为一种普遍的社会现象，由进化而形成的老人对孙辈无条件的疼爱更容易出现骄纵溺爱型的教养方式。忽视冷漠和骄纵溺爱这两种教养方式都不利于留守幼儿的健康成长。

单亲监护和祖辈监护在绝对权威型、民主权威型、骄纵溺爱型和忽视冷漠型四种教养方式上不存在显著差异。段飞艳等人研究指出，

---

① 郭晓飞、藏学萍、刘刚、王玲凤：《特殊家庭教养方式与子女心理健康状况的关系》，《中国特殊教育》2008 年第 2 期。

② 王忠清、解雅春、王志明、付智伟、陈素芬、张慧颖：《哈尔滨市 3—5 岁儿童忽视现状与父母教养方式的相关性研究》，《中国儿童保健杂志》2011 年第 9 期。

祖辈的教养方式降低了幼儿的教养质量，对幼儿的弊大于利。① 而单亲监护类型家庭的母亲是主要监护人，母亲比祖辈有更多的精力照料、教育幼儿，关心幼儿的身心健康，对幼儿出现的不良情绪及行为习惯等能及时制止并纠正。可见，单亲监护下留守幼儿的发展水平和健康状况高于祖辈监护类型下的留守幼儿。② 本书结果之所以不一致可能与两种监护类型被试人数差异较大有关，未来还需要增加祖辈监护类型的被试量，进一步验证结果的准确性。

2. 留守幼儿情绪理解与家庭教养方式的关系

留守幼儿情绪理解和家庭教养方式的相关分析表明，高兴情绪与绝对权威教养方式呈显著正相关关系，与骄纵溺爱教养方式呈显著负相关关系，高兴情绪、情绪理解总分均与忽视冷漠教养方式存在显著负相关关系。可以看出，留守幼儿的积极情绪理解与家庭教养方式相关较为显著，绝对权威型的教养方式比骄纵溺爱型、忽视冷漠型更有利于留守幼儿对积极情绪的理解。本书结论与李婧等人的结果相一致，该研究同样承认幼儿社会性和情绪的发展受到教养方式的影响。③ 那么，不同类型的家庭教养方式对留守儿童的社会性发展有怎样的影响呢？结果表明，生活在民主型家庭教养方式下的留守儿童社会交往与沟通能力较强。从家庭教养方式对情绪理解总分的影响可知，骄纵溺爱型和忽视冷漠型教养方式下的留守幼儿情绪理解能力发展水平较低，不利于幼儿的社会性发展。张春晓等人同样证实了溺爱型教养方式下幼儿情绪理解能力较低。④

国外研究者 Fuentes，M. J. 探讨了寄养儿童情绪情感与家庭教养方式之间的关系，研究结果表明，消极的家庭教养方式能够影响寄养

① 段飞艳、李静：《近十年国内外隔代教养研究综述》，《上海教育科研》2012 年第 4 期。

② 张娜、蔡迎旗：《不同监护类型留守幼儿在生活、学习及沟通方面的困难与需求差异比较》，《学前教育研究》2009 年第 5 期。

③ 李婧、张丹、宋佳、赵艳、张桂香、秦锐等：《幼儿社会性和情绪发展的影响因素分析》，《江苏医药》2015 年第 22 期。

④ 张春晓、刘文、邵姝姮：《幼儿情绪能力发展与母亲气质、教养方式的关系》，《学前教育研究》2015 年第 3 期。

儿童的情绪与行为问题，基于该研究结果，Fuentes，M. J. 认为寄养家庭的监护人应树立积极的教养观念与合理的教育策略，有意识减少针对寄养儿童的专制型教养方式。① Greeno，E. 对寄养儿童的家庭教养方式进行干预，将干预前后寄养儿童的问题行为进行对比。结果显示，对家庭教养方式进行干预后，寄养儿童的不良情绪与问题行为出现概率显著降低。② 本书结果却与国外研究存在分歧，笔者认为专制型教养方式与留守幼儿积极情绪理解之间呈显著正相关关系。原因可能在于不同的文化背景在专制型教养方式和幼儿情绪理解之间起到不同的调节作用。有研究者提出，专制型的家庭教养方式对儿童的影响存在两面性，一方面，专制型家庭教养方式在一定程度上可能对留守儿童的社会性发展有促进作用；另一方面，专制型家庭教养方式也可能会阻碍留守儿童的成长与发展。③

幼儿的情绪理解发展受到多种因素的影响，而家庭又是幼儿情绪理解发展重要的影响因素之一。那么家庭教养方式为什么能够对留守幼儿的情绪理解产生影响呢？伊扎德从情绪的生物社会心理理论角度对此进行了解释，他强调在生物社会心理中所有的情绪均是生物与心理的反应与表现，情绪受到个体环境的影响，每个个体的情绪均有差异性。④ 留守幼儿在家庭中接收不同的情绪反应，监护人的情绪反应、父母的情绪反应以及自身的情绪反应，留守幼儿处理不当则会受到多重的情绪冲击。在日常生活中，留守幼儿对某件事的情绪体验是积极的，而监护人如果采用消极的教养方式来处理此事，则会造成留守幼儿在这件事情上产生怀疑与认知偏差，进而对留守幼儿的情绪认知造成负面影响。反之，如果监护人同样采用积极的教养方式来处理此

---

① Fuentes，M. J.，"Impact of the Parenting style of Foster parents on the Behaviour problems of Foster Children"，*Child: Care, Health & Development*，Vol. 41，2015，pp. 704 – 711.

② Greeno，E.，"Effects of a Foster Parent Training Intervention on Child Behavior, Caregiver Stress, and Parenting Style"，*Journal of Child & Family Studies*，Vol. 25，2016，pp. 1991 – 2000.

③ 李翠英、刘志红：《论家庭教养方式对农村留守儿童行为的影响分析》，《南华大学学报》（社会科学版）2008 年第 4 期。

④ 周念丽、张春霞：《学前儿童发展心理学》，华东师范大学出版社 1998 年版，第 205—206 页。

事，正确地引导与帮助留守幼儿，则会促进留守幼儿情绪理解能力的发展。

班杜拉从学习理论的角度对此进行阐述，学习理论指的是个体通过对他人的模仿与学习而获得的一种经验。班杜拉强调，幼儿关于情绪的习得主要是通过观察与模仿来进行的，父母在与幼儿的沟通、互动过程中，能够为幼儿树立良好的模仿对象，是幼儿进行情绪能力发展与社会性发展的重要前提。[①] 亲子互动指的是幼儿与父母在日常生活中的交流、互动的过程。从亲子互动这一角度看，父母与幼儿的亲子互动可以为幼儿营造良好的家庭环境与情绪理解的环境，使幼儿更能体验自身情绪与他人的情绪反应，并对此进行正确的识别与理解。在亲子互动中，父母与幼儿之间的情感联结也能越发牢固。幼儿与父母之间的情感联系越紧密，就越能促进幼儿对积极情绪的反应与理解，进而促进幼儿情绪能力的发展。由于留守幼儿从小缺少父母的陪伴，他们与监护人之间的互动交流就显得尤为重要。

（四）教育建议

1. 监护人在情绪理解与应对上做好榜样示范作用

"三人行，必有我师焉"，中国自古代以来便一直提倡奉为楷模、躬先表率。学习理论认为，幼儿通过观察与学习来习得与发展情绪。监护人作为留守幼儿身边接触最多的模仿对象，应该在情绪理解与反应方面做好示范，采取积极主动的情绪调节方式，做留守幼儿学习与模仿的榜样。在家庭环境中，如果在幼儿犯错误的情况下，监护人对幼儿经常责骂甚至是体罚时，会影响幼儿以后面对同样的情境做出类似的情绪反应，并会模仿监护人采取一样的消极方式来解决与处理。这样会误导幼儿对情绪的识别与理解，同时也会不利于幼儿采取合适的方式进行情绪调节。若幼儿犯错时监护人采取关怀、安慰的方式来教导幼儿，那么在以后遇到类似的情境时，幼儿的情绪则会相对稳定，并会像监护人一样采用积极的方式来处理。因此，监护人正确的问题处理方式可以引导幼儿对情绪进行正确的识别与理解，同时促进

---

① 刘金花：《儿童发展心理学》，华东师范大学出版社1997年版，第229页。

幼儿情绪调节能力的提高。

　　总之，为了促进留守幼儿的情绪理解发展，监护人应该多学习关于情绪管理方面的内容与方法，在留守幼儿面前展示积极情绪的一面，在面对负面事件时也要学会控制负面情绪，用积极的调节方式进行情绪调节。在留守幼儿犯错时尽量避免责罚，以积极的方式教养留守幼儿，让留守幼儿学会在这样的情境下稳定情绪，进而学会理解与调节情绪。监护人在做好榜样示范的情况下，也可以利用留守幼儿喜爱的动漫人物等对留守幼儿进行情绪理解方面的教育，促进留守幼儿情绪理解能力的发展。

　　监护人应敏锐地察觉留守幼儿的情绪变化，站在留守幼儿的角度去理解与体验其情绪发生变化的原因。无论留守幼儿的情绪反应是积极的还是消极的，监护人都应该对留守幼儿的情绪反应具有接纳性与包容性。当留守幼儿的情绪反应积极时，监护人应该对其称赞与奖励；当留守幼儿的情绪反应消极时，监护人应该通过情感温暖与关怀，对其进行正确的引导。监护人对于留守幼儿的情绪给予的支持性反应越多，越能促进留守幼儿情绪理解与情绪调节水平的提高。[1] 由此可见，监护人应该增加与留守幼儿交流、互动的时间，多关注留守幼儿的情绪变化，对此做出合适的反应，尤其是支持性反应，引导幼儿表现出真实的内心情绪反应。

　　2. 父母应重视与留守幼儿的情绪情感沟通

　　当家庭教养方式为忽视冷漠型时，不利于留守幼儿情绪与行为的健康发展。因此，除了留守幼儿的监护人需要改进家庭教养方式之外，在外务工的父母也应该抽出时间来关怀留守幼儿的情绪变化。现代通信技术发展迅速，即使父母与留守幼儿相隔两地，也可以通过经常打电话、视频通话等方式与孩子进行情绪情感方面的沟通，关心留守幼儿的情绪状况。父母不能敷衍了事地只关心留守幼儿的物质生活问题，必须多重视其情绪及行为方面的问题。此外，父母也应不定期

────────────

[1]　王芳、刘少英：《幼儿情绪能力发展特点与培养策略》，《幼儿教育（教育科学）》2013 年第 9 期。

地与留守幼儿的监护人交流孩子的日常，分享自己的教养观念，与监护人共同决定合适的教养方式。本书结果发现，单亲监护人比祖辈监护人对留守幼儿的教养更为科学、民主。所以，如果条件允许的话，留守家庭尽量选择父母一方留在家中教养留守幼儿，以保证留守幼儿的情绪健康发展。

3. 避免过度溺爱留守幼儿造成的不平衡发展

前文提到，当家庭教养方式为骄纵溺爱型时，留守幼儿的情绪与行为不受控制，容易导致留守幼儿情绪不稳定、脾气暴躁等情绪紊乱的问题，在行为上的攻击性倾向也比较高。然而，在实际生活中，父母在外务工没有时间陪伴留守幼儿，由此对留守幼儿产生愧疚情绪，可能导致对留守幼儿过度纵容与溺爱，忽视对他们的无礼行为或负面情绪进行及时纠正。父母应该避免对留守幼儿怀有过分迁就的心理，要针对孩子存在的具体问题进行合理的教养与引导。

由于大部分隔代的老年人对孙辈都较为宠溺，所以祖辈监护人在对待留守幼儿时可能会比父母更加溺爱与纵容。尽管有些父母会在回到家后对留守幼儿的不良行为进行教导和干预，但毕竟时间短，干预效果不会持久。当他们离开家后，祖辈监护人又会以固有的教养方式继续溺爱留守幼儿。祖辈与父母亲矛盾的教养方式对于留守幼儿情绪及人格的健康发展是非常不利的。因此，祖辈监护人应该多与留守幼儿的父母沟通，听取其父母的教养意见，避免过度纵容与溺爱留守幼儿。

第二章　留守幼儿的情绪表达规则知识

　　儿童的情绪表达规则（Emotional Display Rules）一直以来都是心理学界的一个重要研究领域。情绪表达规则是以表情知识、情景理解和情绪观点采择等为基础的一种高级情绪智力技能。根据《3—6 岁儿童发展与指南》可知，学龄前期是儿童走向社会化的一个重要时间段，同时也是儿童走出家庭、走向集体的一个重要阶段。尽管不同研究者的研究方向、学术侧重等有所区别，但大多数研究结果都显示，情绪表达规则对幼儿的社会性发展起到至关重要的作用。与熟练掌握情绪表达规则知识的成人相比，幼儿大部分的心理特质及智力技能还处于萌芽状态，情绪表达规则也不例外。研究者普遍认为，恰当运用情绪表达规则可以促进儿童早期的人际交往。因此，无论是对于教育者还是科研人员来说，情绪表达规则是幼儿情绪发展研究的重要内容。

第一节　幼儿情绪表达规则知识概述

一　幼儿情绪表达规则的内容

　　幼儿的情绪表达规则包含三个维度，即情绪表达规则知识、情绪表达规则目标和情绪表达规则策略。笔者将这三个维度理解为对情绪的理解、表达和运用的方法。从这个角度来看，情绪表达规则是一个动态的过程。首先，要掌握情绪表达规则知识；其次，还要有一定的目标来引导个体表达情绪表达规则知识；最后，个体通过运用不同的策略来选择性地表达情绪。由于情绪表达规则的三个维度均会受到社会文化与人际交往因素的影响，因此个体对情绪表达规则的理解程度和使用情况会折射出情绪的社会化水平。

（一）幼儿的情绪表达规则知识

艾克曼最早提出情绪表达规则知识这一概念。这一初始概念的核心含义在于儿童能随着年龄的增长，逐渐习得许多相关文化习俗、人际交往规则，并根据自己的情绪状态以及社会交往要求来调节情绪表达，是一种儿童社会化过程中形成的重要能力。随后的研究进一步指出，情绪表达规则知识是指在一定的社会情境下，个体根据外部期望来调节和管理真实情绪感受和外部表达行为，强调儿童情绪内外表现的不一致性。Saarni，C. 认为，情绪表达规则知识是指通过控制表达自身情绪的行为来符合社会期望，以及调节、管理个体真实情绪的方式。① 从功能性角度看，可以将情绪表达规则知识看作通过调节和管理自身情绪以符合社会期望，从而达到改善人际关系的目的。从社会交往这一角度看，情绪表达规则知识是指个体对自身的情绪发展等进行主动建构，使得情绪表达规则知识内化成自身的一部分，促进其良好的社会互动。

综上，情绪表达规则知识指个体在社会交往过程中，为了符合社会期望，通过对自己的外在情绪表露进行伪装，使得自身外部的情绪表现和真实的情绪体验有所差别。其中就隐含了一个逻辑，即个体要有能力对真实情绪和受外界影响的情绪表达之间的差异性进行理解。

有学者认为个体指向的某种目标影响了他如何使用情绪表达规则，也有学者进一步指出，这个过程中出现外在的情绪表露与内心的情绪体验不一致的现象，源于个体在情绪表露的时候受到一定动机的影响。② 本书所界定的情绪表达规则知识更多地遵循 Saarni，C. 的观点，即认为情绪表达规则知识内容分为两部分：（1）区分真实情绪

---

① Saarni, C., "Children's Understanding of Display Rules for Expressive Behavior", *Developmental Psychology*, Vol. 15, 1979, pp. 424 – 429.

② Jones, D. C., Abbey, B. B., Cumberl, A., "The Development of Display Rule Knowledge: Linkages with Family Expressiveness and Social Competence", *Child Development*, Vol. 69, No. 4, 1998, pp. 1209 – 1222.

和外露情绪的知识；（2）理解表达规则背后动机的知识。Saarni，C.
进一步提出情绪表达规则的两个子类：满足个体需要的表达规则和遵
循社会文化的表达规则。[①] 情绪表达规则知识具备两大功能：（1）利
用情绪表达规则控制自身的情绪体验；（2）利用外部情绪表达与他
人正常沟通。换言之，情绪表达规则知识的主要功能可以概括为认知
控制和行为实践两方面。

　　大量实证研究表明，情绪表达规则知识对正确理解、表达情绪以
及维持、调节个人与他人之间的关系都是十分重要的。掌握了更多情
绪表达规则知识的幼儿社会化程度较高，同伴和老师对其评价也会更
高；与此相反，情绪表达规则知识贫乏的幼儿社会化程度较低，同伴
和老师对其评价也会降低。另外，幼儿的情绪表达规则知识与亲社会
行为也紧密相关。

（二）幼儿的情绪表达规则目标

　　有研究者把情绪表达规则目标划分为自我保护和社会定向。[②] 目
标的水平差异反映出个体的社会化水平及个体对情绪表达结果的预
期。自我保护目标是指个体基于自我保护或力求避免自身陷入困境的
动机基础上，所折射出的一种情绪表现。社会定向目标则是基于照顾
他人的情绪情感，旨在以防止他人情感受伤害为动机基础的一种情绪
表现。情绪表达规则目标指个人在情绪表达规则使用过程中的一种动
机和目的，这种目的最终指向对外部情感表达的调节，[③] 反映出个体
的计划性及社会化程度。

　　在情绪表达规则学习过程中，教育者应该注重幼儿社会定向目标
的培养，从而激发幼儿亲社会动机，促进幼儿亲社会行为能力的发生
和发展。

---

　　① Saarni，C.，"Children's Understanding of Display Rules for Expressive Behavior"，*Developmental Psychology*，Vol. 15，1979，pp. 424 – 429.

　　② Zeman，J.，Garber，J.，"Display Rules for Anger，Sadness，and Pain：It Depends on Who Is Watching"，*Child Development*，Vol. 67，No. 3，1996，pp. 957 – 973.

　　③ 参见刘瑞芳《6—10 岁青海回族幼儿情绪表达规则认知研究》，硕士学位论文，青海师范大学，2009 年，第 8 页。

（三）幼儿的情绪表达规则策略

情绪表达规则策略一般意义上被划分为弱化、夸大、掩饰和平静化四类，四种策略的差异体现在对外部情绪表达的调控形式上。弱化（最小化）策略指个体的内心真实情绪与外部情绪表达的性质相同，但与内心真实情绪相比较，外部情绪表达的强度明显更弱。夸大（最大化）策略指内心真实情绪与外部情绪表达的性质相同，但与内心真实情绪相比较，外部情绪表达的强度明显更强。平静化（面具）策略指个体无论在何种情绪情境下诱发出怎样的内在情绪，外部情绪表达都是平静、自然、中性的表情。掩饰化（替代）策略指个体受社会规范和期望约束，违背内心真实情绪，表现出相反性质的情绪状态。幼儿的表征水平有限，可能暂时无法理解同一个人在同一时间下外部情绪表现与内在情绪体验完全相反的性质。掩饰化策略可以掩饰一些消极情绪，不仅使自身的消极体验程度降低，而且可以避免真实情绪表达给他人带来的负面影响。

二　幼儿情绪表达规则知识的主要研究方法

（一）情境访谈法

情绪表达规则知识的概念揭示了个体的外显性情绪表露和内隐性真实情绪感受是有一定差异性的。基于情感投射的原理，研究人员设计了具有特殊含义的情境故事图片充当实验材料。

结构性访谈是幼儿情境访谈法中使用最多的访谈形式。Harris，P. L. 等人通过询问儿童故事中主人公内心真实的情绪和面部神态分别是怎样的状况，来测试儿童情绪表达规则知识的发展水平。如果儿童意识到主人公内心真实的情绪体验和外露的神情具有一定差距，则证明该儿童已经很好地掌握了情绪表达规则知识。这一研究范式是公认的测查儿童情绪表达规则知识的经典范式。[①] Saarni，C. 的实验方

---

① Harris, P. L., Donnelly, K., Guz, G. R., Pitt-Watson, R., "Children's Understanding of the Distinction Between Real and Apparent Emotion", *Child Development*, Vol. 57, 1986, pp. 895 – 909.

法是通过询问消极内在情绪状态下幼儿外部情绪表露的情况，来评估他们情绪表达规则知识的真实发展水平。[①] 但他的评价标准非常严格，比如当幼儿内心真实情绪为悲伤等负性情绪时，外部情绪表达只能是喜悦等正性情绪才能认为幼儿确实掌握并使用了情绪表达规则知识。对于一些年龄相对较大的幼儿来说，情境访谈法是一种行之有效的方法。

（二）自然观察法

Turiel，E. 认为在访谈法中幼儿情绪表达规则知识的掌握情况与自然观察实验中的真实行为之间还是具有一定程度的差距，[②] 故主张在访谈法的基础上加入自然观察法，来考察通过访谈法获得的情绪表达规则知识的发展水平与实际情绪表达展现出的知识水平间是否存在显著差异。最终研究结果表明，两者并不存在统计学意义上的差异。[③]

自然观察法是研究者在自然的、未经选择的情境中，通过对幼儿情绪表达规则知识的使用进行观察，来得到想要的结果。研究者要对幼儿在自然情境中的情绪反应进行观察记录，为了保证观察数据的真实性和客观性，观察内容最好使用录像记录下来，以纸笔、录音笔等作为辅助工具。之后，通过对幼儿的行为录像内容进行编码，分别对幼儿的表情、语言、行为等数据进行统计分析，总结归纳幼儿情绪表达规则知识的发展特点。孟红霞通过自然观察法发现，当母亲在场时，幼儿表达的负面情绪比母亲不在场时更强烈。[④] 自然观察法的优点在于可以获得相对真实、可靠、生动且直观的数据。但学者董奇认为，由于缺乏控制，这种研究方法经常受到无关变量的影响，很容易

---

① Saarni, C., *The Development of Emotional Competence*, New York: The Guilford Press, 1999, pp. 79 – 130.

② Turiel, E., *Notes from the Underground: Culture, Conflict, and Subversion: Piaget' Evolution, and Development*, Mahwah NJ: Erlbaum, 1998, pp. 75 – 108.

③ McDowell, D. J., Neil, R. P., Ross, D., "Display Rule Application in a Disappointing Simation and Children's Emotional Reactivity: Relations with Social Competence", *Merrill-Palmer Quarterly*, No. 2, 2000, pp. 306 – 324.

④ 孟红霞：《幼儿情绪表达规则认知能力的发展》，硕士学位论文，天津师范大学，2008 年，第 47 页。

引发观察结果不单一、无法量化、可验证性差等后果。所以，自然观察法通常是与其他方法一起使用的。[①]

三　幼儿情绪表达规则知识发展的影响因素

（一）年龄

以往研究显示，幼儿的情绪表达规则知识是具有显著年龄差异的，但对于幼儿究竟何时理解情绪表达规则这一问题上尚未达成共识。

11 岁的儿童在情绪理解、调节、运用等情绪能力上均显著高于 7 岁儿童。[②] Banerjee，M. 通过修改 Harris 的研究范式，有效减轻了幼儿的认知负荷，考察幼儿对于故事主人公是否掩饰真实情绪的看法。结果显示，3 岁左右的幼儿就具备辨别内在真实情绪和外在情绪表达的能力。[③] Josephs，I. E. 却发现，学前阶段 3—4 岁的幼儿还不能区分和识别内外情绪的差异，这说明他们的认知结构中缺乏情绪表达规则知识。[④] 5 岁是幼儿获得情绪表达规则知识的关键期。Cole，P. 认为，使用失望情景的模式，给儿童一个他不喜欢的礼物，再横向比较给予礼物的人在场和缺席两种情况下儿童会表露出的情绪反应，发现 4 岁左右的儿童就能够使用类似策略。[⑤] 在儿童大约 6 岁时，他们已经完全掌握了辨别面部表情流露和内心情绪体验是否一致的情绪表达规则知识和技能。

国内学者也认为幼儿的年龄与情绪表达规则知识密切相关。有研究指出，处于学龄前期的幼儿已经能够理解假装游戏，这种理解能力

---

① 董奇：《心理与教育研究方法（修订版）》，北京师范大学出版社 2004 年版，第 45—48 页。

② Saarni，C.，"Children's Understanding of Display Rules for Expressive Behavior"，*Developmental Psychology*，Vol. 15，1979，pp. 424 – 429.

③ Banerjee，M.，"Hidden Emotions：Preschoolers' Knowledge of Appearance-Reality and Emotion Display Rules"，*Social Cognition*，Vol. 15，1997，pp. 107 – 132.

④ Josephs，I. E.，"Display Rule Behavior and Understanding in Preschool Children"，*Journal of Nonverbal Behavior*，Vol. 18，1994，pp. 301 – 326.

⑤ Cole，P.，"Children's Spontaneous Control of Facial Expression"，*Child Development*，Vol. 57，1986，pp. 1309 – 1321.

在 3 岁左右就已经萌发了。[1] 侯超的研究表明，2 岁儿童似乎已认识到真实的内心情绪与外部情绪表现是不一样的，如一个 2 岁左右的孩子，为了得到妈妈的关注和同情，会使用夸张大哭的形式来表露并不强烈的内心情绪，[2] 说明儿童在 2 岁时可以初步掌握情绪表达规则知识。而事实和表象的真正区分可能要等到儿童 6 岁才能实现。

已有研究得出一致结论，即认为儿童大约在 3 岁时就具备了情绪表达规则的认知能力。

（二）性别

性别同样是情绪表达规则知识的一个重要影响因素。

以往研究认为，在消极情绪情境当中，女孩更多地表现出伤心而非生气，而男孩倾向于表露自己的生气而非伤心。[3] 还有研究认为，男孩的情绪调节能力明显弱于女孩，并且年龄越小，这种能力的差距则越大。

随后，Saarni，C. 进一步研究得出，男孩在调节自身情绪时会出现一些无意识的行为，这些"小动作"是一种过渡行为，目的是掩饰真实情绪，如咬嘴巴、用手抚摸面部、发出无意义音节等。[4]

还有学者对跨文化视角下情绪表达规则知识的性别差异进行研究。一项研究随机选取印度和英国两个国家的幼儿作为被试。主试将幼儿分成两组，每组各 24 名幼儿，平均年龄分别是 4 岁 11 个月和 6 岁 6 个月。实验过程中主试给幼儿讲述 12 个不同的故事来考察他们区别内部和外部情绪差别的能力。研究发现此方法测试出的情绪表达规则知识确实具有性别差异，具体来说，男童的成绩要低于女童。值得注意的是，印度女童的情绪表达规则知识得分在被试组里是最高的，也就是说，印度女童的得分明显高于印度男童、英国女童和英国

---

① 王桂琴、方格：《3—5 岁幼儿对假装的辨认和对假装者心理的推断》，《心理学报》2003 年第 5 期。

② 侯超：《儿童情绪表达规则的研究综述》，《黑龙江教育学院学报》2007 年第 2 期。

③ Gnepp, J., Hess, D. L., "Children's Understanding of Verbal and Facial Display Rules", *Developmental Psychology*, Vol. 22, No. 1, 1986, pp. 103 – 108.

④ Saarni, C., *The Development of Emotional Competence*, New York: Guilford Press, 1999, p. 56.

男童。

当然，研究结论不尽一致。Gosselin，E. 等人以两组不同年龄的儿童作为被试，用访谈法测查儿童对真实情绪的理解能力及内外部情绪的区分能力。结果发现，如果动机是亲社会性的，目的是隐藏不利于他人的情绪时，男童比女童能更好地对真实情绪进行识别。[1]

综上所述，研究者对于男童和女童在情绪表达规则知识上谁表现更好没有得出一致的看法，尤其是在正性和负性两种不同的情绪情境下，男女童性别差异较大。但无论是哪一种结论，都指向了一点，即性别是情绪表达规则知识的重要影响因素。

（三）文化背景

情绪表达规则知识不是独立存在的，它受到社会文化背景因素的影响。不同国家、不同民族的幼儿由于从小接受不同的地域文化，他们情绪表达规则知识的具体内容和年龄特征均存在差异。社会文化背景因素对幼儿情绪表达的影响主要体现在三方面：限制情感的表达途径、决定占优势的核心情绪以及形成含有文化特性的表达方式。

情绪表达规则知识针对不同情境下不同个体需要表现出怎样的情绪已经做出了规定。这也就意味着大部分情况下，情绪表达规则知识规定个体的内在情绪体验和外在情绪表露应该是不一样的。但它受什么条件制约呢？林崇德认为，个人情绪表达规则知识的使用和表达一直以来都是特定社会和文化背景下的一种习惯，并且是客观存在的外部和社会规则。[2] 研究者分别对美国人和日本人在 8 种社交情境下的 6 种情绪表达规则进行对比，结果指出，在集体活动中，日本人更加倾向于表露出积极、向上、乐观的情绪，并认为如果有消极情绪的话，则要等到集体活动后再进行表达。也有研究得出，成年人在场的情况下，印度幼儿比英国幼儿能够更快地学会情绪表达规则知识的理

① Gosselin，E.，Warren，M.，Diotte，M.，"Motivation to Hide Emotion and Children's Understanding of the Distinction Between Real and Apparent Emotions"，*The Journal of Genetic Psychology*，Vol. 163，2002，pp. 678 – 695.

② 林崇德：《发展心理学》，人民教育出版社 2009 年版，第 527—532 页。

解和运用。①

　　综上，文化背景因素对学前儿童的情绪表达规则知识存在显著影响。在中国独特的留守文化背景下研究留守幼儿情绪表达规则知识的发展趋势及相关影响因素具有一定的社会价值和现实意义。

　　（四）社交互动

　　社交互动也称为社会交往，指人们对他人的行动做出反应的过程。它包括三大要素：互动主体、信息交流和情景条件，是社会中的个体借助言语或非言语符号在特定的社会情景下交换信息的动态过程。情绪表达规则知识是儿童进行人际交往的结果，是社会交往能力的体现。社交互动已成为儿童获得情绪表达规则知识的一种重要途径。

　　一般来说，情绪表达规则知识丰富且能够在同伴交往中采取正确的情绪调节策略的幼儿，将具有更高的同伴接纳水平；使用亲社会性情绪表达规则知识的幼儿将拥有高水平的同伴接纳与更积极的教师评价。② 如果幼儿以自我保护为目标来调整情绪的话，同伴拒绝的概率会大大增加。儿童倾向于考虑自己的愿望和目的，而不是理解他人的感受，这将是他们不被同龄人接受的真正原因。中国学者侯瑞鹤等发现，在学习成绩不良的儿童中，如果亲社会目标类型中包含更多情绪调节的话，他们的社交焦虑水平就越低。③

第二节　留守幼儿情绪表达规则知识的发展特点

　　情绪表达规则作为一种高级的情绪心理，它是以表情知识、情景理解和情绪观点采择等为基础的一种心理加工方式。正是因为人们掌

① Gosselin, E., Warren, M., Diotte, M., "Motivation to Hide Emotion and Children's Understanding of the Distinction Between Real and Apparent Emotions", *The Journal of Genetic Psychology*, Vol. 163, 2002, pp. 678 – 695.

② Jones, D. C., Abbey, B. B., Cumberl, A., "The Development of Display Rule Knowledge: Linkages with Family Expressiveness and Social Competence", *Child Development*, Vol. 69, No. 4, 1998, pp. 1209 – 1222.

③ 侯瑞鹤、俞国良、林崇德：《儿童对情绪表达规则的认知发展》，《心理科学进展》2004 年第 3 期。

握了情绪表达规则，所以他们通过社会活动所表露出的情绪，并不一定符合内心的真实情感体验。这也说明了人们身处于社会之中，基于各种原因，内心真实的情绪体验和外在情绪表现可能是不一致的。Harris 等人通过对儿童情绪表达规则知识掌握程度的了解来考察其社会化程度，这种经典且有效的研究范式目前是考察儿童情绪表达规则的重要方法。

国内外研究者都认为儿童在学龄前期（3—6 岁）就开始拥有情绪表达规则知识，并且受多种相关因素的影响。以往关于情绪表达规则知识的发展研究主要集中在"一般儿童"这一群体，但如前所述，情绪表达规则知识的发展很大程度上要受社会文化背景的影响。众所周知，中国经济正处于飞速发展阶段，经济发展的地域不平衡因素造就了中西部的"打工潮"，农村劳动人口的流动和转移带来了一个新的社会群体，即"留守儿童"。在农村留守这一大背景下，对学龄前留守儿童情绪表达规则知识的发展特点进行系统研究显得很有必要。

一　研究方法

（一）研究对象

本书旨在探讨 3—5 岁留守幼儿情绪表达规则知识的发展特点。随机选取四川省南充市周边乡镇一所公立幼儿园小、中、大班共 216 名幼儿作为研究被试，其中留守幼儿 107 人，非留守幼儿 109 人，具体情况见表 2-1。

表 2-1　　　　　　　　　　被试基本情况分布表　　　　　　　　单位：人

	男	女	留守幼儿	非留守幼儿	总人数
小班	33	37	38	32	70
中班	37	36	34	39	73
大班	35	38	35	38	73
总人数	105	111	107	109	216

（二）研究工具与材料

本书使用情绪卡片来测查幼儿的情绪表达规则知识。

首先，主试向幼儿展示 3 张代表着不同情绪的情绪卡片，并且确定卡片上的情绪是能够被幼儿理解掌握的。这 3 张情绪卡片从消极情绪到积极情绪有规律地排列，排列顺序为：悲伤、平静、高兴。为了确保幼儿能够正确理解并运用这些卡片，研究人员让幼儿依次说出这些表情卡片所代表的情绪，并且让幼儿举例在什么情况下他们会产生类似的情绪，然后再开始正式施测。通过参考以往的文献资料，[1][2]我们选择了 8 个情绪情境故事，分别为 4 个消极情境故事和 4 个积极情境故事。

（三）研究程序

主试在幼儿园内选择一间安静、明亮的教室作为访谈地点。在对被试幼儿进行正式测试之前，主试要向幼儿简单描述与正式测试故事类似的情绪情境来了解幼儿是否经历过相同或相似情境，并提供相关内容的绘本来帮助幼儿理解故事内容，以此确保幼儿能够体会到类似情绪情感。

指导语：小朋友你好，老师今天想跟你分享几则关于情绪宝宝的有趣故事。老师希望你每听到一个故事，都要根据故事的内容来回答老师的问题。我们先来看看，都有哪些情绪宝宝出现呢？你看这几个情绪宝宝分别是什么表情呢？（包括高兴、平静、生气 3 种表情的情绪卡片，让幼儿自己说出表情，如果幼儿表达错误，则给予纠正。）

主试每讲述完一个情绪情境故事，都要向幼儿提出两个问题：1. 你觉得此时你的心情怎样？2. 你会表现出什么样的表情？要求幼儿用情绪卡片作答，不需要口头回答。情绪卡片如果被放置于幼儿胸

---

① Harris, P. L., Donnelly, K., Guz G R., Pitt-Watson, R., "Children's Understanding of the Distinction Between Real and Apparent Emotion", *Child Development*, Vol. 57, 1986, pp. 895 - 909.

② Jones, D. C., Abbey, B. B., Cumberl, A., "The Development of Display Rule Knowledge: Linkages with Family Expressiveness and Social Competence", *Child Development*, Vol. 69, No. 4, 1998, pp. 1209 - 1222.

前的话，则表示幼儿内在的情绪体验；如果放置于幼儿面前的话，则表示幼儿表现出的外部情绪状态。

（四）编码与计分规则

1. 如果幼儿选择的外部情绪表现和内在情绪体验是有差异的，并且外部情绪表达是符合社会期望的，则计 2 分。

2. 如果幼儿选择的外部情绪表现和内在情绪体验之间有差异，但是外部情绪表达是不符合社会期望的，则计 1 分。

3. 如果幼儿选择的外部情绪表现和内在情绪体验无差异，则计 0 分。

4. 测试总分是正式访谈中幼儿在 8 个情绪情境故事问题上得分的总和。

（五）数据统计与分析

所有数据运用 SPSS 21.0 进行处理与统计分析，主要采用的数据处理方法有描述性统计分析、独立样本 t 检验、单因素方差分析、事后多重检验和多因素方差分析等。

二　研究结果

为了详细考察留守幼儿情绪表达规则知识的发展趋势，以留守幼儿的性别、年龄为自变量，以不同情绪情境下的情绪表达规则知识得分及总分为因变量进行差异检验。

（一）留守与非留守幼儿情绪表达规则知识的描述性统计结果

本书对不同性别、不同年龄留守与非留守幼儿的情绪表达规则知识的平均数与标准差进行了统计分析，具体结果见表 2 – 2、表 2 – 3。

表 2 – 2　　留守幼儿情绪表达规则知识的描述性统计结果（M ± SD）

年龄/性别	积极情境 情绪表达规则知识	消极情境 情绪表达规则知识	情绪表达规则知识总分
3 岁			
男	4.06 ± 0.24	4.24 ± 0.44	8.30 ± 0.44
女	4.71 ± 0.72	4.90 ± 0.62	9.62 ± 0.59

年龄/性别	积极情境 情绪表达规则知识	消极情境 情绪表达规则知识	情绪表达规则知识总分
4 岁			
男	4.65 ± 0.49	4.82 ± 0.53	9.47 ± 0.51
女	5.47 ± 0.62	5.88 ± 0.86	11.35 ± 1.12
5 岁			
男	5.63 ± 0.72	6.13 ± 1.15	11.76 ± 1.44
女	6.05 ± 0.78	6.47 ± 1.17	12.53 ± 1.47

注：情绪表达规则知识总分是指积极情境情绪表达规则知识与消极情境情绪表达规则知识相加的总和，下同。

表 2 - 3　　**非留守幼儿情绪表达规则知识的描述性统计结果** （M ± SD）

年龄/性别	积极情境 情绪表达规则知识	消极情境 情绪表达规则知识	情绪表达规则知识总分
3 岁			
男	4.44 ± 0.51	4.94 ± 0.68	9.38 ± 0.50
女	5.06 ± 0.84	5.38 ± 0.71	10.44 ± 1.19
4 岁			
男	5.20 ± 0.52	6.20 ± 0.52	11.40 ± 0.60
女	5.74 ± 0.73	6.42 ± 0.61	12.16 ± 0.58
5 岁			
男	5.84 ± 0.76	6.84 ± 0.69	12.68 ± 0.82
女	6.63 ± 0.60	7.37 ± 0.83	14.00 ± 0.91

（二）留守与非留守幼儿情绪表达规则知识的性别特点

为了探讨不同性别留守与非留守幼儿在不同情绪情境下的情绪表达规则知识差异，本书采用独立样本 t 检验法进行统计分析。结果表明（见表 2 - 4、表 2 - 5），留守幼儿在积极情境下的情绪表达规则知识、消极情境下的情绪表达规则知识以及情绪表达规则知识总分上，女孩的得分均显著高于男孩（t = 3.73，p < 0.05；t = 3.18，p < 0.05；t = 3.87，p < 0.05）。非留守幼儿在积极情境下的情绪表

达规则知识及情绪表达规则知识总分上，女孩的得分都显著高于男孩（t＝3.09，p＜0.05；t＝2.98，p＜0.05），但在消极情境下的情绪表达规则知识上，男孩和女孩的性别差异不显著（t＝0.52，p＞0.05）。

表2-4　　　　留守幼儿情绪表达规则知识的性别差异分析

	男	女	t
积极情境 情绪表达规则知识	4.76±0.82	5.39±0.90	3.73*
消极情境 情绪表达规则知识	5.04±1.09	5.72±1.11	3.18*
情绪表达规则知识总分	9.80±1.78	11.12±1.65	3.87*

注：＊p＜0.05，＊＊p＜0.01，＊＊＊p＜0.001，下同。

表2-5　　　　非留守幼儿情绪表达规则知识的性别差异分析

	男	女	t
积极情境 情绪表达规则知识	5.20±0.83	5.71±0.67	3.09*
消极情境 情绪表达规则知识	6.05±0.99	6.14±0.60	0.52
情绪表达规则知识总分	11.25±1.48	11.85±0.68	2.98*

（三）留守与非留守幼儿情绪表达规则知识的年龄特点

为了探讨不同年龄留守与非留守幼儿在不同情绪情境下的情绪表达规则知识差异，本书采用单因素方差分析法对数据进行统计分析。

由表2-6结果可知，留守幼儿在积极情境下的情绪表达规则知识、消极情境下的情绪表达规则知识以及情绪表达规则知识总分上，年龄差异均显著（F＝38.05，p＜0.01；F＝32.10，p＜0.01；F＝64.10，p＜0.001）。经事后检验（LSD）可知，在两种情境下的情绪表达规则知识及情绪表达规则知识总分上，5岁留守幼儿的成绩明显优于3岁（p＜0.001）、4岁（p＜0.01），4岁留守幼儿的成绩明显优于 3 岁（p < 0.01）。

表 2-6　　　　　　留守幼儿情绪表达规则知识的年龄差异分析

	3 岁	4 岁	5 岁	F
积极情境 情绪表达规则知识	4.42 ± 0.64	5.06 ± 0.69	5.86 ± 0.77	38.05 **
消极情境 情绪表达规则知识	4.61 ± 0.64	5.35 ± 0.88	6.31 ± 1.16	32.10 **
情绪表达规则知识总分	9.03 ± 0.87	10.41 ± 1.31	12.17 ± 1.46	64.10 ***

　　由表 2-7 结果可知，非留守幼儿在积极情境下的情绪表达规则知识、消极情境下的情绪表达规则知识以及情绪表达规则知识总分上，年龄差异均显著（$F = 36.51$，$p < 0.01$；$F = 34.66$，$p < 0.01$；$F = 68.04$，$p < 0.001$）。经事后检验（LSD）可知，在两种情境下的情绪表达规则知识及情绪表达规则知识总分上，5 岁非留守幼儿的成绩明显优于 3 岁（$p < 0.001$）、4 岁（$p < 0.01$），4 岁非留守幼儿的成绩明显优于 3 岁（$p < 0.01$）。可见，留守与非留守幼儿情绪表达规则知识发展趋势是完全一致的，均随着年龄的增长逐渐递增。

表 2-7　　　　　　非留守幼儿情绪表达规则知识的年龄差异分析

	3 岁	4 岁	5 岁	F
积极情境 情绪表达规则知识	5.06 ± 0.84	5.46 ± 0.68	5.84 ± 0.76	36.51 **
消极情境 情绪表达规则知识	5.38 ± 0.71	6.31 ± 0.57	6.84 ± 0.69	34.66 **
情绪表达规则知识总分	10.44 ± 1.19	11.77 ± 0.74	12.68 ± 0.82	68.04 ***

　　（四）年龄与性别在留守幼儿情绪表达规则知识上的交互作用

　　为了探讨不同年龄、性别在留守幼儿情绪表达规则知识上的交互作用，本书采用两因素方差分析法对数据进行统计分析。

表2-8　　年龄、性别在留守幼儿情绪表达规则知识上的交互作用分析

自变量	SS	df	SS/df	F
年龄	86.33	2	43.17	41.90***
性别	17.98	1	17.98	17.46**
年龄＊性别	7.96	2	3.98	3.86*

　　由表2-8结果可知，年龄和性别在留守幼儿情绪表达规则知识上的交互效应显著（$F = 3.86$，$p < 0.05$）。经简单效应分析可知，留守幼儿的情绪表达规则知识在3岁、4岁上有显著的性别差异（$F = 17.46$，$p < 0.01$；$F = 31.09$，$p < 0.01$），具体表现为留守女孩的情绪表达规则知识均显著高于留守男孩；但在5岁上留守男女孩的性别差异不显著（$F = 2.76$，$p > 0.05$）。在性别上情绪表达规则知识的年龄差异显著（$F = 35.35$，$p < 0.01$），具体表现为4岁留守男孩的情绪表达规则知识显著高于3岁（$p < 0.01$），5岁留守男孩的情绪表达规则知识显著高于3岁（$p < 0.001$）、4岁（$p < 0.01$）；4—5岁留守女孩的情绪表达规则知识均高于3岁（$p < 0.01$；$p < 0.001$），但4岁与5岁之间的差异不显著（$p > 0.05$）。

三　分析与讨论

　　本书着重探讨了性别、年龄、留守与否三个因素对情绪表达规则知识的影响，同时也对不同的情绪情境进行了考察。根据上述结果得知，不同性别、年龄的留守与非留守幼儿在不同情绪情境下的情绪表达规则知识的发展差异较大。

　　（一）留守幼儿情绪表达规则知识的性别特点

　　就性别因素而言，性别显著影响了留守幼儿的情绪表达规则知识。女孩的情绪表达规则知识普遍优于男孩，这与以往研究结果保持一致。造成男孩情绪表达规则知识显著低于女孩的原因可能是男女孩在日常生活中所受到的教育不同，这也与社会悄然的影响有关。

Southam-Gerow，M. A. 等在其研究中指出，[1] 造成以上结果的原因大概有两点：（1）父母在与不同性别的幼儿进行交流、沟通的时候，他们会采取不同的方式，比如经常与女孩沟通一些跟情绪相关的话题。（2）在不同性别幼儿养成性别意识的过程中，社会规范要求女孩更多地去顾及他人情绪，最好能产生共情的效果，而男孩的情绪情感尽可能保持内敛。有研究者认为，男孩同伴交流中更多以自我保护为出发点，而女孩在同伴交流中会选择运用更多的情绪表达规则知识。侯瑞鹤和俞国良认为女孩对情绪表达规则知识的理解能力会显著高于男孩。[2] 这可能因为：（1）老师更倾向于鼓励女孩要"贴心"，要"察言观色"等，这些特质有助于女孩习得情绪表达规则知识；但是对于男孩则更多要求"勇敢""自信"等特质，这些特质更加倾向于情绪的内在体验。正因为社会赋予不同性别角色以不同的角色期待，进而造成男女孩情绪表达规则知识的不同发展水平。（2）男女孩的生理构造可能带来一定的知识结构差异。但是，这种性别不一致性究竟是社会文化所造成的，还是男女孩生理上的区别，目前尚不明确。然而，对于情绪表达规则知识，无论是积极情绪情境还是消极情绪情境，男孩相较于女孩终究是有所欠缺的。

（二）留守幼儿情绪表达规则知识的年龄特点

本书发现，留守幼儿在情绪表达规则知识上存在着显著的年龄差异，具体而言，3—5 岁留守幼儿的情绪表达规则知识随着年龄增长而不断增加。这与以往的研究结论是一致的。[3] 留守幼儿年龄越大，他们的情绪表达规则知识水平越高，除了对他人的内、外在情绪能够较好地辨别外，还能够准确表达出符合社会预期的情绪状态；留守幼儿年龄越小，相应的情绪表达规则知识水平越低，既不能正确辨别他

---

① Southam-Gerow，M. A.，Kendall，P. C.，"Emotion Regulation and Understanding Implications for Child Psychopathology and Therapy"，*Clinical Psychology Review*，Vol. 22，2002，pp. 189－222.

② 侯瑞鹤、俞国良：《儿童对情绪表达规则的理解与策略的使用》，《心理科学》2006年第1期。

③ 侯超：《儿童情绪表达规则的研究综述》，《黑龙江教育学院学报》2007年第2期。

人的内、外在情绪，也无法做出符合社会预期的情绪表达。

最早提出年龄与幼儿情绪表达规则知识相关的是 Cole，P.，他用经典的失望范式研究出 4 岁左右幼儿就能够获得情绪表达规则知识。[①] 在此之后的研究范式虽不完全一致，但是普遍认为在学龄前期，幼儿就已经掌握了情绪表达规则知识。幼儿情绪表达规则知识的萌生是 3—4 岁，[②] 在幼儿 6 岁左右，他们的情绪表达规则知识有了显著的提高。[③] 情绪表达规则知识的年龄差异可能归因于：（1）在幼儿走出家庭、走向幼儿园的过程当中，他们势必会受到社会文化因素的影响，而情绪表达规则知识本身就受到社会文化因素的制约。随着幼儿与老师、同伴逐渐频繁地进行人际交往，他们习得的社会知识不断丰富，会更多地掌握情绪表达规则知识，更知道在实践当中如何熟练运用情绪表达规则知识。（2）情绪表达规则知识与幼儿大脑成熟、认知能力的发展有关。众所周知，学龄前期的幼儿处于身心发展变化最剧烈的时期，幼儿的感觉、知觉等内部心理过程也在连续不断地发展。2 岁的幼儿尚且不能明显区分自己真实情绪和外在情绪之间的不一致，但是到了 6 岁，这种区分就很容易了。[④] 3—4 岁的幼儿由于尚未获取复杂的社会技能，因而只是初步具备一些简单、浅显的情绪表达规则知识，但已有能力区分内、外在情绪的差异。5 岁以上的幼儿则表现出较高水平的情绪表达规则知识，他们似乎可以评估某种情绪反应可能造成的后果，进而选择符合情境预期的外部情绪表现。由此可以看出，留守幼儿情绪表达规则知识水平是受其认知发展水平制约的。

本书发现，年龄与性别在留守幼儿情绪表达规则知识上的交互作用显著。3—4 岁女孩的情绪表达规则知识均显著高于同龄男孩，但 5

---

① Cole，P.，"Children's Spontaneous Facial Expression"，*Child Development*，Vol. 57，1986，pp. 309 –321.

② 王桂琴、方格：《3—5 岁幼儿对假装的辨认和对假装者心理的推断》，《心理学报》2003 年第 5 期。

③ Zeman，J.，Garber，J.，"Display Rules for Anger，Sadness，and Pain：It Depends on Who Is Watching"，*Child Development*，Vol. 67，1996，pp. 957 –973.

④ 侯超：《儿童情绪表达规则的研究综述》，《黑龙江教育学院学报》2007 年第 2 期。

岁男女孩的性别差异不显著，同时，4 岁与 5 岁女孩的情绪表达规则知识差异不显著。这一结果似乎表明学龄前女孩相对男孩来说，其情绪表达规则知识水平更高、发展更快；4 岁左右可能是女孩情绪表达规则知识发展的关键期。就情境因素而言，以往研究认为在不同的情绪情境之下，幼儿表现出的情绪表达规则知识水平是不一致的。刘凤玲指出，学龄前幼儿在消极情绪情境之中表现出的情绪能力要优于积极情绪情境。[①] 从本书结果来看也呈现出这样的趋势，在不同的情绪情境之下，幼儿会选择不同的策略来达到自己的目的。在消极情绪情境之中，幼儿采取的策略会让他们更容易获得别人的同情与支持。[②]这就意味着在消极情绪情境下选择调节情绪的策略会比在积极情绪情境下更容易让幼儿获得来自他人的反馈。这样的反馈又反过来刺激幼儿在消极情绪情境下做出更恰当的情绪反应。

（三）留守与非留守幼儿在情绪表达规则知识上的差异比较

本书发现，留守幼儿情绪表达规则知识的发展不如非留守幼儿，这一特点在性别、年龄方面均有体现。如果长时期缺乏父母的陪伴，那么受影响的不仅仅是幼儿的心理健康，更会使其亲社会行为的发展受到影响。在实际生活当中，留守幼儿长时期与他们的父母分离，会使其情绪认知、情绪理解等显著弱于非留守幼儿。留守幼儿相比一般幼儿更容易出现情绪与行为问题。承担留守幼儿教养任务的多数是祖辈，与年轻人相比，祖辈的教养方式会显得更为落伍。比如有些祖辈会觉得只要让孩子吃饱穿暖即可，更细致的教育不会去关注；有的祖辈想关注，但是由于年龄限制、知识的匮乏等因素，也会心有余而力不足。

幼儿对情绪表达规则知识的理解、运用与家庭因素有显著相关，如教养方式、父母养育类型、家庭负责养育的对象等，父母如何在幼儿面前表达自己的情绪以及如何对待幼儿自身的情绪都能够影响

---

① 刘凤玲：《学前幼儿情绪表达规则认知能力的发展研究》，硕士学位论文，吉林大学，2009 年，第 51 页。

② Zeman, J., Garber, J., "Display Rules for Anger, Sadness, and Pain: It Depends on Who Is Watching", *Child Development*, Vol. 67, 1996, pp. 957 – 973.

幼儿的情绪表达规则知识。有研究者指出，6 岁以前和父母分开的幼儿，无论留守时间长短，都会对其情绪理解、表达等方面产生消极影响。[①] 父母在与子女进行情感交流时，不仅可以通过语言指导的方式来帮助幼儿更好地掌握自身情绪，也可以亲自教孩子一些方法，帮助他们调整自身的情绪。此外，抚养者自己的情绪表达也会对幼儿的情绪产生影响。由于不同时代的文化差异和代际原因，祖辈对情绪的表达和处理方式比较内敛、含蓄，无法有效地向留守幼儿传授必要的情绪表达知识和技能，直接影响留守幼儿情绪表达规则知识的习得。幼儿的家庭情感联结程度越高，就越能从家庭里充分体会到快乐和爱。积极情绪体验有利于幼儿情绪理解及表达能力的发展。对于留守幼儿而言，由于缺少应有的父母之爱，他们的积极情绪体验显然是缺位的。因此，留守幼儿的情绪表达规则知识弱于非留守幼儿也就不奇怪了。

四　教育建议

（一）重视监护人的教育作用，促使留守幼儿情绪健康发展

无论是留守幼儿还是非留守幼儿，监护人都应该肩负起促进他们情绪健康发展的责任。监护人能给予孩子更好的陪伴，对幼儿情绪上的影响作用是巨大的。有研究发现，拥有较少情绪表达规则知识的幼儿，与父母缺位（放任型父母）有显著相关。在情绪表达规则知识发展中，监护人对幼儿的情绪表露是至关重要的。如果监护人的情绪表露较丰富的话，幼儿就可以更好地理解个人的外在情绪表现如何影响他人的情绪反应。这些研究结论均指出了监护人在幼儿情绪表达规则知识发展过程中的重要作用。因此，完善家庭教育模式是监护人不可推卸的责任。

1. 监护人要树立正确的幼儿情绪观

对于学龄前幼儿来说，他们是处于发展中的"未完成人"。他们

---

① 凌辉、张建人：《分离年龄和留守时间对留守儿童行为和情绪问题的影响》，《中国临床心理学杂志》2012 年第 5 期。

的情绪发展明显是不同于成年人的。幼儿的情绪相比起成年人更加单一、夸张、不稳定，监护人只有树立了正确的幼儿情绪观，才能够更好地完成抚育幼儿的任务。

（1）监护人应了解幼儿情绪的相关知识。有研究指出，家长的教育意识会直接影响到对幼儿的教育过程。监护人是否具备相应的教育理论，能不能在实践当中顺利地对幼儿进行教育，直接影响着养育的效果。对于留守幼儿的监护人来说，更应该积极主动地阅读幼儿情绪相关书籍，如幼儿心理学、幼儿教育学等。在正确的理论知识当中深入了解幼儿情绪的发展和变化规律，这样在对幼儿的教育过程当中就不会手忙脚乱。

（2）监护人要深入实际了解留守幼儿的情绪变化。众所周知，世界上没有两片一模一样的叶子，对于幼儿来说也不例外。每个孩子由于自身气质、性格、生活环境等的不同，他们情绪理解的深入程度、掌握情绪表达规则知识的多少、表达情绪的方式等都是不同的，本书研究也证明了这一点。对于留守幼儿的监护人来说，不仅仅要做到掌握相关的理论知识，还应该深入实践当中去了解孩子情绪的特性及相应的应对方式，这样才能做到有的放矢。通过平时观察幼儿在实际生活中的表现，采取适当的教育手段；与此同时，也要注意同幼儿教师保持一定的联系，及时询问老师关于孩子在幼儿园里的行为表现等，全面掌握幼儿情绪发展近况。

2. 监护人要转变错误的教育观念，控制自身情绪并宽容对待幼儿的负面情绪

随着时代的变化，越来越多的家长更加注重孩子的教育。幼儿在进入小学阶段前就被动学习枯燥的语数外知识，在毫无学习兴趣的状态下无法达到父母期望的学习效果。这些片面的儿童观和教育观将会对孩子的身心带来不良影响。家长需要转变错误的教育理念，认识到孩子的发展是一个动态的、多元的、全方位的过程，而不是为了实现家长自身愿望就完全忽视孩子的身心发展规律。所谓"情商比智商更重要"，幼儿的情绪发展作为社会性发展的重要组成部分，才应该是家长不能忽视的重要教育内容。

儿童会在后天不断地模仿、学习监护人的情绪管理方式，如果监护人情绪控制能力差，经常表现出情绪不稳定、喜怒无常，那么孩子久而久之也会形成类似的情绪特征，遇到挫折和困难时，情绪就会失控，情绪问题发生的概率较高。另外，父母的元情绪理念会影响儿童情绪理解的发展。母亲情绪不干涉的元情绪理念对儿童情绪理解、识别等有显著的促进作用，但母亲情绪紊乱的元情绪理念则会导致儿童情绪识别障碍。① 监护人往往不能正确认识幼儿情绪发展的客观规律，造成总是肯定其积极情绪、否定其消极情绪，这显然是有失偏颇的教育方式。在对待幼儿的负面情绪时，要注重引导与宽容对待并重，适当地让幼儿宣泄而不是一味禁止。

（二）父母要加强与留守幼儿、监护人及教师间的沟通与交流

人是有精神需求的高级动物，如果父母不能做到与儿童保持心灵上的沟通、了解其思想动态、体会其情绪感受、因势利导地照顾其情绪需求的话，那么儿童的情绪发展就会出现偏差，最终影响其成年后的人格健全。对于留守幼儿的父母来讲，不是只关注孩子物质上的供给就是对他们的全部付出。在物质生活飞速发展的今天，困扰留守幼儿的不只是物质需求问题，心理归属与爱的满足问题更需要解决。因此，外出的父母要加强与留守幼儿的精神交流。

1. 加强与留守幼儿的联系。很多父母与留守幼儿的沟通是比较少的，甚至很长时间几乎没有沟通。有一部分原因固然是父母为了养家糊口外出打工，工作繁忙、压力大等，但是很多外出的父母认为，只要有爷爷奶奶（外公外婆）或者老师照顾孩子就够了，无须多过问，实际上这是完全错误的育儿理念，根本没有设身处地去体会留守幼儿对父母关爱的强烈需求。在工作之余，父母完全可以利用发达的网络通信随时与幼儿交谈、沟通，了解留守幼儿对某些事物的看法及思维的发展变化，同时也要做幼儿心事的好听众、幼儿学习的好伙伴。在逢年过节的时候常回家陪伴幼儿，尽最大可能去弥补留守幼儿

---

① 梁宗保、张光珍、陈会昌等：《学前儿童情绪理解的发展及其与父母元情绪理念的关系》，《心理发展与教育》2011 年第 3 期。

缺失的父母之爱，给予他们家庭的温暖。

2. 及时与留守幼儿的监护人、老师等进行沟通。要想全面了解留守幼儿的思维动态、情绪变化、生活状况，加强与幼儿精神上的沟通，与其监护人、老师等建立频繁的联系是必不可少的。实际上，这也是家园共育所不可或缺的。在条件允许的情况下，尽可能多地参与幼儿园的家长会、亲子活动等，与班级老师深入沟通，了解幼儿在园内遇到的各种问题，尤其是情绪方面的问题，并想办法及时解决。即使无法亲自参加幼儿园活动，也要第一时间询问监护人，了解幼儿在活动中的各种状况。

（三）教师掌握正确的性别教育理念，关注留守幼儿情绪表达规则知识的发展

中国教育学家孔子认为，在教育教学过程当中因材施教是非常重要的。在当今的幼儿园教育环境下，同样也要注重因材施教。根据幼儿不同年龄、不同性别、不同家庭环境等给予有差异的教学方法，不一刀切，做到因人施教、因材施教，只有这样，才能最大限度地促进幼儿的成长。

性别意识是经过后天教育而使幼儿形成的一种自我意识，性别教育能够帮助幼儿获得关于自己、关于他人的认知，也有利于幼儿社会角色的树立。有研究指出，幼儿在 3 岁左右能获得对性别的基本认识，具体行为有以下几种：模仿观察到的性别角色、询问关于性别的不同问题以及追问自己的由来。因此，笔者推测，幼儿性别意识的萌芽期是 3 岁左右。

幼儿性别教育经历了一个发展的过程。在从前，我们对两性的教育几乎是刻板的。比如中国古代由于社会分工不同，对男女性的人格发展提出了不同的要求，要求男孩要"勇敢"、要"顶天立地"，对女孩的要求却是顺从、柔婉等。随着时代的发展，越来越多的教育学家通过实证和思辨等方式，论证了旧的性别教育的弊端。我们应该承认性别的差异，比如男女之间的身体构造不同、力气大小不同，等等。但是差异并不是决定性因素，生理上的差异也并不能限制一个人只能做什么、怎么做。因此，幼儿园教师在对留守幼儿进行教育时，

要摒弃"女孩子就该慢声细语""女孩子就必须要牺牲自己的感受以维护别人的良好情绪"等性别刻板印象。现代的性别教育应在承认自然性别差异的基础上，使得教育更加多元化，让留守幼儿最大限度地发挥自己的潜能，帮助他们建立健康的人格，为以后更好地处理人际关系打下良好基础。

第三节 留守幼儿情绪表达规则知识对同伴关系的影响

对幼儿而言，正态的情绪表达规则知识对社会交往可以起到良好的促进作用。Denham，S. A. 认为，情绪表达规则知识对学龄前儿童的同伴接纳水平有显著的预测作用。[1] 展宁宁也发现，学龄前儿童的攻击与破坏性行为与他们的情绪认知呈现出显著的负相关。[2] 幼儿对不同的情绪情境使用的情绪解释不同，他们做出的情绪反应也会不一样，也就是说幼儿对情绪表达规则知识的认知越合理，就会做出更少的攻击与破坏性行为，他们的同伴接纳程度就会更高。本书探讨情绪表达规则知识与同伴关系两者之间的关系不仅可以从多个维度来丰富情绪表达规则知识的理论内容，扩大情绪表达规则知识的研究领域，同时为培养留守幼儿情绪能力提供实践上的指导。

一 研究方法

（一）研究对象

本书旨在探讨3—5岁留守幼儿情绪表达规则知识对同伴关系的影响。研究被试为参与上述情绪表达规则知识发展特点测查的216名幼儿，其中留守幼儿107人，非留守幼儿109人。

---

[1] Denham，S. A. ，"Preschool Understanding of Emotions：Contributions to Classroom Anger and Aggression"，*Journal of Child Psychology and Psychiatry*，Vol. 43，2002，pp. 901–916.
[2] 展宁宁：《农村留守幼儿的情绪理解能力与侵犯性和同伴关系的关系》，《社会心理科学》2014年第10期。

（二）研究程序

同伴关系的测量方法为同伴提名法。

在留守幼儿正式上课之前，对他们进行一对一单独访谈，访谈地点为一个安静的小房间。以班级为单位，主试询问幼儿在自己班上最喜欢和最不喜欢的三个小朋友分别是谁，并告诉幼儿这是他们两人之间的一个小秘密，彼此都不要告诉其他人，旨在消除幼儿的戒备心理，取得幼儿信任，引导其说出真实想法。

（三）编码规则及计分

被提名为最喜欢的三位小朋友各计 1 分，代表同伴接纳得分；最不喜欢的三位小朋友各计 – 1 分，代表同伴排斥得分，每个小朋友的两项分数相加之和代表同伴关系总得分。

（四）数据统计分析

所有数据运用 SPSS 21.0 进行数据处理与统计分析，主要采用的数据处理方法有描述性统计分析、独立样本 t 检验、单因素方差分析、事后多重检验、两因素方差分析和回归分析等。

二　研究结果

为了进一步具体考察留守幼儿同伴关系的总体发展特点，以留守幼儿的性别、年龄为自变量，以其同伴关系得分为因变量进行差异检验。

（一）留守与非留守幼儿同伴关系得分的描述性统计结果

本书统计了不同性别、不同年龄留守与非留守幼儿同伴关系的平均数与标准差，具体数据见表 2 – 9、表 2 – 10。

表 2 – 9　　　　留守幼儿同伴关系得分的描述性统计结果（M ± SD）

年龄	男	女	总分
3 岁	15.06 ± 1.09	17.95 ± 1.47	16.66 ± 1.95
4 岁	17.29 ± 1.86	21.53 ± 2.18	19.41 ± 2.93
5 岁	21.50 ± 3.71	23.79 ± 3.12	22.74 ± 3.54

表 2 - 10　　　　非留守幼儿同伴关系得分的描述性统计结果（M ± SD）

年龄	男	女	总分
3 岁	19. 25 ± 1. 53	21. 94 ± 1. 29	20. 59 ± 1. 95
4 岁	24. 45 ± 0. 51	25. 26 ± 0. 65	24. 85 ± 0. 71
5 岁	27. 16 ± 0. 69	28. 11 ± 0. 66	27. 63 ± 0. 82

（二）留守与非留守幼儿同伴关系的性别特点

为了探讨不同性别留守与非留守幼儿同伴关系的具体差异，本书采用独立样本 t 检验法对数据进行统计分析。结果显示（见表 2 - 11），不同性别留守幼儿的同伴关系差异显著（t = 4. 57，p < 0. 01），说明性别因素对留守幼儿同伴关系得分有显著影响。其中，女孩的同伴关系得分显著高于男孩，说明女孩的同伴关系质量优于男孩。但是不同性别非留守幼儿的同伴关系差异不显著（t = 0. 07，p > 0. 05），说明性别因素不会对非留守幼儿的同伴关系得分产生显著影响。

表 2 - 11　　　　留守幼儿同伴关系的性别差异分析

	男	女	t
同伴关系	17. 88 ± 3. 59	20. 96 ± 3. 39	4. 57 **

表 2 - 12　　　　非留守幼儿同伴关系的性别差异分析

	男	女	t
同伴关系	21. 45 ± 3. 28	22. 40 ± 1. 70	0. 07

（三）留守与非留守幼儿同伴关系的年龄特点

为了探讨不同年龄留守与非留守幼儿的同伴关系差异，本书采用单因素方差分析法对数据进行统计分析。

由表 2 - 13 结果可知，留守幼儿同伴关系的年龄差异显著（F = 41. 23，p < 0. 001），经事后检验（LSD）可知，5 岁留守幼儿的同伴关系显著优于 3 岁（p < 0. 001）、4 岁（p < 0. 01）；4 岁留守幼儿的同伴关系显著优于 3 岁（p < 0. 01）。

表 2 – 13　　　　　留守幼儿同伴关系的年龄差异分析

	3 岁	4 岁	5 岁	F
同伴关系	16.66 ± 1.95	19.41 ± 2.93	22.74 ± 3.54	41.23^{***}

由表 2 – 14 结果可知，非留守幼儿同伴关系的年龄差异也显著（F = 36.54，p < 0.001），经事后检验（LSD）可知，5 岁非留守幼儿的同伴关系优于 3 岁（p < 0.001）和 4 岁（p < 0.05）；4 岁非留守幼儿的同伴关系优于 3 岁（p < 0.01）。可见，留守与非留守幼儿同伴关系随年龄变化的发展趋势是完全一致的，随着年龄的增长，同伴关系越来越好。

表 2 – 14　　　　非留守幼儿同伴关系的年龄差异分析

	3 岁	4 岁	5 岁	F
同伴关系	19.53 ± 2.70	22.38 ± 1.52	24.53 ± 1.93	36.54^{***}

（四）年龄与性别在留守幼儿同伴关系上的交互作用

为了探讨不同年龄、性别在留守幼儿同伴关系上的交互作用，本书采用两因素方差分析法对数据进行统计分析。

通过两因素方差分析可以得出（结果见表 2 – 15），虽然年龄和性别在留守幼儿同伴关系上的主效应均显著（F = 30.53，p < 0.001；F = 13.82，p < 0.01），但年龄和性别的交互效应不显著（F = 1.49，p > 0.05）。

表 2 – 15　　年龄、性别在留守幼儿同伴关系上的交互作用分析

自变量	SS	df	SS/df	F
年龄	347.58	2	173.79	30.53^{***}
性别	78.65	1	78.65	13.82^{**}
年龄 * 性别	17.04	2	8.52	1.49

（五）留守幼儿同伴关系与情绪表达规则知识的相关关系

将留守幼儿同伴关系得分与情绪表达规则知识总分及不同情境情绪表达规则知识得分做相关分析，得出的具体结果见表 2 - 16。通过相关分析可知，留守幼儿同伴关系与情绪表达规则知识总分、积极情境情绪表达规则知识、消极情境情绪表达规则知识均呈显著正相关（$r = 0.42$，$p < 0.001$；$r = 0.38$，$p < 0.001$；$r = 0.45$，$p < 0.001$）。

表 2 - 16　　留守幼儿同伴关系与情绪表达规则知识的相关分析

	同伴关系	情绪表达规则知识总分	积极情境情绪表达规则知识	消极情境情绪表达规则知识
同伴关系	1	—	—	—
情绪表达规则知识总分	0.42 ***	1	—	—
积极情境情绪表达规则知识	0.38 ***	0.79 ***	1	—
消极情境情绪表达规则知识	0.45 ***	0.88 ***	0.67 ***	1

（六）留守幼儿情绪表达规则知识对其同伴关系的预测作用

通过分层回归分析可以看出（结果见表 2 - 17），留守幼儿的性别、年龄、积极情境情绪表达规则知识、消极情境情绪表达规则知识及情绪表达规则知识总分均进入了回归方程，能够同时预测其同伴关系。首先将性别和年龄作为自变量进行回归分析可得出，性别和年龄的预测力显著（$F = 34.52$，$p < 0.01$），总解释力为 21%。其中年龄对同伴关系具有显著的正向预测力（$\beta = 3.05$，$p < 0.01$），性别对同伴关系具有显著的负向预测力（$\beta = -3.13$，$p < 0.01$）。在此基础上加入积极情境情绪表达规则知识、消极情境情绪表达规则知识和情绪表达规则知识总分后，解释力的变化呈显著性（$F = 24.82$，$p < 0.01$）。积极情境情绪表达规则知识、消极情境情绪表达规则知识和情绪表达规则知识总分的总解释力为 36%。其中积极情境情绪表达规则知识、消极情境情绪表达规则知识和情绪表达规则知识总分对同

伴关系均具有显著的正向预测力（β=3.08，p<0.01；β=3.27，p<0.01；β=1.15，p<0.05）。

表2-17 留守幼儿情绪表达规则知识对其同伴关系的预测作用

因变量	预测变量	R^2	$\triangle R^2$	β	t	F
同伴关系	年龄	0.21	0.21	3.05	10.93**	34.52**
	性别			-3.13	-6.77**	
	积极情境情绪表达规则知识	0.57	0.36	3.08	8.24**	24.82**
	消极情境情绪表达规则知识			3.27	8.56**	
	情绪表达规则知识总分			1.15	3.27*	

三 分析与讨论

（一）留守幼儿同伴关系的性别特点

通过上述研究结果可知，性别对留守幼儿同伴关系总得分存在显著的影响，这和以往的研究结果一致。在以往的研究中，有研究者发现，如果按照五种同伴类型来区分幼儿的话，在五种类型当中，女孩更加受欢迎，而男孩则更多地被同伴所拒绝。[①] 造成这一结果的可能原因在于：

1. 由于受到社会文化等因素的影响，女孩相比起男孩来说，更多地表现出一系列亲社会行为，使她们在同龄人中间获得的评价更高，同伴关系更好。而男孩则表现出比女孩更多的攻击性行为，使得他们在同龄人中间获得的评价相对较低。在一些冲突情境之中，女孩比男孩要更容易表现出抑制与退缩行为，这一系列的行为都有利于女孩从社会当中获得更高的评价。而与之相反的是男孩在群体中的活跃度要高于女孩。他们则更有可能与同伴发生冲突、产生摩擦，因而获得的评价出现两极分化，整体评价较低。

2. 由于男女孩生理差异的影响，我们必须承认，男女孩的天性

_____

① 叶晓璐：《儿童同伴关系的性别特点及教育启示——基于150名5岁儿童样本调查分析》，《山西青年职业学院学报》2010年第3期。

本来就存在一定的差异。男孩活泼好动，女孩内敛安静，女孩的言语能力也比同龄男孩发展要好，情商相对较高。这些以自然生理因素为基础的后天差异性使得留守女孩的同伴关系优于留守男孩。

（二）留守幼儿同伴关系的年龄特点

年龄对留守幼儿同伴关系得分影响显著。年龄较大的留守幼儿，同伴关系要显著好于年龄较小的幼儿。从幼儿进入幼儿园开始，他们逐步获得越来越多与他人交流的机会，从而使得同伴关系逐渐成为重要的社会关系之一。这也就意味着，3 岁与 5 岁幼儿的交往对象之间有显著的差异。同时，幼儿同伴关系的选择性会随着年龄的增长而逐渐增强，在幼儿期，幼儿会存在着明显的同性别交往倾向，且幼儿的评价标准也会随着年龄的增长逐渐统一，由主观盲目向客观标准转变。① 这些都指明同伴关系存在显著的年龄差异。幼儿对于一些情绪情境的区分和适应能力不是一成不变的。随着年龄的增长，幼儿会习得更多的亲社会行为。另外，留守幼儿早期的攻击性行为会使得他们更加容易被同伴拒绝，但是年龄的增长会使其攻击性行为减弱。② 具有亲社会性的幼儿比起其他的幼儿来说，更加容易受到同伴的欢迎。

（三）留守与非留守幼儿同伴关系的差异比较

本书发现，非留守幼儿的同伴关系得分高于留守幼儿。这一特点在性别、年龄方面均有体现。需要层次理论表明，个体只有得到归属和爱、自尊等需要，才能实现其健康发展。如果这种成长性需要没有得到满足，幼儿的健康成长就会受到影响。幼儿不被同伴群体接纳、鼓励很容易产生自卑感，这种自卑感会影响其自尊的建立。因此，良好的同伴关系是非常重要的。影响幼儿同伴关系的主要因素包括以下两点：

1. 抚养者与幼儿的亲子关系会对幼儿的同伴关系产生影响。有研究指出，亲子关系在一定程度上会决定同伴关系，在和谐的亲子环

---

① 邹晓燕、曲可佳：《儿童权威认知研究述评》，《辽宁师范大学学报》（社会科学版）2006 年第 3 期。

② 曹晓君、陈旭：《3—5 岁留守幼儿抑制性控制与攻击行为的关系研究》，《中国特殊教育》2012 年第 6 期。

境里，幼儿能够更多地从父母身上体会到尊重和爱，他们也会把这种良好的交往方式移植到自己的同伴关系之中。因此，拥有良好亲子关系的幼儿在日后与他人的交往中是积极、健康的，他们表现得更为乐观。与此同时，良好同伴关系也会让他们在同伴交往当中获得更多的尊重，这种积极正向的回馈会促使其同伴关系更好。反之，亲子关系不良的幼儿则容易在缺少爱的环境中产生更多的不良认知和消极心理，从而变得被动、回避。①

2. 父母的支持力度对幼儿的同伴关系有影响。有研究者发现，母亲对幼儿的温暖支持会影响幼儿的社会自我，从而直接预测了其同伴关系的质量。② 可见，父母对幼儿的支持力度也是同伴关系产生差异的原因之一。从本质上来看，父母抚养比祖辈抚养会更有精力、更科学，所以非留守幼儿从母亲那里获得的支持力度显著大于留守幼儿，非留守幼儿的亲子关系也比留守幼儿更亲密，非留守幼儿的同伴关系自然要优于留守幼儿。

（四）留守幼儿同伴关系与情绪表达规则知识的相关关系

本书结果显示，3—5 岁留守幼儿的同伴关系与情绪表达规则知识总分、积极情境情绪表达规则知识及消极情境情绪表达规则知识均呈显著正相关关系。Jones，D. J. 在一项关于儿童解决冲突情况和处理儿童同伴关系策略的研究中发现，如果儿童能积极、有效地处理同伴间的冲突情境的话，那么他的同伴关系就会更好。③ 这也间接说明了幼儿的情绪理解、情绪表达规则知识的水平与同伴关系之间的密切相关。

虽然同伴关系与情绪表达规则知识两者的发展速度不完全一致，但总的来说，留守幼儿情绪表达规则知识得分越高，其同伴关系越

---

① 洪恬、王珊珊、黄平：《留守儿童家庭环境状况及其与自我概念、应对方式的关系》，《中国健康心理学杂志》2012 年第 2 期。

② Dekovi, M., Meeus, W., "Peer Relations in Adolescence: Effects of Parenting and Adolescents' Self-Concept", *Journal of Adolescent Health*, Vol. 30, No. 2, 1997, pp. 163 – 176.

③ Jones, D. J., "The Development of Display Rule Knowledge: Linkage with Family Expressiveness and Social Competence", *Child Development*, Vol. 69, 1998, pp. 213 – 225.

好。这可能因为：

1. 情绪表达规则知识发展得越好，越能对复杂的情境进行理解，从而有能力维护同伴关系。良好的情绪区分能力更有利于同伴关系的维护。有研究者指出，对于老师和同伴而言，他们更倾向于选择那些情绪表达规则知识丰富的幼儿作为最受欢迎的儿童，[①] 这类儿童的被接纳程度也很高。因此在现实生活中，他们也就越有自信去积极地解决与情绪有关的冲突。可见，如果幼儿的情绪表达规则知识掌握越好，那么他们的同伴关系也会越好，能够被更多的同伴所接纳、喜欢；反之，如果幼儿的情绪表达规则知识掌握越差，那么他们的同伴关系也会随之降低，容易遭到同伴拒绝、排斥；如果幼儿能够拥有更多亲社会情绪表达规则目标，那么他们将会更加受到同伴与老师的喜爱。

2. 良好的同伴关系也有助于幼儿情绪表达规则知识更好地发展。行为心理学家桑代克认为，人学习的过程是 S—R 的过程。在同伴交往中进行了对的尝试之后，个体就能反思、总结自己的情绪表达规则知识。也就是说，留守幼儿情绪表达规则知识与同伴关系之间不是单向的关系，而是双向的相互作用、相互制约的关系。幼儿的情绪表达规则知识越丰富，其社会化程度越高，越受同伴喜爱；同样，幼儿的社会化程度越高，亲社会行为越多，将会为他们带来更多的同伴青睐，情绪表达规则知识也越丰富。这也是个传导过程，情绪表达规则知识发展得好会使其社会性能力发展得更好，即在二者的关系之中，拥有更多的情绪表达规则知识的幼儿在进行社会交往时，会采用更加亲社会的表现方式，以期待获得家长、老师、同伴更高的评价。这可能是因为他们对别人的情绪有更多的理解，更多地从他人的角度思考问题。他们对情绪状态的解释被认为是积极的，他们也就更容易被同龄人接受。截然不同的是，情绪表达规则知识水平较低的幼儿则更倾向于把别人的情绪状态解释为消极的，因此难以实现亲社会目标；同

---

① Garner, P. W., "The Relations of Emotional Role Taking, Affective/Moral Attributions, and Emotional Display Rule Knowledge to Low-Income School-Age Children's Social Competence", *Journal of Applied Developmental Psychology*, Vol. 17, 1996, pp. 19 – 36.

时他们会表现出更多的消极情绪体验和消极情绪表现，这种表现会影响他们与同伴和老师之间的关系，也会获得较低的社会评价，社会化程度必然不高。

（五）留守幼儿情绪表达规则知识对其同伴关系的预测作用

本书中留守幼儿的年龄、性别均对同伴关系有显著的预测作用，再加入情境情绪表达规则知识之后，预测作用依然显著。留守幼儿的年龄越大，情绪表达规则知识就越好，与之相应的，同伴关系也越好。不同年龄的儿童对情绪表达规则知识的认识是不同的，研究发现，6 岁、8 岁、12 岁的儿童对于同一个不喜欢的礼物，他们表现出的情绪是不同的。这种不同的情绪就预示着不同年龄阶段儿童对情绪表达规则知识的掌握程度不同。[①] 从 Saarni，C. 的实验中看到，8 岁的儿童对于不喜欢的礼物还会表达出自己的真实情绪，但是 12 岁的儿童已经会选择用其他情绪来替代自己的真实情绪。这与本书结果一致，即儿童年龄越大，其情绪表达规则知识水平越高，同伴关系也发展得越好。

对于不同性别而言，本书发现，留守女孩的情绪表达规则知识水平要显著强于留守男孩。其他研究同样发现，在情绪表达规则知识中，男孩的能力要弱于女孩。[②] 女孩更倾向于向同伴而不是父母表露出她们的情绪。[③] 然而，国外研究者发现，男孩和女孩对情绪表达规则知识的运用和理解程度是一样的。[④] 这种不一致基本都是由于社会文化环境的不同而导致的。

在不同效价情绪表达规则知识方面，有研究认为，如果儿童表露

---

① Saarni，C.，The development of emotional competence. New York：The Guilford Press，1999，pp. 79 – 130.

② 孙倩：《不同人际压力情境下儿童情绪表现规则的研究》，硕士学位论文，西南大学，2000 年，第 55 页。

③ Joshi.，M. S.，Maclean，M.，"Indian and English Children's Understanding of the Distinction Between Real and Apparent Emotion"，*Child Development*，Vol. 65，1994，pp. 1372 – 1384.

④ Gnepp，J.，Hiess，D. L. R.，"Children's Learning of Verbal and Facial Display Rules"，*Developmental Psychology*，Vol. 22，1986，pp. 103 – 108.

出更多的消极情绪而非积极情绪，那么他的同伴交往能力就会比其他儿童更差。儿童的积极情绪和良好的社会化能力显著相关。[①] 这些结论都很好解释了本书的结果，也就是说，拥有更多积极情绪知识的幼儿，其同伴关系发展得更好；在同伴交往当中表露出更多消极情绪的幼儿，其同伴关系就会变得更差。情绪调节与同伴关系之间存在着密切相关。低水平的情绪调节能力、低水平的情绪应对策略与较低的同伴地位相关。研究者把同伴关系分成五个维度，发现情绪调节能力可以显著地预测同伴拒绝，而同伴接受则与较高的情绪调节能力之间呈现出显著正相关。[②]

笔者认为，情绪表达规则知识越好的幼儿，越能更好地识别出他人的真实情绪，据此做出符合社会期望的合理反馈，进而有助于同伴接纳。情绪表达规则知识能够帮助幼儿识别他人情绪和调整自己的情绪，运用更多情绪表达规则知识的幼儿在同伴交往中获得同伴更少的消极评价，更多的积极评价。情绪表达规则知识贫乏的幼儿则更倾向于把这种表达上的困难外化成攻击行为等不良行为模式，而且这种外化程度相对于其所经历的情绪强度来说是偏强的。因此，情绪表达规则知识较少的幼儿会产生更多的消极情绪和敌对行为来影响同伴关系。

四　教育建议

在《3—6岁儿童学习与发展指南》当中指出，3岁左右的幼儿进入幼儿园小班，这也就标志着幼儿社会性发展的新起点。幼儿离开家庭，前往"社会"。在以前，他们的交往对象往往是非常单一的，以监护人为核心，几乎没有脱离过家庭。但是在前往幼儿园之后，无论是主动还是被动，他们都要与其他幼儿、教师等人进行交流和沟通，幼儿园环境比起3岁以前的家庭环境来讲复杂了很多。积极、正确的情绪表现促进幼儿良好的人际关系。在中国传统文化中，要求和他人

---

① Shapiro, E. S., Cole, C. L., *Behavior Change in the Classroom: Self-Management Interventions*, New York: Guilford Press, 1994, pp. 104 – 110.

② 田瑞向：《幼儿情绪能力的发展及其与同伴关系的关系研究》，硕士学位论文，苏州大学，2016年，第63页。

交往时做到"喜怒不形于色",对于年幼儿童来说理解并运用这一规则是具有挑战性的。众所周知,学龄前儿童的情绪表达能力非常低,初步了解情绪表达规则,在这段时期内促进幼儿的情绪表达规则知识发展,就显得尤为关键。从幼儿园角度来说,如何营造良好的情绪环境就更加重要了。幼儿园要担负起对幼儿情绪教导和创设良好情绪环境的义不容辞的责任。

（一）幼儿园开设专门的情绪情境类课程

在中国的幼儿园课程当中,主要是以国家颁布的五大领域课程为主。情绪类的课程大多不是以主体的形式出现的,而是穿插在五大领域当中。在实际的教育教学过程中,幼儿园可以根据自身的特色因地制宜,创设相应的情绪类课程,让幼儿学会正视、接纳、控制自己的情绪,并且掌握相关的情绪表达规则知识。实际上,以本书的实验材料为参照,略加改变,就可以变成一堂情绪课程。如,从故事导入,吸引幼儿注意:"老师先给小朋友们讲个故事……"再提出问题,认识情绪:"你们觉得故事里的小男孩是什么样的心情?大家可以模仿一下小男孩的表情吗?但是他的表情和他心里想的一样吗?为什么不一样?"最后老师进行总结,教会幼儿初步的情绪表达规则知识:"哦,原来他是不想让他的好朋友不开心,所以才不表现出难过的情绪,小朋友如果遇到这种情况,你们会怎么办?"幼儿园开设这样的课程有助于弥补家庭教育关于情绪教育的缺失,有利于留守幼儿行之有效地获得情绪表达规则知识。

（二）在日常生活中引导留守幼儿情绪表达,促进其同伴关系的发展

幼儿园教师应该将留守幼儿的教育和教导拓展到日常生活之中,在一日生活中才能更加全方位地培养幼儿情绪能力与同伴关系同步发展。教师可以培养幼儿的情绪理解能力,即认清自己及他人情绪状态的本领。[①] 教师通过观察留守幼儿与同伴的交往状况,协助他们更好

---

① 梁宗保、孙铃、张光珍等:《父亲情绪表达与儿童社会适应:气质的调节作用》,《心理发展与教育》2011 年第 4 期。

地理解同伴的情绪、表达自身情绪，使其认识到自身的消极情绪是需要借助情绪调控能力来进行克制的。教师可以询问幼儿："你今天对其他的小朋友发脾气了，为什么发脾气呢？你心里是什么感受？"而且要注意引导幼儿去理解别人的情绪："其他小朋友为什么要冲你发脾气呢？你知道吗？"在这个过程中，教师可以帮助幼儿认识到对于同一种情绪，每个人都可以选择表达方式，而其中有一部分表达方式会为幼儿赢得他人的喜爱以及尊重，能够帮助幼儿维持友谊；而另一部分表达方式可能会导致同伴厌恶、排斥自己，人际关系变得糟糕。

　　当留守幼儿一旦学会了在某种情绪情境下选择合适的情绪表达规则来表达自身情绪，他们就可以有效避免同伴交往冲突的产生。因此，幼儿教育工作者需要在幼儿园日常生活中对幼儿进行观察，告诉幼儿怎样的情绪表达方式才是他人认可的。如果幼儿难以理解，教师可以尝试通过呈现表情图片的方式让幼儿做出选择，让他们自己去领悟怎样的外部情绪表达最受人欢迎。总之，教师要为幼儿提供学习情绪表达规则知识的实践平台和真实情境，这样才能达到事半功倍的效果。

第三章　留守幼儿的情绪表达策略

　　不管是想保护自己脆弱的自尊以凸显自己坚强的一面，还是想避免自身负面情绪对他人造成困扰，一个人有策略地调控自己的情绪表达行为都是一种适应性表现。在儿童早期阶段，儿童通过观察、自我探索不断地学习并掌握这些技能，以帮助他们在负面情绪情境中及时获得来自成人的关注和安慰，并宣泄、释放自己内在的消极情感体验。除此之外，随着儿童认知能力不断发展，他们开始逐渐习得如何区分自己内在情绪状态和外部情绪表达之间的差异。儿童对这两者间不一致的察觉说明，他们的内部情绪体验开始从行为表达中逐渐分离出来，特别是从"对他人的情绪表达"中分离出来。这种"分离"的表现形式可能表现为，在悲伤或者恐惧的情境中用"哭喊"等夸大的外在情绪表达行为来引起成人的注意和安慰；也可能表现为对自我内在的负面情绪或者积极情绪进行压抑。这个时候所表现的能够被他人识别的情绪行为是经过内部情绪转化而来的，以达到伪装自己真实情绪的目的，例如当儿童当众受到来自成人（通常是教师或者长辈）的夸赞或者在某些愤怒情境中表现出来"云淡风轻"的表情。中性化的情绪表达策略则是指儿童采用无面部表情来应对情绪情境，例如在愤怒情境中用平静的心境来应对，但这对他们而言通常难以做到。

　　在儿童早期，他们何时学会使用情绪表达策略？会在什么样的情境中使用这些策略？Blurton-Joes通过创设成人在场与不在场两种情境清楚地证明了学龄前儿童在特定情绪情境中如何使用情绪表达策略，即研究发现3—4岁的幼儿在自由玩耍情境中不小心受伤以后，如果他发现看护者正注意他时，则会号啕大哭以寻求看护者的安慰；相反，如果他发现周围没看护人或者看护人没有注意时，则可能较少哭泣。总而言之，如果儿童通过自我学习和探索等方式习得如何对他人做出恰如其分的"社会性情绪"表达策略，那么他们心理上的情感需求更容易得到满足。

常言道，"会哭的孩子有糖吃"。这似乎在说明，儿童"哭"的情绪表达方式能够如愿获取来自成人的关注，得到更多的拥抱和爱的回馈；而那些不善于表达"哭"的儿童则较少引起成人的关注，甚至是遭到成人的忽视。因此，对于大部分留守幼儿而言，隔代教养中可能存在的弊端会使幼儿不能合理使用情绪表达策略来表达自己内心真实的情感体验。他们想要以哭泣、喊叫、扔东西等方式来获得成人的关注也更可能被内化为无效的策略，更可能在特定的情绪情境中因为使用不恰当的情绪表达策略而遭受更加恶劣的行为惩罚。

那么，这些留守幼儿是否在特定的情绪情境中倾向于使用某种类型的情绪表达策略？这些策略具有什么样的特点？与非留守幼儿是否存在显著差异？家庭教养方式是否对留守幼儿情绪表达策略的使用产生影响？这些将是本书主要探讨的问题，并分为三小节进行阐述：第一节主要对幼儿情绪表达策略进行概述，包括情绪表达策略相关概念及其特点、类型；第二节内容通过对实证数据进行分析，以非留守幼儿的情绪表达策略特点作为对照组，分析、概括了留守幼儿情绪表达策略的发展趋势，包括情绪表达策略的年龄特征与性别差异；第三节则进一步分析了不同家庭教养方式对留守幼儿情绪表达策略的显著影响。

第一节　幼儿情绪表达策略概述

情绪的发展是指随着年龄的增长，个体学会有效地表达、调节和应对自己情绪的过程。情绪的发展对儿童当前和未来发展有着重要的意义。那些能够成功掌控自己情绪的儿童在与他人进行人际交往时会获得成功，还能体验到较高水平的幸福感，并具备良好的适应状态。反之，那些情绪发展受到阻碍的儿童可能存在人际关系困难、学业和职业上的问题，还可能存在心理健康或适应上的问题。儿童究竟是在

什么时候开始使用情绪表达策略？关于这一问题，似乎是从儿童意识
到自己的情绪时开始。也就是说，情绪表达策略的使用起源于个体对
不同情境产生的情绪体验，是个体对特定环境的主观评价。那什么是
情绪表达策略？儿童所使用的情绪表达策略具有什么样的特征？目前
看来，要想对情绪表达策略下一个高度概括而又精准的定义仍然显得
十分困难。究其原因，一直以来，情绪研究遭到人们的忽视，一是因
为人们将情绪视为一种附属现象，二是因为人们认为情绪捉摸不透，
不可能进行精准测量。在认识情绪表达策略之前，需要对个体情绪产
生的途径以及情绪类型进行阐述，这有助于我们认识情绪表达策略的
本质特征。

一　情绪表达策略相关概述

（一）情绪产生及其类别特征

在众多情绪理论中，无论是詹姆斯—兰格理论的"情绪是我们身
体对特定事件的反应方式的标签"，还是沙赫特—辛格理论强调的
"情绪感受是基于个体所掌握的关于情绪的所有信息来决定的"，[①]可
以肯定的是，情绪是在个体—事件交互作用中产生的，或者说是评价
者与环境相互作用的结果。

Lazarus，R. S. 认为，事件与目标的关联性及其必然结果是情绪
产生的第一步，即目标关联能够确保某种情绪产生。研究者通过安排
事件与目标一致、不一致两种情况来考察情绪是否具有积极或消极的
愉悦度，发现事件与目标一致的交互作用产生了积极的愉悦度，与目
标不一致的交互作用导致了消极的愉悦度。[②]为了解释个体在特定情
境中的情绪（诸如恐惧、愤怒或害羞）是怎样发生的，他提出了
"自我卷入"因素，这决定了被诱发情绪的特定本质。他认为不管个
体正致力于哪个特定目标，他想克服困难并实现目标，就可能体验到

---

① ［美］卡莱特等：《情绪》，周仁来等译，中国轻工业出版社 2009 年版，第 16 页。

② Lazarus, R. S., *Emotion and adaptation*, Oxford University Press on Demand, 1991, pp. 102 – 103.

快乐和欣慰，而不管目标是否牵涉到身体上、心理上或社交上的损失，当他想放弃目标，就会经历悲伤。个体在实现目标的过程中遭遇困境就会显得挫败或者愤怒。目标的特定属性也会影响特定情绪体验。因此，道歉与内疚、羞愧有关，躲避或者逃跑与恐惧、害怕有关，扔东西或者大声咆哮与生气、愤怒有关。

据此，Barrenthe Campos 提出以下情绪状态的产生和表现因素（见表3-1）。从下表可以看出，有些情绪属于"原始情绪"（Primordial Emotion），以表明其可能出现在新生儿身上及其对基本需求的评估上；还有一些情绪是"同时性状态情绪"（Concurrent State Emotion），以详细表明其与灵活的目标、努力紧密关联；除此之外，还包括一些"社会性情绪"（Social Emotion），以表明这些情绪来源于与重要他人的情绪交流所支持的社会规则。对于所有情绪，目标关联是产生情绪的最基本原则。

表 3-1　　　　　　　　　　　　情绪类别特征[①]

情绪类别	目标	自我参照估计	他人参照估计	行为倾向	适应功能	面部表情	发音模式
自豪	坚持尊重自己和他人	我尊重自己	某人/每个人都认为我是好的	向上/向外运动；倾向于显示告知别人自己的成就	行为适当；了解/坚持社会标准；具有达到标准的交流能力	—	音域"宽"，媒介紧张，完整声音
害羞	坚持别人对自己的尊重和感情；维护尊严	我是糟糕的（感觉自尊受到伤害）	某人/每个人都注意到我很糟糕	主动或被动退缩；回避他人，隐藏自己	行为适当；了解/坚持社会标准；顺从他人和其标准	—	音域狭窄，湿度松弛，细声音
内疚	满足自己的内化标准	做了与自己标准相反的事	我的行为已伤害到某人	向外运动倾向；告知别人惩罚自己	亲社会行为；了解/坚持道德和亲社会行为；交流悔悟；好的本意	—	音域狭窄，紧张，适度完全的声音

①　［美］戴蒙、勒纳、埃森伯格：《儿童心理学手册》第3卷（上），林崇德等译，华东师范大学出版社2009年版，第255—256页。

续表

情绪类别	目标	自我参照估计	他人参照估计	行为倾向	适应功能	面部表情	发音模式
悲伤	调动有机体完成前目标的结束状态	目标无法达到	—	不再参与；消极退缩	保存精力；了解哪些目标能实现；鼓励和关心他人	眉毛内角上移，嘴角向下拉，下巴中部向上拉	音域狭窄而细，慢或声音停止
愤怒	—	目标受阻	—	积极向前努力，尤其是为了消除障碍	实现艰难目标，学会克服障碍获得成就；交流力量/优势	眉头向下并拉在一起；嘴巴呈方形或嘴唇紧闭	音域狭窄，媒介紧张，完全的声音
恐惧	坚持自我身心完整	威胁刺激身心的完整	—	斗争；主动退缩	躲避危险；了解事件/归因有危险，警告别人有危险	眉头上扬并轻微拉在一起；睁大眼睛，行动僵化	音域狭窄，很近，很弱，声音细，高音

（二）情绪表达规则的概念界定

Ekman 和 Freisen 在对人类表情的跨文化研究中最早提出情绪表达规则（Display Rules），用于解释情绪体验和情绪表达差异。他们认为，情绪表达规则是个体社会化过程中不断习得的，其能够帮助个体在特定社会情境中合理表达自己的情绪。Jones 进一步将情绪表达规则细分为表情调节知识和情绪表达规则目标，前者是指个体在刺激情境下调节面部表情的知识；后者则是个体在情绪表达与内部情绪体验不一致时的目的和动机。Saarni 认为，情绪表达规则是一种情绪调节过程，她认为儿童早期对情绪表达规则的掌握程度是通过不断习得社会规则和知识而不断提高的。后来研究者不断总结前人研究结果，对情绪表达规则定义做了深入探讨，Southam-Gerow 把情绪表达规则归纳为一种特定社会文化背景下的社会规则，儿童通过不断模仿、探索学习而进行有意义的建构。一般而言，情绪表达规则具备两大功能：其一，指通过情绪表露与别人进行互动、交流；其二，指借助学到的情绪表达规则知识规范自身的情绪表现。因此，情绪表达规则对个体人际交往、情绪发展以及心理健康具有十分重要的意义。H. 鲁道夫·谢弗也认为，表达规则是用来管理既定社会情绪中的外在表现习惯，不管是一个特定的文化，还是家庭或同龄人群，根据这些规则，人们可预测别人的行为，共享一套特定规则，群体中的任何人都知道一个特定的情绪表现代表了什么，因此促进了人与人之间的交流。①

从以上研究发现，情绪表达规则包含如下三方面的内容：一是强调社会文化背景下的一套为大家所认同的规则或者规范；二是能够促进个体与他人进行友好的社会交往；三是对内外情绪的调节功能。综上所述，情绪表达规则是一个群体或者组织基于特定社会文化背景下对个体内外情绪表达所提出的规则和标准，总体上反映的是个体内外情绪差异的不一致。总之，情绪表达规则是指用来指导个体在特定社会情境下如何表达社会预期情绪的一整套规则，它包括知识、目标和策略。

二　情绪表达策略的内涵

对于情绪表达策略，尽管众多研究并没有对情绪表达策略作出十分标准的界定，但普遍将情绪表达策略认作在特定情境中采取的外部情绪表达方式。刘国艳等人指出，情绪表达策略是在诱发情境中，儿童基于对情绪表达规则的理解而做出的情绪反应，是外部情绪表现与内在情绪体验不一致时采取的策略。②周梦婷等人认为，情绪表达策略是利用情绪表达规则以改变或调节其外部情绪表达的方式。③换言之，情绪表达规则规定了个体在特定情境中如何选择合理的外部情绪表达方式，在一定程度上是目标要求。情绪表达策略则是个体外部情绪表达结果，且受制于情绪表达规则。

在婴儿期，像愤怒、悲伤和快乐之类的基本情绪就开始发展。当

---

① ［英］H. 鲁道夫·谢弗：《儿童心理学》，王莉译，电子工业出版社 2010 年版，第132 页。

② 刘国艳、王惠珊、张建端等：《父母教养方式对幼儿行为及情绪的影响》，《医学与社会》2008 年第 4 期。

③ 周梦婷、张金荣：《情绪表达规则策略运用与其同伴接纳的关系》，《早期教育》（教科研版）2015 年第 11 期。

儿童从蹒跚学步进入学前期和小学阶段，他们在社会情境中展现自己情绪的行为开始逐渐增多。整体而言，他们在同伴交往中对愤怒和快乐的表达多于悲伤和痛苦。随着年龄的增长，他们的情绪表达变得更加复杂，开始表达诸如自豪、羞愧、尴尬和内疚之类的复合情绪和次级情绪。儿童这些较晚发展的情绪反映了更复杂的自我意识和自我觉知，随后儿童开始发展自我意识并能区别、比较和评价与他人相关的自我。① 因此，随着年龄的增长，儿童逐渐能够根据不同的情境选择形式多样且复杂的情绪表达策略。具体而言，儿童情绪表达策略的本质如下：

（一）情绪表达策略反映儿童对特定情境的应对方式

为什么在某些情境中儿童的内部情绪体验与外部情绪表达存在差异？为什么有些儿童在一些看似无关紧要的环境中却表现出夸张的情绪？关于应对方式的理论支撑，我们可以从弗洛伊德的自我防御机制来解释儿童所采取的应对方式。根据弗洛伊德的说法，人类的人格结构由三部分组成，一是原始的驱动力和"渴望"，即本我；二是限制本我表达的要求、规则和社会期待，即社会化习得的具有高尚品格的"超我"；三是自我，它在两种互相冲突的力量中间起到调节作用。自我是意识层面的"我"，它在超我的限制下尝试安抚本我。从内部情绪体验来说，儿童在一些陌生环境中会经历害怕，上幼儿园与父母分离时会感受到伤心情绪；从外部情绪表达来看，他们会采取大声哭泣或者喊叫的方式来获取成人的帮助，也会表现出高兴的表情；即使是与父母分离也会掩饰自己伤心的情绪。将内外情绪表达进行对比发现这些都反映了儿童在特定情境中，尤其是在压力事件中使用的情绪表达策略，在某种意义上来说是一种积极的应对方式，以避免自己过度沉浸在负面情绪中。

（二）情绪表达策略反映特定社会价值取向

社会价值取向是指整个社会群体面对某种矛盾、冲突、关系所持

---

① 许远理、熊承清：《情绪心理学的理论与应用》，中国科学技术出版社 2011 年版，第 106 页。

有的基本价值立场、价值态度以及所表现出来的基本价值取向。喜怒哀乐是人最基本的情绪，人们对于不同情境的情绪反应具有相似的情绪体验。例如，在获奖时感到开心，面对无法避免的灾难会感到恐惧和害怕，受到不公平的待遇会感到愤怒……尽管全人类在某些相似情境中会有相同的情绪体验，但是外部情绪表达的方式不同；也就是说，社会价值取向在某种程度上决定了不同国家、不同民族、不同区域在特定情境中外部情绪表达方式的差异性，这从外在环境约束了个体对情绪表达策略的选择。不同的社会价值取向在某种程度上规定了在什么情况下，哪些情绪可以表现出来，哪些情绪应该隐藏起来。例如，受儒家思想的影响，"含蓄、内敛的人具有良好的品质"在中国当下社会仍然是主流观点。因此，在此社会背景下，整个社会都希望人们在面对外界的夸赞或者批评时，要表现出处之泰然、宠辱不惊或者谦逊的态度，这被认为是正确的表现；如果谁表现出与之完全相反的态度则会被认为是不符合社会规范的。再具体到儿童的日常生活中，当儿童的良好行为表现受到他人称赞时，尽管内心十分开心，但是受社会文化的影响，被他人认可的外在情绪表达往往应该是平静的。

此外，社会文化价值取向同时也包含人们对他人所要表达的情绪的某种期待，情绪表达者会根据这种社会期待做出合乎规范的外在情绪表达。例如，即使是在悲伤的情境下，个体仍然会选择掩饰悲伤。这是因为社会期待个体是坚强的，而过度暴露自己的负面情绪则可能被认为是负能量的人而不被接受。因此，个体会为了"迎合"社会期望，对自己的负面情绪进行"伪装"。具体到儿童的日常生活，当儿童在同伴交往中因与他人发生争执而产生难过情绪时，儿童会因为教师的"好孩子"期望而选择不使用大哭大闹的策略来表达自己的负面情绪。

总而言之，从社会价值取向来看，情绪表达策略是个体在面对特定社会情境中内在的自我情绪体验与社会期望或者要求不一致时所使用的外在情绪表达方式，具有一定的调节机制。儿童情绪表达策略的恰当选取与运用是儿童社会性情感发展成熟的标志，它影响着儿童社会交往能力以及情绪表达能力的健康发展。

（三）情绪表达策略体现情绪从"实然"向"应然"状态的转换过程

"应然"与"实然"原本属于哲学范畴，前者是指规定事物是什么样的事物，更多是从社会角度去规范或者表达某一事物应该是什么样子的；后者则是指事物是一种事实性存在。从本质来讲，情绪表达策略突出了个体情绪的"应然"与"实然"两种状态，"应然"状态即个体认为应该表现出什么样的情绪，这主要受到外界环境以及社会期望、规范或者标准的影响而表现出的规范性情绪；"实然"状态则是从个体的真实情绪出发，尽管情绪都是与外界环境相互作用而产生的主观感受下的情绪体验，但这最接近个体原始的感受，因此反映了"实然"状态下的情绪。从表现方式来看，情绪表达策略的使用是个体将真实情绪向规范性情绪转换的过程，是对特定情境的应对方式。在转换过程中，个体会考虑关系因素，包括关系的亲密程度、权利和地位的相似和差距以及他们被暴露的程度。儿童在面对特定情绪情境时，在考虑了关系因素的基础之上，采取一定的应对策略以达到内在真实情绪与外在情绪表达之间的平衡。因此，这种策略可能是弱化或者夸大内在情绪，也可能是伪装或者掩饰真实表达的方式。

三　情绪表达策略的类型

基于不同的研究目的，研究者根据不同分类标准从不同角度将情绪表达策略划分为不同类型。总结起来，有如下三种划分方式：一是依据情绪表达的强度和性质划分，情绪表达策略分为弱化、夸大、平静化及掩饰策略；[1] 二是依据情绪表达策略使用的动机划分，分为自我保护动机、亲社会动机及社会规范动机策略；三是依据诱发情境的类型划分，分为积极情境和消极情境策略。

---

[1]　Camras, L. A., Ribordy, S., Hill, J., et al., "Recognition and Posing of Emotional Expressions by Abused Children and Their Mothers", *Developmental Psychology*, Vol. 24, No. 6, 1988, p. 776.

（一）依据情绪表达策略的强度和性质

Gosselin，P. 等在研究儿童对真实情绪与外部情绪之间差异性的理解以及儿童使用情绪表达策略的动机时发现，儿童做出的外部情绪表达大致可按照情绪的强度和性质来划分。[①]例如，按照不同性质划分，人的基本情绪是高兴、伤心、生气、害怕等，在此基础之上可以进一步衍生为高兴中的开心、兴奋；伤心中的失望、难过；比生气程度更高的是愤怒；比害怕程度更高的是恐惧。儿童早期阶段的情绪表达策略使用最多，相对运用自如的是夸大策略和弱化策略，而且比其他策略使用的时间相对要早一些。

1. 夸大策略

夸大策略（Maximization）即在特定情境中，尽管内在真实情绪与外部情绪的性质一致，但是与内在真实情绪相比，外部情绪的表达在强度上更强。例如，刚进入幼儿园的儿童与父母分离的时候，他们内心的情绪是十分低落的，可能会采取大声哭泣的方式来宣泄自己难过的心情，同时也希望能够引起父母的注意，从而避免分离。

2. 掩饰策略

掩饰策略（Substitution）基于社会期望和规则做出与内部真实情绪性质完全相反的情绪表达。例如，儿童生日的时候收到别人送的礼物，而这个礼物恰好是儿童特别讨厌的，尽管儿童内心会有失望的情绪出现，但是如果父母曾经告诉过儿童"当别人给你一件他认为你会喜欢的礼物时，即使你不喜欢，你也要看上去很高兴"，那么这个儿童则会使用掩饰策略向他人做出微笑的表情，以表示他很高兴收到这份礼物。

3. 弱化策略

弱化策略（Minimization）则是在特定情景中，尽管内在真实情绪与外部情绪性质一致，但是与内在真实情绪相比，外部情绪的表达在

[①] Gosselin，P.，Warren，M.，Diotte，M.，"Motivation to Hide Emotion and Children's Understanding of the Distinction Between Real and Apparent Emotions"，*Journal of Genetic Psychology*，Vol. 163，No. 4，2002，pp. 479 – 495.

强度上更弱。例如，当儿童受到教师或者其他成人的称赞或者表扬时，尽管他们内心是十分高兴的，但是会出于某些原因，而做出强度相对较小的情绪表达，例如微笑。

4. 平静策略

平静策略（Masking），是指个体在诱发情境中不管内心情绪体验是高兴、伤心、生气或者害怕，外部情绪表达始终是中立的表情，例如一张面无表情的脸。这种策略相对于年龄较小的学龄前儿童来说存在一定困难，尤其是在一些诸如害怕和伤心等消极的诱发情境中，尽管他们想极力表现出"淡定"的情绪，但他们很难快速地从中恢复过来并采取面无表情的表达策略。

（二）依据情绪表达策略使用的动机

情绪表达策略在一定程度上反映个体的社会化发展程度，儿童在诱发情境中使用情绪表达策略，能够体现个体使用策略的动机。不管这些动机是有意识还是无意识的，Jones 将其划分为以下三类。

1. 自我保护动机情绪表达策略

自我保护动机的情绪表达策略旨在维护自尊或避免自身遭受不必要的麻烦。比如，当儿童在同伴面前重重摔了一跤时，为了避免同伴嘲笑很快爬起来，装作没事的样子；面对一些诸如打针、吃药等害怕情境，为了避免被他人视为"胆小鬼"，而表现出与害怕情绪不同的情绪。

2. 亲社会动机情绪表达策略

亲社会动机的情绪表达策略指为顾及别人的感受而做出与自己真实情绪体验相反的情绪表达，是一种由亲社会动机所驱使的情绪表达策略。如小伙伴请客吃饭，尽管桌上的饭菜不是很好吃，但为了不让小伙伴的家人尴尬，自己要表现出很喜欢吃的样子。

3. 社会规范动机情绪表达策略

社会规范动机的情绪表达策略指个体自觉地遵守社会道德及行为规范。这种动机支配下情绪表达策略的使用是为了不违背社会文化规范。比如家里来了客人，不管小孩子是否认识，他都会按照父母之前的要求微笑着迎接客人，热情地打招呼等。

（三）依据使用情绪表达策略的诱发情境

如前所述，儿童的情绪与特定事件具有显著的关联性，因此按照儿童内心真实情绪的性质划分，可将诱发情境划分为积极情境和消极情境。

1. 积极情境

儿童会在积极情绪的诱发情境中产生积极的情绪体验，儿童产生正性情绪后进一步分析他在此类情境下使用的情绪表达策略。

2. 消极情境

儿童会在消极情绪的诱发情境中产生消极的情绪体验，儿童产生负性情绪后进一步分析他在此类情境下使用的情绪表达策略。

第二节　留守幼儿情绪表达策略的发展特点

情绪能像灯一样随意开关并切换吗？情绪是个体对特定事件的内部体验或者主观感受。儿童学会使用情绪表达策略的事实说明他们已经能够依据认知和经验将内部情绪体验转化为外在情绪表达。幼儿的情绪表达策略选择具有年龄差异。3—5 岁幼儿使用频率最高的情绪表达策略是平静化和掩饰策略，相对来说，弱化和夸大策略使用频率较低。幼儿在消极情境中使用掩饰策略的频率会随着年龄增长而不断升高，4 岁可能是儿童情绪表达策略发展的关键期。[①] 此外，幼儿的情绪表达策略是会随着情境类型的变化而改变的。当他们在伤心、生气的情绪情境下会倾向于采用夸大或掩饰策略。[②] Bai, S. 等也发现，幼儿在消极情境下倾向于选择掩饰策略。[③] 当幼儿在生气情境下面对不同的人群，他们会灵活使用不同的表达策略，面对老师时更多地选

---

① 彭欢、胥兴春：《幼儿情绪表达与人际冲突问题探究》，《教育导刊》（下半月）2012 年第 9 期。

② 张金荣、高丹：《失望情境下幼儿情绪表达规则策略与依恋、家庭情绪表露的关系》，《早期教育》（教科研版）2013 年第 3 期。

③ Bai, S., Repetti, R. L., Sperling, J. B., "Children's Expressions of Positive Emotion Are Sustained by Smiling, Touching, and Playing with Parents and Siblings: A Naturalistic Observational Study of Family Life", *Developmental Psychology*, Vol. 52, No. 1, 2016, p. 88.

择掩饰策略，面对同伴时更多地表达真实情绪。[①]

以上研究表明，学龄前儿童在面对不同的情境时在一定程度上能够使用情绪表达策略。那么对于留守幼儿来说，他们在面对不同情境时更倾向于使用何种情绪表达策略？与非留守幼儿的情绪表达策略的使用是否存在差异？针对上述问题，本书进行了如下研究。

一 研究方法

（一）研究对象

从四川省南充市某镇和某县的两所幼儿园随机抽取 120 名 3—6 岁幼儿作为研究被试，每个年龄段 30 人，留守幼儿与非留守幼儿各 60 人。被试基本情况见表 3 - 2。

表 3 - 2 被试人数统计表

年龄	留守	非留守	总计
3 岁	16 人	14 人	30 人
4 岁	15 人	15 人	30 人
5 岁	14 人	16 人	30 人
6 岁	15 人	15 人	30 人

（二）研究工具

1. 情绪图片

本书利用情绪表达图片探讨幼儿在积极情境（期待、高兴、自豪）和消极情境（害怕、生气、失望）下情绪表达策略的使用情况。考虑到幼儿的语言能力发展水平以及实验需要，研究者从幼儿日常生活中筛选识别度较高的表情图片，每种情境包含两张程度不同的表情图片，例如高兴、非常高兴；伤心、非常伤心（见图 3 - 1）。考虑到图片的识别度对实验结果的直接影响，在进行正式实验之前有必要检

---

① Izard, C. E., "Basic Emotions, Natural Kinds, Emotion Schemas, and a New Paradigm", *Perspectives on Psychological Science*, Vol. 2, No. 3, 2007, pp. 260 - 280.

验幼儿对表情图片的辨别情况。故从小、中、大班分别随机选取 10
名幼儿，总共 30 名被试参加预实验，考察他们是否可以准确识别实
验中要使用的表情图片。预实验结果表明，幼儿对表情图片的识别率
达到 95%，在主试对无法识别的图片做出引导后，识别率可以达
到 100%。

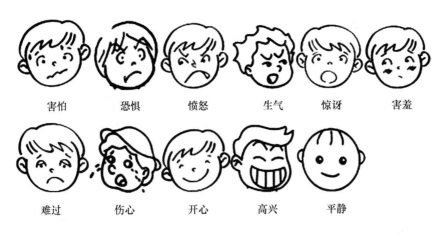

图 3 - 1　内外情绪测试图片

2. 情绪表达策略编码

按照 Gosselin，P. 等的情绪编码规则，将情绪表达策略分为平
静、掩饰、弱化和夸大策略。[①] 当个体内在情绪体验为高兴、难过、
生气，而外部情绪表现出平静或者无任何表情时，这说明个体使用了
平静策略；当个体内在真实情绪与外部情绪性质相反，即个体内在情
绪体验为伤心、愤怒，而外部情绪为开心、高兴等，这意味着个体使
用的是掩饰策略；当个体内在情绪与外部情绪性质一致时，例如内外
情绪同为高兴、生气，且外部表现的情绪强度大于内在情绪体验时，
则是使用了夸大策略；反之，当外部表现的情绪强度小于内在情绪体

---

① Gosselin, P., Warren, M., Diotte, M., "Motivation to Hide Emotion and Children's
Understanding of the Distinction Between Real and Apparent Emotions", *Journal of Genetic Psychology*, Vol. 163, No. 4, 2002, pp. 479 – 495.

验时，则使用了弱化策略。

3. 评分标准

情绪表达策略的使用间接反映了某种社会动机，[①] 如果幼儿能做出符合社会情境要求的情绪表达，则表示其社会能力水平越高。实验具体计分规则如下：若幼儿内外情绪性质不一致但符合情境要求（比如生气情境中幼儿的内部情绪是生气，而外部情绪是平静），则计 4 分；若幼儿内外情绪性质一致且符合情境要求（比如高兴情境中幼儿的内部情绪是高兴，外部情绪也是高兴），则计 3 分；若幼儿内外情绪性质不一致且不符合情境要求（比如高兴情境中幼儿的内部情绪是高兴，外部情绪是平静），则计 2 分；若幼儿内外情绪性质一致但不符合情境要求（比如生气情境中幼儿的内部情绪是生气，外部情绪也是生气），则计 1 分。积极情境与消极情境的情绪表达策略得分范围均为 4—12 分。

（三）研究程序

正式实验在一间明亮、安静的教室内进行，每个幼儿单独施测。主试首先向幼儿讲述六个不同情绪情境事件，在每个情境事件讲述完之后都询问幼儿"此时你的心情怎样""你会在某人面前表现出什么表情""为什么做出这个表情"，前两个问题需要幼儿根据自己的想法在 11 张表情图片中做出选择。主试做好访谈记录。访谈材料如下：

1. 高兴情境

豆豆的生日快到了，妈妈给他买了一套超级飞侠的玩具。

问题一：假如你是豆豆，收到心爱的礼物后内心的真实感受是怎样的呢？

问题二：在妈妈面前你会做出怎样的表情？

问题三：为什么做出这个表情呢？

---

① Josephs, I. E., "Display Rule Behavior and Understanding in Preschool Children", *Journal of Nonverbal Behavior*, Vol. 18, No. 4, 1994, pp. 301 – 326.

2. 自豪情境

豆豆回到家后帮助妈妈打扫卫生，妈妈夸赞豆豆是个能帮助别人的好孩子。

问题一：假如你是豆豆，妈妈夸赞你的时候内心的真实感受是怎样的呢？

问题二：在妈妈面前你会做出怎样的表情？

问题三：为什么做出这个表情呢？

3. 期待情境

豆豆很喜欢动画片《超级飞侠》，有一天早上起来的时候豆豆照镜子发现自己变成了自己最喜欢的酷飞。

问题一：假如你是豆豆，你发现自己变成最喜欢的酷飞之后，内心的真实感受是怎样的呢？

问题二：你会做出怎样的表情？

问题三：为什么做出这个表情呢？

4. 失望情境

豆豆的生日快到了，妈妈答应豆豆送给他一套超级飞侠的玩具，结果生日那天豆豆没有收到超级飞侠的玩具。

问题一：假如你是豆豆，内心的真实感受是怎样的呢？

问题二：在妈妈面前你会做出怎样的表情？

问题三：为什么做出这个表情？

5. 生气情境

豆豆在美术课上画了一幅非常漂亮的画，结果被豆豆的好朋友跳跳不小心弄脏了。

问题一：假如你是豆豆，内心的真实感受是怎样的呢？

问题二：在跳跳面前你会做出怎样的表情？

问题三：为什么会做出这个表情？

6. 恐惧情境

豆豆特别害怕打雷。有一天，豆豆和同学在放学的路上突然遇到雷雨。

问题一：假如你是豆豆，内心的真实感受是怎样的呢？

问题二：在同学面前会做出怎样的表情？

问题三：为什么会做出这个表情？

（四）数据处理

根据情绪编码规则和评分标准对每位被试的选择进行打分，并将所有收集、整理的数据采用 SPSS 22.0 进行统计分析，分析方法包括描述统计、方差分析、事后检验和 t 检验。

二 研究结果

（一）留守幼儿在不同情绪情境中使用情绪表达策略的总体差异

本书统计了留守幼儿在不同情境中使用情绪表达策略的人数。研究结果表明，留守幼儿在六种情境中使用情绪表达策略的人数累计 101 人，占比为 33.1%。除此之外，以年龄、性别为自变量，以高兴、自豪、期待、失望、生气和害怕情境下的策略得分为因变量，进行年龄（4）×性别（2）的两因素方差分析，具体结果见表 3 - 3。研究结果表明，留守幼儿在自豪、失望和害怕三种情境中的年龄主效应均显著（$F = 3.104$，$p < 0.05$；$F = 4.412$，$p < 0.01$；$F = 4.634$，$p < 0.01$），性别主效应均不显著（$p > 0.05$），年龄和性别的交互作用也不显著（$p > 0.05$）。在此基础之上，研究将进一步探讨留守幼儿在自豪、失望和害怕三种情境下情绪表达策略的发展特点。

表 3 - 3　　　　　留守幼儿情绪表达策略的多因素方差分析

因变量	变异源	平方和	自由度	均方	F
高兴	年龄	2.924	3	0.975	0.418
	性别	2.408	1	2.408	1.032
	年龄×性别	2.915	3	0.972	0.416
自豪	年龄	15.443	3	5.142	3.104 *
	性别	3.024	1	3.024	1.186
	年龄×性别	2.688	3	0.869	0.401

续表

因变量	变异源	平方和	自由度	均方	F
期待	年龄	14.756	3	4.919	2.201
	性别	0.638	1	0.638	0.279
	年龄×性别	3.915	3	1.305	0.570
失望	年龄	29.810	3	9.937	4.412**
	性别	4.940	1	4.940	2.194
	年龄×性别	1.618	3	0.539	0.239
生气	年龄	9.260	3	3.087	1.245
	性别	0.038	1	0.038	0.015
	年龄×性别	8.058	3	2.686	1.083
害怕	年龄	26.034	3	8.678	4.634**
	性别	0.024	1	0.024	0.013
	年龄×性别	7.433	3	2.478	1.323

注：$*p<0.05$，$**p<0.01$，$***p<0.001$，下同。

1. 不同年龄留守幼儿在不同情境中使用情绪表达策略的差异分析

对不同年龄段的留守幼儿在自豪、失望和害怕情境中做出的情绪表达策略进行对比发现（见表3-4），4岁组留守幼儿在自豪情绪表达策略的得分高于其他年龄段，4岁组留守幼儿在失望情绪表达策略的得分高于3岁组和5岁组。而在害怕情境中的情绪表达策略得分是随着年龄增长而逐渐提高的。

表3-4　　　　　不同年龄的留守幼儿在不同情境中的情绪
表达策略的描述统计（M±SD）

年龄组	自豪	失望	害怕
3岁	1.69±1.401	1.44±1.504	1.81±1.759
4岁	2.87±1.457	2.73±1.438	3.13±1.407
5岁	2.46±1.450	1.38±1.446	3.23±1.166
6岁	1.53±1.736	2.82±1.551	3.47±1.007

在多因素方差分析的基础上，对各年龄组的留守幼儿在自豪、失望和害怕情境中的得分进行事后检验（LSD），结果见表 3 – 5。由结果可知，在自豪情境中，4 岁组的情绪表达策略得分显著高于 3 岁组（$p < 0.05$）、6 岁组（$p < 0.05$）；在失望情境中，3 岁组的情绪表达策略得分显著低于 4 岁组（$p < 0.05$）和 6 岁组（$p < 0.05$），5 岁组的策略得分显著低于 4 岁组（$p < 0.05$）和 6 岁组（$p < 0.05$）；最后，在害怕情境中，3 岁组的策略得分显著低于 4 岁组（$p < 0.05$）、5 岁组（$p < 0.05$）和 6 岁组（$p < 0.05$）。

表 3 – 5　　　留守幼儿在不同情境中的情绪表达策略在年龄上的多重比较

情境类别	年龄组（I）	对比年龄组（J）	平均值差值（I – J）
自豪	3 岁	4 岁	– 1.18*
		5 岁	– 0.77
		6 岁	0.16
	4 岁	5 岁	0.41
		6 岁	1.34*
	5 岁	6 岁	0.93
失望	3 岁	4 岁	– 1.30*
		5 岁	0.05
		6 岁	– 1.39*
	4 岁	5 岁	1.35*
		6 岁	– 0.09
	5 岁	6 岁	– 1.44*
害怕	3 岁	4 岁	– 1.32*
		5 岁	– 1.42*
		6 岁	– 1.66*
	4 岁	5 岁	– 0.10
		6 岁	– 0.34
	5 岁	6 岁	– 0.24

不同年龄段的留守幼儿在自豪、失望和害怕情境中的年龄发展趋

势如图 3-2、图 3-3 和图 3-4 所示。从以下三图可以发现，留守幼儿 4 岁时在自豪、失望和害怕情境下能够较好地使用情绪表达策略。

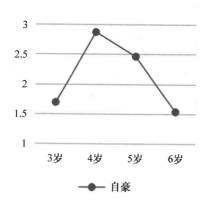

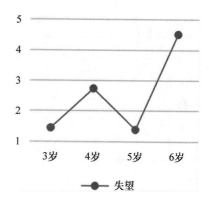

图 3-2　留守幼儿在自豪情境中情绪表达策略的年龄趋势

图 3-3　留守幼儿在失望情境中情绪表达策略的年龄趋势

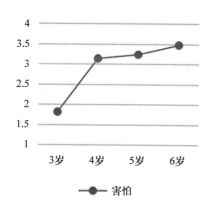

图 3-4　留守幼儿在害怕情境中情绪表达策略的年龄趋势

2. 不同性别留守幼儿在不同情境中使用情绪表达策略的差异分析

通过对不同性别留守幼儿在不同情境中使用情绪表达策略进行独立样本 t 检验发现（见表 3-6），女孩在高兴、期待和害怕三种情境中的情绪表达策略得分略高于男孩，但是不具有显著性差异（$p > 0.05$）。因此，留守幼儿在不同情境中使用的情绪表达策略不存在统计学意义上的性别差异。

表 3-6　　　　留守幼儿在不同情境中情绪表达策略得分的性别差异检验

情境类型	男孩	女孩	t 值
高兴	1.44±1.544	1.86±1.407	-1.119
自豪	2.56±1.458	2.04±1.593	1.934
期待	1.79±1.524	1.97±1.555	-0.445
失望	2.38±1.661	1.86±1.529	1.251
生气	2.62±1.656	2.41±1.542	0.524
害怕	2.88±1.497	2.93±1.510	-0.145

（二）留守与非留守幼儿的情绪表达策略使用的对比研究

1. 留守与非留守幼儿在不同情境中使用策略人数的差异分析

由表 3-7 可知，留守与非留守幼儿在不同情境中能使用一定的情绪表达策略。总体而言，所有研究被试在消极情境中使用策略的人数显著高于积极情境中使用策略的人数。从使用策略的类型上来看，不管是消极情境还是积极情境，所有被试均较少使用平静策略，尤其是在消极情境中使用平静策略更少；相比之下，被试在不同情境中选择使用夸大、弱化和掩饰策略则是比较普遍的。另外，无论是积极还是消极情境，非留守幼儿使用情绪表达策略的人数多于留守幼儿。具体到高兴、期待和自豪的积极情境中，留守幼儿使用策略的人数显著少于非留守幼儿（$p < 0.05$）。在消极情境中，留守与非留守幼儿使用掩饰策略的人数最多，其次是夸大策略。

表 3-7　　　　幼儿在不同情境中使用情绪表达策略的人数统计

		χ^2	夸大（人）	弱化（人）	掩饰（人）	平静（人）	无策略（人）
高兴	留守	12.153*	7	18	7	3	26
	非留守		13	23	12	2	9
期待	留守	12.487*	12	15	10	4	20
	非留守		11	14	22	6	6

续表

		χ^2	夸大（人）	弱化（人）	掩饰（人）	平静（人）	无策略（人）
自豪	留守	15.985*	7	13	12	7	22
	非留守		12	16	21	5	5
失望	留守	7.257	9	15	24	1	12
	非留守		14	7	27	4	7
生气	留守	2.216	9	12	27	1	12
	非留守		10	12	30	1	6
害怕	留守	2.177	7	8	35	2	9
	非留守		7	10	36	2	4

2. 留守与非留守幼儿在不同情境中使用策略得分的差异分析

以幼儿的留守类型为自变量，以高兴、自豪、期待、失望、生气和害怕为因变量进行独立样本 t 检验，来分析留守与非留守幼儿的情绪表达策略的得分差异。由表 3-8 可知，留守幼儿在高兴、自豪和期待的积极情境中的情绪表达策略得分均显著低于非留守幼儿（$t_{高兴}$ = -3.258，p < 0.001；$t_{自豪}$ = -2.899，p < 0.001；$t_{期待}$ = -3.246，p < 0.001）。留守幼儿在失望、生气和害怕的消极情境中的情绪表达策略得分虽然均略低于非留守幼儿，但是不具有统计学意义上的差异（p > 0.05）。

表 3-8　　留守与非留守幼儿的情绪表达策略得分的差异检验

情境类型	留守	非留守	t 值
高兴	1.64 ± 1.484	2.51 ± 1.194	-3.258***
自豪	2.10 ± 1.589	2.83 ± 1.132	-2.899***
期待	1.89 ± 1.529	2.68 ± 1.105	-3.246***
失望	2.13 ± 1.607	2.64 ± 1.616	-1.743
生气	2.51 ± 1.588	2.75 ± 1.492	0.707
害怕	2.90 ± 1.491	2.93 ± 1.448	0.708

三 分析与讨论

（一）留守幼儿在不同情境中使用情绪表达策略的年龄差异

研究结果表明，留守幼儿在自豪、失望和害怕情境中使用情绪表达策略的得分具有显著的年龄差异。结合前文的年龄发展趋势图可以看到，4 岁留守幼儿在自豪、失望和害怕情境中使用的情绪表达策略得分显著高于 3 岁留守幼儿，这说明 4 岁是留守幼儿逐渐合理掌握情绪表达策略的关键年龄。这在先前研究中也得到证实，可以归结于留守儿童的社会化水平和认知能力不断提高的结果。王军利等人认为，儿童语言能力的发展能够促进 3—6 岁幼儿理解因果关系，因此表达情绪的行为更准确、更复杂。[①] 在害怕情境中，随着幼儿年龄的增长，其使用情绪表达策略得分不断增高。这与儿童的控制能力发展有关。3—4 岁是幼儿自控能力发展的关键阶段，[②] 他们使用一定的意志力控制自己的情绪表达。此外，认知能力以及社会化水平的提高也能够帮助 4 岁留守幼儿有意识地自我选择使用情绪表达策略以符合社会期望或者实现自己的目的。

（二）留守幼儿在不同情境中使用情绪表达策略的性别差异

结果显示，留守幼儿在不同情境中使用的情绪表达策略不存在性别差异。性别恒常性的研究表明，只有当儿童到了 6 岁左右才开始出现不同性别的行为模式。[③] 也就是说，性别化作为一种稳定的人格特质，到了小学阶段才能够逐渐显现出来，因此 3—6 岁的留守幼儿情绪表达策略不存在性别差异。

（三）留守与非留守幼儿使用情绪表达策略的差异

留守与非留守幼儿在积极情境中的情绪表达策略使用存在显著差

---

① 王军利、王玲、吴东女等：《生气、高兴和伤心情境中幼儿情绪表达策略差异》，《应用心理学》2012 年第 4 期。

② 杨丽珠、宋辉：《幼儿自我控制能力发展的研究》，《心理与行为研究》2003 年第 1 期。

③ 杨丽珠、姜月、陶沙：《早期儿童自我意识情绪发生发展研究》，北京师范大学出版社 2014 年版，第 165 页。

异。在积极情境中，留守儿童不使用任何情绪表达策略的频次最多，而非留守儿童使用掩饰策略和夸大频次最多；而在消极情境中留守儿童与非留守儿童一样，使用夸大、掩饰策略频次最多，留守与非留守儿童在消极情境中的表现与先前研究结果一致。[①] 留守幼儿在消极和积极情境中的策略使用差异表明，留守幼儿在消极情境中使用更多的策略，这说明留守幼儿可能相对更适应消极情境中的情绪表达。由前人研究可知，儿童情绪表达策略的使用是建立在情绪理解和情绪调控基础上，依据社会期望而做出的情绪反应。因此，留守与非留守幼儿在消极情境中使用夸大和掩饰策略反映出他们能够使用积极的社会支持策略来应对各种压力事件。[②] 张金荣等人认为，社会动机和情绪理解的共同作用造成儿童情绪表达策略的使用差异，每一种策略都有复杂的社会动机。[③] 留守与非留守幼儿的策略得分差异说明前者的情绪理解能力可能低于后者，故导致留守幼儿不能选择符合特定情境的情绪表达策略，进而使其策略得分低于非留守幼儿。从社会动机角度来说，儿童情绪表达策略的使用动机包括亲社会动机、自我保护动机和社会规范动机，[④] 说明儿童能够依据自我认知水平和他人期望来隐藏或者控制自己的消极情绪，从而使自己的情绪表达更符合社会期望。因此，留守幼儿情绪表达策略得分低于非留守幼儿说明留守幼儿的社会能力发展在某种程度上落后于非留守幼儿。

四 结论与教育建议

（一）结论

从上述结果可以得出如下结论：第一，留守幼儿在自豪、失望和

---

① 侯瑞鹤、俞国良：《儿童对情绪表达规则的理解与策略的使用》，《心理科学》2006年第1期。

② 姚端维、陈英和、赵延芹：《3—5岁儿童情绪能力的年龄特征、发展趋势和性别差异的研究》，《心理发展与教育》2004年第2期。

③ 张金荣、杜春霞、杨丽珠：《3—5岁幼儿对情绪表达规则的理解与运用》，《幼儿教育》（教育科学）2010年第27期。

④ Jones, D. C., Abbey, B. B., Cumberland, A., "The Development of Display Rule Knowledge: Linkages with Family Expressiveness and Social Competence", *Child Development*, Vol. 69, No. 4, 1998, pp. 1209 – 1222.

害怕情境中的情绪表达策略得分具有显著的年龄差异，且4岁是留守幼儿使用情绪表达策略的关键期；第二，留守幼儿的情绪表达策略得分不具有显著的性别差异；第三，在积极情境下，留守幼儿使用情绪表达策略的人数显著少于非留守幼儿，且情绪表达策略得分显著低于非留守幼儿。正如前文所言，个体是在社会化过程中逐渐习得情绪表达策略的，不管是出于保护自我的动机还是亲社会动机，他们能够使用情绪表达策略说明意识到这给他们带来的好处，不仅可以保护自我，而且能够促进良好的人际交往。留守幼儿在积极情境下的情绪表达策略得分显著低于非留守幼儿，说明留守幼儿在社会化过程中没有完全习得如何使用情绪表达策略，他们可能在不断变化的积极情境中难以保证情绪表达策略使用的合理性。很显然，如果在不同情境中不能合理使用情绪表达策略，那么可能会影响其人际交往以及社会适应能力。因此，针对上述研究结论，笔者提出如下几点教育建议。

（二）教育建议

1. 抓住留守幼儿情绪表达策略发展的关键期

留守幼儿在诱发情绪的不同情境中能够使用有效的情绪表达策略是社会情绪能力发展的重要指标，其能够帮助留守幼儿建立良好的人际交往和学业水平，乃至对后期的职业生涯也有十分显著的影响。学龄前阶段是儿童社会情绪能力发展中非常重要的阶段，认知能力发展快且可塑性很强，因此学龄前阶段是引导幼儿习得情绪表达策略和使用情绪表达策略的最佳时期。留守幼儿的生活、学习场所逐渐从家庭向幼儿园和其他社会场所扩大，人际交往网络也更加多元和复杂，这些都为留守幼儿的情绪能力发展提供支持和机会。因此，成人应该重视留守幼儿早期情绪表达策略的培养，在留守幼儿情绪发展最关键阶段发挥情绪培养的优质效益，以促进留守幼儿情绪健康发展。

首先，成人应该重视有关情绪知识方面的引导，同时也要加强情绪教育。例如，成人和留守幼儿通过观看动画片一起识别动画人物的情绪，引导留守幼儿识别诱发动画人物情绪的情境，在建立亲密的亲子关系的同时提高留守幼儿如何根据情境选择有效情绪表达策略的能力。其次，成人应该通过扩大留守幼儿的人际交往，帮助他们在人际交往中获得此方面的能力，因为真实情境能够有利于留守幼儿更快速地理解情绪情境以及表达策略。最后，成人应该注重留守幼儿情绪表达的自主性。情绪是个体对诱发情境的主观感受和体验，情绪表达有时候是对自我的一种保护。例如，留守幼儿受到表扬会很开心，与妈妈分开会很难过。成人应该明白，允许留守幼儿自主表达自己的情绪是他们具有的权利。因此，不要刻意、粗暴地压抑他们的情绪，而是要疏导留守幼儿表达自己内心的感受，待他们正确意识到自己的难过情绪并合理地宣泄出来时，再循序渐进地对其进行情绪教育。

2. 正确对待并理解留守幼儿消极的情绪表达

情绪表达是儿童进行社会交往的必要条件。《3—6岁儿童学习与发展指南》对学前儿童情绪表达做了如下解释，"儿童应当保持适当的愉悦心情，学会正确表达自己的情绪"①。这种规定性描述的内在要求是通过何种手段帮助、引导儿童合理表达自己的情绪。但是，在很多家庭中由于家庭成员教养观念的分歧，导致对待儿童某些情绪或者行为问题不能做出及时而合理的干预。对留守幼儿而言，祖辈作为主要的监护人，由于教养观念以及教养的心理压力，他们对于孙辈的教养更可能存在"捧在手里怕掉了，含在嘴里怕化了"的心理压力。因此，他们可能忽视情绪表达策略，并纵容儿童进行消极情绪表达。除此之外，由于祖辈教养精力不足以及教养观念落后，他们也可能会误解留守幼儿的情绪表达。例如，当父母外出务工要与留守幼儿分离时，孩子内心是十分不舍且难过的，他们可能会采取大哭大闹的方式希望父母能够留下来陪他们，这时在旁的祖辈如果将留守幼儿的行为看作任性或无理取闹而去责备他们的话，很可能对孩子的心理造成负面影响。

以上情况是祖辈教养中的两种极端，但确是相当普遍的教养行为。因此，为了促进留守幼儿能够更好地适应幼儿园生活以及社会发

---

① 李季湄、冯晓霞：《3—6岁儿童学习与发展指南》，人民教育出版社2013年版，第83页。

展，家长和教师首先要做到察言观色，能够理解留守幼儿情绪表达背后的原因。即使是面对孩子的消极情绪反应和表达，成人应该首先安抚他们的情绪，而不是一味地指责或者制止这种消极情绪表达。例如，当儿童因为做错一件事而感到内疚时，他们可能会通过哭的方式来表达内疚的情绪，这个时候成人应该告诉儿童"×××知道，你哭是因为你知道自己做错了，心里很难受，没事的，×××不怪你"。

3. 依据幼儿认知发展特点，引导留守幼儿习得情绪表达策略

目前，许多家庭都提倡"鼓励教育"。毋庸置疑，鼓励对于儿童早期的发展具有一定的促进作用，但是如果只是一味地无针对性鼓励，那这种家庭教育所发挥的职能是相当"脆弱"的。正如前文所言，合理的情绪表达策略是基于儿童对社会标准或者规范以及来自他人的期望而做出具有"社会性"的情绪表达策略。那么，无论是家长还是教师，他们都有责任在儿童认识能力尚未成熟以前引导儿童如何去习得情绪表达策略，并让儿童知道如何去改正，这样才能使儿童更好地适应社会。

如何引导幼儿习得情绪表达策略，家长和教师首先应该基于儿童自我意识和情绪发展的年龄特点去引导儿童识别在诱发情境下所包含的情绪，其次才是引导儿童依据不同情境中包含的情绪做出恰当的社会性情绪表达"策略"。受认知能力发展的影响，儿童对自豪、内疚、愤怒和伤心等情绪的识别存在显著的年龄差异。例如，3—4岁是幼儿羞耻快速发展阶段；3岁左右的儿童能够在成功中体验到自豪情绪，随后在4岁左右能够理解自豪概念，能够有选择地识别他人的自豪情绪，但是不能对此情绪进行归因。[①] 当儿童和同伴在游戏时，同伴以相当"滑稽"的方式不小心摔倒并且可能要哭泣时，这个时候成人就要引导儿童不要去嘲笑同伴摔倒的行为，告诉儿童摔倒这个行为对同伴而言是一件很难过的事情，当别人感到难过的时候不应该表达出高兴的表情。

---

① 杨丽珠、姜月、陶沙：《早期儿童自我意识情绪发生发展研究》，北京师范大学出版社2014年版，第270—271页。

第三节　家庭教养方式对留守幼儿情绪
表达策略的影响

　　家庭是儿童早期与他人进行社会交往和学习的主要场所，因此，儿童"社会性情绪"的形成始于家庭环境并逐渐发展起来。积极的家庭情绪表露有助于儿童获得更多的情绪知识，从而表现更多的积极情绪；反之，消极的家庭情绪氛围则与儿童情绪发展问题有关。从现有研究可知，家庭消极的教养方式，如干涉保护、惩罚严厉等会影响儿童情绪能力的正常发展。[①] 干涉保护的教养方式会让儿童对监护人过度依恋，使儿童的情绪能力发展缓慢，[②] 而惩罚严厉的教养方式带给儿童更多的关于自身安全的顾虑。但是积极的家庭情绪氛围有助于激发儿童积极的情绪表达，有效促进儿童情绪表达策略的发展，对情绪表达策略具有显著的正向预测作用。[③]

　　就教养方式而言，负面的教养方式是不依照儿童身心发展规律而采取的独断专行的不恰当的教养方式，严重阻碍了儿童身心的发展。负面的教养方式中影响恶劣的有绝对控制、虐待以及暴力倾向等。由此可见家庭教养方式对幼儿情绪能力发展的重要性。教养者的态度、行为等众多家庭因素都可以通过教养方式与幼儿的情绪能力产生相互作用，故探讨家庭教养方式对幼儿情绪表达策略的影响是非常有必要的。对于留守幼儿而言，家庭教养方式对其情绪表达策略的使用是否会产生影响？本书采用假设情境和问卷调查的方法，考察家庭教养方式对幼儿情绪表达策略使用的影响，并提出以下假设：第一，留守与非留守幼儿的家庭教养方式存在显著性差异；第二，在消极情境中，

---

　　① 兰秀君：《母亲教养方式与 5 岁儿童情绪理解的相关研究》，硕士学位论文，辽宁师范大学，2014 年，第 48 页。
　　② 刘国艳、王惠珊、张建端等：《父母教养方式对幼儿行为及情绪的影响》，《医学与社会》2008 年第 5 期。
　　③ 王磊：《儿童情绪表达规则及其与家庭情绪表露的相关研究》，硕士学位论文，西南大学，2010 年，第 35 页。

情感温暖组幼儿情绪表达策略得分最高，拒绝否认和惩罚严厉组的幼儿得分最低；在积极情境中，偏爱被试组幼儿情绪表达策略得分最高，拒绝否认组的幼儿得分最低。

一　研究方法

（一）研究对象

从四川省南充市某镇和某县两所幼儿园随机选取120名3—6岁幼儿（同本章第二节）及其监护人作为研究被试。由表3-9可知，（外）祖父母是留守幼儿的主要监护类型中占比最大的，占比为70%。从监护人文化程度来看，留守幼儿主要监护人的学历水平是初中及以下学历水平的占71.7%，非留守幼儿主要监护人的学历水平是高中及以上学历水平的占86.7%。总体来看，留守幼儿主要监护人的文化程度相对非留守幼儿较低。

表3-9　　　　　　　　　幼儿主要监护人的基本情况

		留守		非留守	
		人数（人）	百分比（%）	人数（人）	百分比（%）
主要监护人类型	母亲	8	13.3		
	父亲	10	16.7	—	
	（外）祖父母	42	70		
监护人文化程度	小学及以下	23	38.4	2	3.3
	初中	20	33.3	6	10
	高中	12	20	35	58.4
	专科	5	8.3	15	25
	本科及以上	0	0	2	3.3

（二）研究工具

1. 家庭教养方式问卷

采用岳冬梅等人修订的《父母养育方式评价量表（EMBU)》（中

文版），① 此量表为 4 点量表，即 "不符合" "有点符合" "比较符合" "完全符合" 供幼儿监护人进行选择。笔者将此前的修订问卷转换成由幼儿的监护人回答，转换后的量表包括情感温暖、偏爱被试、拒绝否认、惩罚严厉、干涉保护 5 个因子，总共 60 道题目。同质性信度为 0.52—0.88，分半信度为 0.51—0.90，重测信度为 0.67—0.80。某一因子分数越高，表明监护人对幼儿使用此种教养方式越频繁，本书中幼儿教养方式的最终类型为得分最高的教养方式。

2. 情绪图片

同本章第二节中的 "研究工具" 部分。

（三）研究程序

情绪表达策略的研究流程同本章第二节。家庭教养方式采用问卷法施测，主试事先与幼儿园各班级教师协商好，统计被试名单，然后以家庭作业的方式向各位被试监护人发放家庭教养方式问卷，填写完毕后统一交给各班教师。对于有些留守家庭，由于（外）祖父母年纪较大且文化水平较低而无法填写问卷的，则在主试指导下完成问卷内容。

（四）数据处理

将所收集的问卷进行归纳、整理，然后将其录入 SPSS 22.0 中进行统计分析，分析方法包括 t 检验、相关分析和回归分析。

二　研究结果

（一）留守与非留守幼儿家庭教养方式的比较分析

以是否留守为自变量，以家庭教养方式得分为因变量，进行独立样本 t 检验。结果表明（见表 3 - 10），留守幼儿在惩罚严厉、拒绝否认维度上的家庭教养方式得分比非留守幼儿的得分高，且差异显著（$t_{惩罚} = 7.594$，$p < 0.001$；$t_{拒绝} = 3.309$，$p < 0.01$）；此外，留守幼儿在情感温暖维度上的家庭教养方式得分比非留守幼儿得分低，且差异

---

① 岳冬梅、李鸣杲、金魁和等：《父母教养方式：EMBU 的初步修订及其在神经症患者的应用》，《中国心理卫生杂志》1993 年第 3 期。

显著（$t_{温暖}$ = -15.213，p < 0.001）。

表 3 - 10　　留守与非留守幼儿的家庭教养方式得分的差异检验

	留守	非留守	t 值
偏爱被试	2.23 ± 0.54	2.20 ± 0.47	0.300
惩罚严厉	3.07 ± 0.49	2.43 ± 0.36	7.594 ***
拒绝否认	2.72 ± 0.69	2.31 ± 0.65	3.309 **
干涉保护	2.56 ± 0.50	2.58 ± 0.49	-0.243
情感温暖	2.17 ± 0.45	3.36 ± 0.40	-15.213 ***

（二）家庭教养方式与留守幼儿情绪表达策略得分的相关分析

为了解家庭教养方式与留守幼儿情绪表达策略得分的关系，研究将情境类型归为积极情境和消极情境两类，其中将高兴、自豪和期待情境归类为积极情境，将失望、生气和害怕情境归类为消极情境。因此，两种情境下的情绪表达策略总分为各自不同情境下的策略得分之和。经相关分析显示（见表 3 - 11），偏爱被试教养方式与积极情境下使用策略得分及两种情境策略总分均呈显著正相关（r = 0.208，p < 0.05；r = 0.184，p < 0.05）；情感温暖教养方式与积极、消极情境下使用策略得分均呈显著正相关（r = 0.399，p < 0.01；r = 0.234，p < 0.01）；拒绝否认教养方式与消极情境下使用策略得分及策略总分均呈显著负相关（r = -0.239，p < 0.01；r = -0.209，p < 0.05）。可见，偏爱被试为主要教养方式的留守幼儿在积极情境下表达策略使用较多；情感温暖为主要教养方式的留守幼儿在两种情境下策略使用均较多；拒绝否认为主要教养方式的留守幼儿在消极情境下策略使用较少。

表 3 - 11　　家庭教养方式与不同情境下情绪表达策略的相关矩阵（r）

	1	2	3	4	5	6	7	8
1 偏爱被试	1							
2 惩罚严厉	0.159	1						

续表

	1	2	3	4	5	6	7	8
3 拒绝否认	−0.344 **	0.097	1					
4 干涉保护	0.501 **	0.241 *	0.287 **	1				
5 情感温暖	0.103	−0.486 **	−0.214 *	0.026	1			
6 积极情境	0.208 *	−0.171	−0.150	0.138	0.399 **	1		
7 消极情境	0.085	−0.130	−0.239 **	0.125	0.234 **	0.113	1	
8 策略总分	0.184 *	−0.184 *	−0.209 *	0.203 *	0.315 **	0.759 **	0.532 **	1

（三）家庭教养方式对留守幼儿情绪表达策略得分的预测作用

由上节结果可知，幼儿是否留守与积极情境下的情绪表达策略得分密切关联。以留守与否、偏爱被试、情感温暖和拒绝否认教养方式为自变量，以积极情境和消极情境下的情绪表达策略得分为因变量，不显著相关的因子不进入回归方程，然后采用分层线性回归法进行分析。结果显示（见表3－12），留守与否对积极情境下的情绪表达策略存在极其显著的正向预测作用（$\beta = 0.420$，$p < 0.001$），能够解释策略得分总变异的17.8%；偏爱被试对积极情境下的策略使用存在较显著的正向预测作用（$\beta = 0.198$，$p < 0.05$），能够解释策略得分总变异的19.4%；情感温暖对消极情境下的策略使用存在非常显著的正向预测作用（$\beta = 0.243$，$p < 0.01$），能够解释策略得分总变异的6.6%。

表3－12　　　　留守与否、教养方式得分与不同情境中的
情绪表达策略得分的回归分析

因变量	预测变量	ΔR^2	R^2	F	β	t
积极情境情绪表达策略	留守与否	0.178	0.178	10.565	0.420	5.534 ***
	偏爱被试得分	0.194	0.372		0.198	2.070 *
消极情境情绪表达策略	情感温暖得分	0.066	0.171	3.801	0.243	2.740 **

三 分析与讨论

（一）留守与非留守幼儿家庭教养方式的差异比较

研究结果表明，留守幼儿在惩罚严厉和拒绝否认维度上的家庭教养方式得分高于非留守幼儿，且得分差异显著，而在情感温暖维度上的得分显著低于非留守幼儿。从教养方式类型来看，惩罚严厉是指成人对儿童的行为规范具有十分严苛的要求和期望，但是这种期望和要求是建立在成人的主体意识之上，而忽视儿童具有自我意识独立性。拒绝否认则是指成人通常不关心儿童，甚至忽视，对他们不会设定具体的期望，也不对他们的行为规范做出具体要求；当儿童表达出某种愿望时，成人会以其他借口拒绝儿童的期望。与上述两种家庭教养方式相反，情感温暖表现了成人与儿童之间积极的情感互动，成人基于对儿童的爱，一方面对儿童的行为规范提出严格的要求，另一方面也十分尊重和理解儿童；既关心儿童的言行举止，也积极鼓励儿童独立自主，鼓励儿童做一些自己力所能及的事情。因此，情感温暖是最理想的家庭教养方式。

造成留守与非留守幼儿教养方式的显著差异的原因在于：从监护类型来看，留守幼儿有70%是由年龄较长的（外）祖父母抚养的，由于教养精力有限，所以难以全方位地关注到留守幼儿的各方面成长需要；从主要监护人文化程度来看，留守幼儿监护人学历水平为初中及以下的人数占比超过70%，这可能造成教养观念的落后，例如采取简单粗暴的打骂等教育方法，而导致家庭教养方式得分较低。这与先前的研究结果相近，[1][2] 即隔代教养多采用惩罚严厉和拒绝否认的消极教养方式，祖辈监护人的文化水平低，家庭教育形式简单，祖孙交流互动少，对留守幼儿的情绪能力发展带来不良影响。

---

[1] 孔屏、周利娜、刘娟：《祖父母教养与孙子女情绪适应关系的实证研究》，《教育学术月刊》2010年第8期。

[2] 范兴华：《不同监护类型留守儿童与一般儿童情绪适应的比较》，《中国特殊教育》2011年第2期。

（二）家庭教养方式与留守幼儿情绪表达策略的相关关系

研究发现，偏爱被试教养方式与积极情境下使用策略得分呈显著正相关；情感温暖教养方式与积极、消极情境下使用策略得分均呈显著正相关；拒绝否认教养方式与消极情境下使用策略得分呈显著负相关。这也就是说，拒绝否认的得分越高，儿童在失望、生气和害怕情境中的情绪表达策略得分越低；偏爱被试、情感温暖得分越高，儿童在高兴、自豪和期待情境中的情绪表达策略得分越高。偏爱被试教养方式下的教养者倾向于给予儿童无私的关爱和帮助，家庭气氛愉悦，成员情绪表露较积极，这种家庭的儿童对于积极情境的情绪表达策略掌握较好。拒绝否认教养方式下教养者无视儿童的情感需求，儿童缺乏微观系统中来自家庭成员间的情感支持，从而使儿童在社会交往中人际敏感性差，导致儿童在特定情境中不会按照社会期望选择合适的情绪表达策略。

综上，偏爱被试和情感温暖的教养方式最有利于儿童做出恰当的情绪表达策略，而拒绝否认的教养方式会阻碍儿童使用合理的情绪表达策略。Eisenberg，N. 等也认为，情感支持、注重沟通及情感温暖等积极教养方式有利于儿童情绪能力的发展，[1] 帮助儿童在不同情境中选择恰当合理的情绪策略。相反，拒绝否认、惩罚严厉等消极教养方式阻碍儿童情绪理解的发展及情绪表达策略的习得与使用。[2][3]

（三）家庭教养方式对留守幼儿情绪表达策略的预测作用

留守与否和家庭教养方式在一定程度上预测留守幼儿情绪表达策略的运用。第一，留守与否正向预测积极情境下幼儿的情绪表达策略，留守幼儿的情绪表达策略得分显著低于非留守幼儿。原因在于祖

---

① Eisenberg, N., Zhou, Q., Losoya, S. H., et al., "The Relations of Parenting, Effortful Control, and Ego Control to Children's Emotional Expressivity", *Child Development*, Vol. 74, No. 3, 2003, pp. 875 – 895.

② Shackman, J. E., Fatani, S., Camras, L. A., et al., "Emotion Expression Among Abusive Mothers Is Associated with Their Children's Emotion Processing and Problem Behaviours", *Cognition and Emotion*, Vol. 24, No. 8, 2010, pp. 1421 – 1430.

③ Logan, D. E., Graham-Bermann, S. A., "Emotion Expression in Children Exposed to Family Violence", *Journal of Emotional Abuse*, Vol. 1, No. 3, 1999, pp. 39 – 64.

辈忽视对留守幼儿的情感关怀和积极鼓励，留守幼儿父母不在身边，无法为其提供情绪调节的示范作用，[①] 他们对于欢乐家庭氛围及亲密亲子关系的体验远不及非留守幼儿，进而不利于留守幼儿对积极情境下情绪表达策略的学习。第二，情感温暖正向预测留守幼儿消极情境情绪表达策略，此结果验证了以往研究结论。[②] 使用情感温暖教养方式的教养者与儿童情感交流频繁，在儿童遇到困难、情绪低落时鼓励儿童使用正确的情绪表达策略，这样不仅有利于儿童心理理论[③]及情绪能力的发展，而且使儿童体验到更多的关爱和呵护，在这一过程中儿童学会了遇到消极情境时该如何选择情绪表达策略。

四　结论及教育建议

由前文可知，留守幼儿在积极教养方式下的情绪表达策略是恰当且符合社会预期的，消极教养方式不利于儿童做出正确的情绪表达策略。此外，留守幼儿的监护人大多采取拒绝否认、惩罚严厉等消极教养方式，某种程度暗示着留守幼儿在各种情境下都存在着情绪表达策略的使用问题。儿童后期述情障碍也与消极的父母教养方式存在一定联系。因此，留守幼儿情绪表达策略的培养，一是从近端环境因素入手，改变幼儿的家庭教养方式；二是给予幼儿更多的社会支持，即从幼儿园、各种社会渠道获取有利于培养儿童情绪表达的资源。

（一）监护人应采用情感温暖的教养方式，关注留守幼儿的情绪表达

正如先前研究所言，拒绝否认的家庭教养方式对儿童情绪发展产生负面影响。在留守幼儿中多数为隔代教养，说明留守幼儿缺乏与父母的交流，而祖父母由于年龄过大，受教育程度不高，对儿童仍然采

---

① 王玉龙、姚治红、姜金伟：《农村留守儿童亲子依恋与情绪调节能力的关系：留守时间的调节作用》，《中国临床心理学杂志》2016 年第 3 期。

② 王蓉、罗峥：《家庭情绪表达与儿童情绪表达规则的关系》，《中小学心理健康教育》2012 年第 13 期。

③ 李燕燕、桑标：《母亲教养方式与儿童心理理论发展的关系》，《中国心理卫生杂志》2006 年第 1 期。

用老一套的教养方式，即对身体的照顾多于情感关怀。因此，留守幼儿在不同情境测试中情绪策略使用得分相对较低。这一结果很大程度上是由于其情绪情感没有得到良好的引导和关注，从而导致情绪理解的认知偏差和情绪表达"混乱"。情绪情感是儿童认知、行为的引导者，与认知及行为紧密联结、相互影响。作为留守幼儿的养育者在满足其物质需要的基础上，更多地需要对他们进行情绪能力的指导。

首先，教养者为留守幼儿积极营造良好的情绪氛围。留守家庭成员应多向儿童表达积极情绪，让家庭氛围变得温馨、和谐、充满正能量。另外，教养者在日常生活中应该多参与儿童的游戏活动，从不同的情境中体验儿童的情绪，引导儿童用正确的方式表达及调控情绪。其次，除了关注留守幼儿的情绪问题之外，作为留守幼儿的父母，更应该考虑到子女教育问题。在保证物质条件的基础上，尽可能地把幼儿留在身边照顾，为他们的健康成长创造条件。对于那些迫不得已而把孩子留在家乡代养的父母，应该认真落实孩子的照管监护权，要给予监护人充分的理解和信任；同时自己应该承担起教养责任，经常与监护人和儿童保持联系，了解儿童的内心世界，尽可能地满足儿童心理健康成长的需要。最后，作为留守幼儿的主要监护人应给予留守幼儿更多的关心，增强与他们的沟通和互动；同时也应该加强教育和管理的责任担当，采取多种途径和方式让远在外地的父母与留守幼儿保持密切联系。监护人应该减少教养的心理压力，在对留守幼儿付出关心和爱的同时也要对他们提出严格的行为规范和要求，也只有这样，才能在客观条件下改善留守幼儿的教养问题。

（二）幼儿园应加强教育的补偿功能，引导留守幼儿进行合理的情绪表达

所有儿童都具有得到爱和表达情感的权利。但是对于留守幼儿来说，由于父母外出务工而导致长期与父母分离，所以他们不能像其他孩子一样享受来自父母的关爱和陪伴。因此，针对留守幼儿在父母角色缺失和家庭教育上面临的问题，幼儿园应该对家庭教育缺失的留守幼儿加强教育补偿的功能。例如，幼儿园充分利用已有的教学资源，落实开展针对留守幼儿监护人的相关家庭教育培训。除此之外，幼儿

园也可以利用节假日（例如外出父母回家团聚的时间段）举办家长交流会，用浅显易懂的家庭教育知识和方法切实提高他们的教养能力。当然，幼儿园教师应该给予班上留守幼儿多一点关注，可以通过开展有助于留守幼儿身心健康成长的活动，弥补父母无法陪伴他们的情感需要。

更重要的是，在提高留守幼儿使用情绪表达策略的能力方面，正如《3—6岁儿童学习与发展指南》所规定，培养儿童积极情绪、用正确的方式表达以及调控情绪。教师应重视幼儿园课程中的情绪绘本教学，正如刘云艳等提出的"体验—感悟"的情绪教学模式，其将该模式划分为：感知体验、导之以行、习之成性三个环节，以情境、活动、游戏等其他形式为载体，引导儿童用各种情绪对自我情绪进行再创。① 首先，教师引导儿童认识各种情绪以及特点。引导儿童接受自己的情绪，引导其正确表达自己的情绪，以沟通、讨论、绘画、游戏等方式为载体，通过体验不同情境中自我内在情绪变化从而认识情绪。其次，教师应对儿童情绪表达做出及时回应，尤其是在消极情境中教师的情绪应该与儿童的内在情绪保持一致，使二者"情感回流"信号增强，对儿童消极情绪及时疏导，防止儿童过多的消极情绪体验而导致的消极情绪反应模式。

（三）政府应加快实现"乡村振兴计划"，让留守幼儿父母留在家乡

留守幼儿在中国仍然是一个相当庞大的群体，如何妥善处理留守幼儿的教育问题也一直是全社会关心的热点话题。是什么原因让父母离开自己的孩子，远走他乡？归根结底，城乡经济二元化是迫使大多数农村年轻父母涌向城市的主要原因。落后的农村经济导致许多社会福利得不到保障。这主要包括居民收入不平衡、社会投资、公共服务水平以及城乡基础设施建设方面的不平衡，最终导致大部分农村年轻父母选择离开自己的家乡、父母和孩子。因此，想要从根本上解决留

---

① 刘云艳、刘婷、周涛：《运用情绪主题绘本开展幼儿情绪教育的理论基础与教学模式》，《学前教育研究》2011年第8期。

守幼儿的教育问题，必须加快实施"乡村振兴计划"，出台更多惠民政策，在传承乡村文化特色的基础上加快经济的发展，提高当地人民的收入水平。政府应该不遗余力地招商引资，让更多的当地人能够在家乡安居就业，同时出台更多的优惠政策鼓励外出务工人员回乡创业。在加强当地经济的同时，能够切实解决留守幼儿的教育问题。也只有这样，才能真正留下当地人，才能让父母不用远离他乡，幼儿才有可能不再是留守幼儿。

（四）发挥周边社会力量，与家庭、幼儿园共同促进留守幼儿的教育发展

要想发动周边的社会力量，推动留守幼儿的教育发展，首先，充分发挥新媒体的作用，广泛开展关于留守幼儿的宣传报道，引发全社会各界人士对留守幼儿教育问题的关注。集结号召众多的社会中坚力量配合解决留守幼儿的相关问题。其次，充分利用有效资源，加强乡政府、村委会、妇联等其他农村组织机构与幼儿园的联系，进一步完善农村社区建设。社区是人们生活、学习、生存的区域性场所，其蕴藏着丰富的人力资源、自然资源以及各种活动设施和教育设备等。因此，家庭与幼儿园应该以社区教育为桥梁，合理利用社区资源。具体表现为，幼儿园借助社区这一平台，将家长参与幼儿园的形式融入社区文化中，使参与幼儿教育的人员结构由原来的幼师与家长变为社区人员、幼师和家长等多重社会角色的人员。最后，由于社区师资力量在农村地区相对薄弱，政府应该加大社会志愿者服务力度。社会团体组织也可以将社会各界爱心人士组织起来，组建留守幼儿爱心帮扶队，在一定程度上扩大留守家庭接受志愿服务的范围，以协助监护人做好家庭教育工作。总之，从社会角度给予留守幼儿更多的关爱与帮助，同时对留守家庭进行有效的家庭教育指导，能够助推农村留守儿童教育事业的发展。

第四章　留守幼儿的情绪调控策略

　　情绪调控策略是个体对自身的情绪进行调控和干预时采用的方法、机制和策略。[①] 它与个体自身的个性、气质、生活环境和抚养者的互动特点有密切的关系。[②] 留守幼儿由于成长环境的特殊性及自身认知能力的发展，在与监护人日常互动过程中潜移默化地学会了各种情绪表达方式。[③] 但如果留守幼儿与抚养者日常的情感互动并不好，就会阻碍其情绪调控策略的发展，使其更容易表现出心理障碍，产生消极情绪，出现如嫉妒、自卑、胆怯、敏感、冷漠、退缩等情绪及行为问题。另外，留守幼儿情绪调控策略发展若受到限制又将侧面影响其在日常沟通交流中的表现。在日常互动中，较多采用积极或者建设性情绪调控策略的幼儿，在应对不同的情绪问题和环境时，能有效地选择合适的策略来缓解和消除负性情绪，从而维持良好的日常交流与沟通，减少不必要的冲突与矛盾；反之，较多采用消极或非建设性策略的幼儿，其外化行为问题和心理问题则较多，对沟通交往以及人际关系的建立将产生负面影响。而同伴关系作为幼儿入园后的重要人际关系，如何让留守幼儿良好地融入这一关系并建立稳定的人际关系网络，情绪调控策略在其中起到至关重要的作用。

---

　　① 陈姝娟、陈淑莹：《农村地区3—6岁留守幼儿情绪调控策略调查研究——以广东省为例》，《教育导刊》2015年第6期。

　　② Denham, S. A., *Emotional Development in Young Children*, The Guilford Press, 1998, pp. 87 – 95.

　　③ 蔡敬敏：《4—6岁留守幼儿移情、情绪调控策略和偏差行为的研究》，硕士学位论文，河北师范大学，2016年，第10页。

第一节　幼儿情绪调控策略研究概述

一　幼儿情绪调控策略的界定

目前对情绪调控和情绪调节的定义存在含混不清的现象，虽然有一些学者将两者做出了清晰的辨析，提出情绪调节是对正向和负向情绪的上调节和下调节，而情绪调控更多地强调对情绪的控制、抑制，是一种向下的调节，并且它们都包括了对自己和他人情绪的调节、调控。但我们不难发现情绪调控和情绪调节在一些研究中混合使用。

情绪调控的发展问题是儿童发展心理学的主要研究内容，它涉及情绪情感、认知和社会性发展等众多方面。情绪调控是指个体在处理人际关系时，识别、理解和整合情绪信息的能力。[1] 情绪调控过程在很大程度上是根据调控策略来描述表现的。[2] 情绪调控涉及个体内在因素和外部环境的交互作用过程，个体通过管理这一过程来实现调节、控制情绪的目的。情绪调控可能是受个体控制的、有意识的行为，也可能是个体自动的、无意识的举动。整个过程体现出监测、评估及修改情绪反应的策略和技巧。当然，情绪调控要求个体重视对消极情绪的监控，而积极情绪在调控过程中发挥着有利作用。[3] 情绪调控不仅涉及降低消极情绪状态的强度或频率，而且涉及培养和维持积极情绪状态的能力。[4] Gross，J. J. 等从这个角度出发，将情绪调控描述为一种情绪调控策略，干预既可以在情绪反应之前进行，也可以在情绪反应出现后启动。[3] 情绪调控策略指个体总是在一定情境下有意

---

① Zeman，J. M.，Cassano，C. Perry-Parrish，S. S.，"Emotion Regulation in Children and Adolescents"，*Developmental and BehaviouralPaediatrics*，Vol. 27，2006，pp. 155 – 168.

② Gross，J. J.，John，O. P.，"Individual Differences in Two Emotion Regulation Processes：Implications for Affect，Relationships，and Well-Being"，*Journal of Personality and Social psychology*，Vol. 85，2003，pp. 348 – 362.

③ Gross，J. J.，Thompson，R. A.，*Emotion Regulation：Conceptual Foundations*，New York：Guilford Press，2007，pp. 3 – 24.

④ Calkins，S. D.，Hill，A.，*Caregiver Influences in Emerging Emotion Regulation*，New York：Guilford Press，2007，pp. 229 – 248.

识或无意识地运用一定的策略去调控自己的情绪，以调整自身更好地适应外部环境。学前儿童在人际交往中可能遇到一系列问题，使他们出现不同类型的情绪反应。不同的情绪反应会激发学前儿童通过使用情绪调控策略来管理自己的情绪，从而解决人际交往中的各类问题，与外部交流环境维持正常的交往状态。

儿童早期的亲子互动体验促进了情绪调控能力的发展。Bowlby的依恋理论将儿童早期的亲子依恋体验与情绪调控策略发展相联系，主要观点是形成安全依恋关系的儿童通过寻求、接受生活照料者的帮助有效地进行情绪调控。[1] 但是，对于非安全依恋关系的幼儿来说，这种影响模式不可能发生。其中不安全的回避型依恋类型影响下的幼儿，他们的负面情绪经常受到抑制，与照料者的互动情境紧张，互动频数有限。此外，不安全的矛盾型依恋类型影响下的幼儿倾向于夸大自身的情绪表达，迫切想得到照料者的关注并进行亲密互动。[2] 大多数儿童3岁左右就具备使用情绪调控策略的能力，能够在需要的时刻生成相应的调控策略，指导他们如何去"终止感受"消极情绪。[3] Sameroff 和 Fiese 认为，幼儿通常需要父母的协助管理，在令人痛苦的情感事件中学习如何管理自身情绪，但随着幼儿与园中同龄同伴社会交往日渐频繁，由与父母共同管理情绪的依赖逐渐向自我情绪调控转变。[4] 因此，留守幼儿的情绪调控策略很大程度上受到其养育者和成长环境的影响。在成长环境中尤为需要重视的是进入幼儿园后的社会交往环境，师幼关系和同伴关系组成

① Brumariu, L. E., "Attachment in Middle Childhood: Theoretical Advances and New Directions in an Emerging Field", *New Directions for Child and Adolescent Development*, Vol. 148, 2015, pp. 31 – 45.

② Brumariu, L. E., Kerns, K. A., "Mother-Child Attachment and Social Anxiety Symptoms in Middle Childhood", *Journal of Applied Developmental Psychology*, Vol. 29, 2008, pp. 393 – 402.

③ Sala, M. N., Pons, F., Molina, P., "Emotion Regulation Strategies in Preschool Children", *British Journal of Developmental Psychology*, Vol. 32, 2014, pp. 440 – 453.

④ Catrinel, A. S., Julia, A., Mircea, M., "Children's Awareness Concerning Emotion Regulation Strategies: Effects of Attachment Status", *Social Development*, Vol. 17, 2016, pp. 1 – 15.

了留守幼儿园内社交网络，并对留守幼儿的情绪调控策略发展产生重要的影响。

二　幼儿情绪调控策略的分类

情绪调控策略是幼儿重要的社会情绪技能，属于幼儿社会情绪发展的核心要素，对儿童早期的社会性发展及人格形成具有非常重要的影响。学前儿童在后天的社会交往中会遇到各种各样的问题情境，诱发个体产生积极或消极的情绪反应。当幼儿在问题情境中产生消极情绪反应时，他们有能力积极主动地采取适当的调控策略来管理、控制消极情绪。幼儿使用较多的情绪调控策略可分为以下三类：

分类一：认知重建、替代活动、自我安慰、问题解决、发泄和被动应付。[①]

这一分类是陆芳针对学前儿童所提出的情绪调节策略，考察方式为父母对幼儿的情绪调节策略进行评价，后有学者将其改编，运用于教师做评价。其中认知重建策略指幼儿通过重新思考消极情绪情境中各因素之间关系的方式达到恢复平静的目的，它是一种高级的情绪调控策略，幼儿认知水平越高，这种策略的使用越频繁；替代活动策略是指幼儿在消极情境中通过转移自己的注意力来缓解不良体验，可以转移到具体的事物或活动上，比如主动放弃正在与同伴争夺的玩具，去玩其他的玩具或与其他的同伴一起玩别的东西；自我安慰策略由言语安慰和行为安慰组成，言语安慰指幼儿通过自言自语来安慰自己，而行为安慰指幼儿在应对消极情绪情境时不自觉地重复某些身体动作来达到转移注意力和放松的目的，比如扳指头、摸头等动作；问题解决策略指幼儿在实际情绪情境中采取自身能做出的行为和已掌握的方法尽可能地消除负性情绪带来的伤害；发泄策略指幼儿在遇到消极情绪时，经常采取攻击性、破坏性行为来宣泄，比如身体攻击、摔东西、尖叫、踢打等；被动应付策略指幼儿对于消极情绪采取逆来顺受

---

① 陆芳：《学龄前幼儿情绪调节策略的发展及其相关研究》，硕士学位论文，华东师范大学，2004年，第24页。

的方式，不主动采取有效的解决方法、默默承受，比如沉默不语、发呆等。

分类二：放松、认知应对、情绪表露、情感求助、哭泣、压抑、回避、情绪替代。

这一分类由李梅等人提出，旨在对不同人际关系人群的情绪调节方式进行分析比较，找到实用的调节方式，提供人际关系有效改善的方法，最终组成情绪调节方式问卷。[①] 其中放松是指借助外在力量舒缓情绪，避免直接面对等；认知应对是指通过对自身的积极认知，分析不良情绪产生的原因及具体情绪情境，从而解决情绪问题等；情绪表露主要包括个体用来调节情绪外在表现的表情、行为等；情感求助是指个体向自己信赖的人或年长、有经验的人寻求情感方面的支持，进而减少负性情绪体验等；哭泣是指一个特定的调节手段；压抑是指个体控制自身的表情和行为，抑制消极情绪体验，不轻易暴露消极情绪等；回避是指对引发可能产生消极情绪体验的环境的选择，回避不面对；情绪替代是指通过个体自身对以往积极情绪体验的回忆或想象，来应对和摆脱当前消极情绪等。

分类三：建构性策略、破坏性策略、回避性策略和释放性策略。

这一分类是由姚端维等人提出。研究背景指定在同伴排斥、同伴伤害、同伴冲突三个情境中，测量幼儿对情绪调控策略的使用。建构性策略等同于上述分类中的认知重建和问题解决；破坏性策略即通过破坏性的行为、言语来应对消极情绪情境；回避性策略等同于上述的被动应付；释放性策略则指通过发泄、宣泄自身的消极情绪来解决情境问题。[②]

综上可知，积极的情绪调控策略强调认知能力的发展，即建构性策略，包括认知重建、问题解决、替代活动等；消极的情绪调控策略侧重负性情绪、不良行为的表现，如发泄、被动应付、破坏性策略

---

① 李梅、卢家楣：《不同人际关系群体情绪调节方式的比较》，《心理学报》2005 年第 4 期。

② 姚端维、陈英和、赵延芹：《3—5 岁儿童情绪能力的年龄特征、发展趋势和性别差异的研究》，《心理发展与教育》2004 年第 2 期。

等。此外，情绪调控策略的分类还包括积极主动的情绪管理、被动的情绪管理、寻求愉悦和分散注意、社会支持、宣泄和满足、退缩/回避。[①] 从认知发展理论出发，将情绪调控策略分为行为策略、社会支持、注意力部署和认知重估。[②] 从依恋理论出发，将儿童的情绪调控策略分为自我调控策略（分心、重新评估、解决问题）和共同监管策略（安慰）。[③]

三 幼儿情绪调控策略的研究方法和测量工具

情绪调控策略的研究方法针对质性研究和量化研究两大领域。质性研究常用的研究方法有自我报告和观察法，这类方法通常作为问卷调查的补充。量化研究采用较多的是测量法和问卷法，也不乏学者采用实验法和情境法等。

（一）学前儿童情绪调控策略问卷

《学龄前幼儿情绪调节策略问卷》由陆芳编制而成，采用家长评定的方式，一共包括 8 个主要情境，36 个题目，旨在考察幼儿在可能出现负性情绪的问题情境中，如何运用情绪调节策略。问卷采用 5 级评分制，"从不"计 1 分，"偶尔"计 2 分，"有时"计 3 分，"经常"计 4 分，"总是"计 5 分。对情绪调节策略各维度的得分进行累加，最终形成情绪调节策略的总得分。问卷的 α 系数为 0.678，内部一致性指标良好，整个问卷的信度较高。该问卷后被蔡敬敏修编为《幼儿情绪调控策略问卷》，用于测查留守幼儿情绪调控策略的发展状况，问卷由教师评定，一共包括 4 个主要情境，18 个题目，各因子的内部一致性系数在 0.75—0.84 之间。

---

① Thayer, R. E., Newman, J. R., McClain, T. M., "Self-Regulation of Mood: Strategies for Changing a Bad Mood, Raising energy, and Reducing Tension", *Journal of Personality and Social Psychology*, Vol. 67, No. 4, 1994, pp. 910 – 925.

② Maria, N. S., Francisco, P., Paola, M., "Emotion Regulation Strategies in Preschool Children", *British Journal of Developmental Psychology*, Vol. 32, 2014, pp. 440 – 453.

③ Catrinel, A. S., Julia, A., Mircea, M., "Children's Awareness Concerning Emotion Regulation Strategies: Effects of Attachment Status", *Social Development*, Vol. 17, 2016, pp. 1 – 15.

（二）情绪调节方式问卷

李梅、卢家楣在 Gross，J. J. 等人编制的《情绪调节问卷》①的基础上进行修订，形成《情绪调节方式问卷》。该问卷共有 28 个题目，情绪调节方式的使用频率分为 5 个等级，得分越高表明该种调节方式使用频率越高。问卷的内部一致性信度系数为 0.793，重测信度系数为 0.838。八种情绪调节方式的内部一致性信度系数在 0.645—0.725 之间，重测信度系数在 0.708—0.831 之间。整个问卷的结构效度和内容效度均良好。

国外学者 Shields，A. 和 Cicchetti，D. 编制的教师评或者父母评的情绪调节 Q 分类量表，专门针对儿童的情绪调节进行评价。②

（三）情境实验法

情境实验法是针对幼儿被试采用较多的一种研究方法。研究者通过创设一定的实验情境，在实验中通过观察记录或录像编码等形式，考察幼儿在实验情境中情绪调控策略的使用。王莉等人通过采用陌生情境实验法，运用行为编码的方式将 2 岁儿童的情绪调控策略进行分类，分为积极活动、玩代替物、探索房间、与母亲玩、寻求帮助、寻求安慰、身体自我安慰、言语自我安慰、被动注视、回避行为、攻击行为、哭泣等方面，分析儿童使用情绪调控策略的特点。③

四　幼儿情绪调控策略的影响因素

（一）年龄和性别

幼儿无论在什么年龄阶段，替代活动都是其最主要的情绪调控策略之一，而相对使用较少的是发泄、自我安慰策略。伴随幼儿年龄的

---

① Gross，J. J.，John，O. P.，"Individual Differences in Tow Emotion Regulation Process: Implication for Affect，Relation-ships，and Well-Binge"，*Journal of Personality and Social Psychology*，Vol. 85，No. 2，2003，pp. 348 – 362.

② Shields，A.，Cicchetti，D.，"Emotion Regulation among School-Age Children: The Development and Validation of a New Criterion Q-set Scale"，*Development Psychology*，Vol. 33，No. 6，1997，pp. 906 – 916.

③ 王莉、陈会昌、陈欣银、岳永华：《两岁儿童情绪调节策略与其问题行为》，《心理发展与教育》2001 年第 3 期。

不断增长，问题解决和认知重建策略的使用频率也在增加，与之相反的是发泄策略的使用频率呈下降趋势，不同年龄段的差异性明显。3—6 岁是儿童学习各种情绪调控策略的关键时期，并能够用合适的策略来管理自身情绪。[①] 有研究探讨了性别、语言能力、情绪理解能力及非智力语言对学前儿童情绪调控策略的影响，将情绪调控策略分为社会支持、注意力转移、认知重估和行为策略四种类型。结果表明，性别差异显著，女孩较多使用社会支持策略，男孩却比女孩更多地使用行为策略。当幼儿 5 岁时开始逐步运用认知重估这一情绪策略，随着年龄的继续增长，幼儿更多地选择属于情绪调控策略中的自主策略。此外，语言能力、情绪理解能力及非智力语言等均会对学前儿童的情绪调控策略产生某种程度的影响。[②]

（二）气质因素

幼儿在情绪调控策略上表现出的个体差异与其自身的气质及气质表现度相关，斯滕伯格等人提出如果要预测出儿童在一定情绪情境下所采用的情绪调控策略，情绪强度的高低和调节程度的高低这两个气质维度需重点评估。把上述两个维度的水平进行两两结合，成为四种可能的气质组合。研究发现，中等情绪强度和中等调节程度这一气质组合下幼儿具有最佳的情绪调控策略，该气质组合下的幼儿拥有以下四种能力，包含计划能力、灵活运用情绪调控策略的能力、情绪表达能力及以问题为中心的应对能力。[③] 高气质表现度的幼儿能够更确切地表现出自己的真实情绪，相反，低气质表现度的幼儿调控能力相对较强，能够较好地控制自己的情绪，尤其是在消极情绪上。[④] 所以说，

[①] Cole, P. M., Dennis, T. A., Smith-Simon, K. E., Cohen, L. H., "Preschoolers' Emotion Regulation Strategy Understanding: Relations with Emotion Socialization and Child Self-Regulation", *Social Development*, Vol. 18, 2009, pp. 324–352.

[②] Maria, N. S., Francisco, P., Paola, M., "Emotion Regulation Strategies in Preschool Children", *British Journal of Developmental Psychology*, Vol. 32, 2014, pp. 440–453.

[③] Eisenberg, N., Fabes, R. A., "Emotion, Regulation, and the Development of Social Competence", *Review of Personality and Social Psychology*, Vol. 14, 1992, pp. 119–150.

[④] 马瑞瑾、陈旭：《学前儿童情绪调节策略发展研究综述》，《幼儿教育（教育科学）》2009 年第 4 期。

气质影响着情绪调控策略的内在机制和表现程度。

（三）家庭环境

早期家庭环境是影响幼儿情绪调控策略发展的重要因素。家庭环境这一影响因素包括家庭基本环境，如家庭嘈杂度、家庭社会经济地位、家庭结构；父母情绪特征，如情绪调节、情绪症状；家庭互动，如婚姻关系、亲子依恋、家庭情绪表达、教养方式、情绪反应方式。其中家庭结构中祖辈教养家庭与父辈教养家庭存在差异，且留守家庭与非留守家庭存在差异，留守幼儿家庭抚养功能、情感功能的削弱更容易导致幼儿情绪调控策略发展的缺陷，出现较多的情绪和行为问题。父母的情绪特征和调节方式为幼儿提供了学习情绪调控能力和策略的模仿对象，幼儿能够在与父母的日常互动中潜移默化地将父母常运用的调节方式和特征，通过模仿这一方式运用到自身的各种情绪环境中，以此来帮助自己处理和应对情绪问题。所以，父母正确的调节方式和健康的情绪特征能有效地帮助幼儿建立良好的学习榜样形象，进而推动幼儿情绪调控策略的快速发展。

另外，父母对幼儿负性情绪的应对方式直接影响幼儿情绪加工能力和情绪调节水平。父母的非支持性反应会降低幼儿寻求社会支持这一情绪调控策略，对幼儿负性情绪的消除及情绪调控策略的发展来说都是非常不利的。[1] 同时父母的情绪调节方式为幼儿情绪调控策略的发展起到示范作用。最后是亲子依恋关系和家庭教养方式的影响。安全依恋型幼儿较多地采用积极的情绪调控策略；而非安全依恋型幼儿则相反。家长在幼儿早期的温暖—敏感养育方式有利于幼儿情绪调控能力的发展，而采用命令—批评养育方式则起到阻碍作用，且采用不同教养方式的父母营造不一样的教养环境，对幼儿情绪识别和理解、情绪表达以及情绪调控策略的运用产生不同的影响。

（四）社会性发展

幼儿情绪调控策略对其社会性发展起着促进作用，反过来，社会

---

① 刘航、刘秀丽、郭莹莹：《家庭环境对儿童情绪调节的影响：因素、机制与启示》，《东北师大学报》2019 年第 3 期。

性发展也对情绪调控策略的发展产生一定的影响。较多采用建设性情绪调控策略的幼儿，在与同伴的互动中，若发生争执、吵闹等，他们会机智巧妙地运用替代、问题解决、认知重建等策略，将同伴与自身的注意力从负面情绪事件中抽离，快速投入新的具有吸引力的物品和事件上，这样既能避免消极情绪对自己和同伴的影响，又能通过自身的努力去维系友好的同伴关系。即使一些幼儿不能准确地采用上述策略，但是能在教师的指导和引导下，尝试采用积极的情绪调控策略，也能达到较好的同伴互动效果。

受欢迎的幼儿经常会采用以下三种情绪调控策略：情绪表露、认知应对和情感求助，这说明社会性发展程度较高的幼儿会偏向于采取积极的情绪调控策略。[1] 同伴接受水平较高的幼儿较常采用建设性情绪调控策略，使其在交往中维持良好的同伴互动。因此，社会性发展较好的幼儿为了自身能在日常交往和沟通中维系已有的社会关系，会在面对各类情绪环境时，正确采用积极的、建设性情绪调控策略来应对情绪问题，减少不良情绪对自身的负面影响，这样不仅能维持已有的同伴关系，获得同伴的支持、认可，同时也可促进自身情绪理解、调控策略的发展。

第二节　留守幼儿情绪调控策略的发展特点

目前国内对留守幼儿情绪调控策略的研究相对匮乏。陈淑莹等人对 3—6 岁留守幼儿的情绪调控策略进行探讨，发现年龄差异较显著，幼儿年龄越大，情绪调控策略越好，并且替代活动使用频率越高。幼儿的情绪调控策略性别差异较显著，女孩对建设性策略的使用优于男孩，男孩在解决问题策略上优于女孩。父母均外出打工，常年与祖辈生活在一起的留守幼儿更多地采用被动应付或发泄策略，监护人的文化程度对幼儿情绪调控策略的发展具有影响。[2] 对 4—6 岁留守幼儿情

---

① 李梅、卢家楣：《不同人际关系群体情绪调节方式的比较》，《心理学报》2005 年第 4 期。

② 陈淑莹、陈姝娟、林雁英、刘恩恩、冯宝善：《3—6 岁留守幼儿情绪调控策略研究》，《新课程研究》2015 年第 4 期。

绪调控策略研究发现，4 岁留守幼儿较多采取被动应付策略，替代活动居中，自我安慰策略使用最少。而 4 岁非留守幼儿对替代活动和问题解决策略采用最多，发泄策略使用最少。[①] 说明留守与非留守幼儿在 4 岁时选用的情绪调控策略存在一定差异性。学前幼儿情绪调控策略的使用主要受监护人的影响，父母因外出务工长期"缺位"、亲子安全依恋关系没有建立等因素影响留守幼儿情绪调控策略的正向发展。通过考察表明，祖辈教养方式对留守幼儿情绪调控能力有明显的正向预测作用。留守幼儿的情绪调节能力受教养方式影响显著，温暖型教养方式下幼儿的情绪调节能力最强，忽视型教养方式下幼儿的情绪调节能力最弱。[②] 寄养幼儿与监护人的依恋关系能够预测幼儿消极情绪调控及策略的使用情况。[③]

一　研究目的

考察 4—6 岁留守幼儿在情绪调控策略上的年龄、性别与留守类型的差异性，并分析人口统计学变量上差异产生的原因。

二　研究对象

本书被试为四川省某县 4 所幼儿园 4 岁、5 岁和 6 岁的 120 名留守幼儿。其中 4 岁留守幼儿共 37 人，男生 17 人，女生 20 人；5 岁留守幼儿共 40 人，男生 27 人，女生 13 人；6 岁留守幼儿共 43 人，男生 16 人，女生 27 人。其中 60 名留守幼儿因父亲或母亲单方外出务工由另一方抚养，60 名留守幼儿因父母双方都外出务工由祖辈抚养。

---

① 蔡敬敏：《4—6 岁留守幼儿移情、情绪调控策略和偏差行为的研究》，硕士学位论文，河北师范大学，2017 年，第 43 页。

② 隗代焱：《祖辈教养方式与学前留守幼儿情绪调控能力的相关研究》，硕士学位论文，西南大学，2017 年，第 57 页。

③ Waters, S. F., Virmani, E. A., Thompson, R. A., Meyer, S., Raikes, H. A., Jochem, R., "Emotion Regulation and Attachment: Unpacking Two Constructs and Their Association", *Journal of Psychopathology and Behavioral Assessment*, Vol. 32, 2010, pp. 37 – 47.

三　研究工具

主试向幼儿园每个班级的主班教师发放由蔡敬敏修编的《学前幼儿情绪调控策略问卷（教师评）》，并向教师宣读指导语。该问卷共含 18 道题，各维度的内部一致性系数范围在 0.75—0.84。问卷经教师填写后交回给主试，以考察班级中留守幼儿情绪调控策略的发展特点。

四　研究结果

（一）4—6 岁不同性别留守幼儿情绪调控策略的比较

本书采用独立样本 t 检验对 4—6 岁不同性别留守幼儿的情绪调控策略各维度进行比较，结果见表 4 – 1。

表 4 – 1　　　　4—6 岁留守幼儿情绪调控策略的性别差异比较

	男孩		女孩		t
	M	SD	M	SD	
认知重建	2.17	0.79	2.66	0.78	10.75
替代活动	2.90	0.65	2.99	0.65	0.61
自我安慰	2.07	1.02	2.46	1.14	3.79
问题解决	2.75	0.82	2.90	0.80	0.93
发泄	2.90	1.12	2.18	0.91	13.83
被动应付	2.10	0.61	2.39	0.74	5.63

通过独立样本 t 检验发现，4—6 岁不同性别留守幼儿的情绪调控策略各维度不具有明显差异（$p > 0.05$）。

（二）4—6 岁不同年龄留守幼儿情绪调控策略的比较

通过单因素方差分析可知，替代活动策略的年龄差异较显著（$F = 5.54$，$p < 0.05$），经事后检验显示，5 岁留守幼儿采取替代活动策略的频率明显高于 4 岁、6 岁留守幼儿（$M_{5-4} = 0.46$，$p < 0.05$；$M_{5-6} = 0.33$，$p < 0.05$）。自我安慰策略的年龄差异非常显著（$F =$

13.19，p＜0.01），经事后检验显示，4 岁留守幼儿使用自我安慰策略的频率明显低于 5 岁（$M_{5-4}=0.93$，p＜0.001）和 6 岁（$M_{6-4}=1.06$，p＜0.001）留守幼儿。可见，随着幼儿年龄的增长，自我安慰策略采用的频率逐渐提高。而其他情绪调控策略维度上没有显著的年龄差异（p＞0.05）。

表 4－2　　　　4—6 岁留守幼儿情绪调控策略的年龄差异比较

	年龄	M	SD	F
认知重建	4	2.33	0.95	0.07
	5	2.38	0.90	
	6	2.40	0.62	
替代活动	4	2.73	0.72	5.54*
	5	3.20	0.50	
	6	2.87	0.65	
自我安慰	4	1.54	0.83	13.19***
	5	2.47	1.08	
	6	2.60	1.02	
问题解决	4	2.70	0.92	1.57
	5	3.00	0.85	
	6	2.73	0.64	
发泄	4	2.54	1.11	0.40
	5	2.73	1.24	
	6	2.54	0.93	
被动应付	4	2.03	0.74	2.77
	5	2.21	0.73	
	6	2.38	0.54	

注：＊p＜0.05，＊＊p＜0.01，＊＊＊p＜0.001，下同。

（三）4—6 岁不同留守类型的留守幼儿情绪调控策略的比较

通过独立样本 t 检验得出，父母一方外出务工的留守幼儿使用认知重建策略的频率显著高于父母双方外出务工的留守幼儿（t＝24.38， p<0.001），父母双方外出务工的留守幼儿使用发泄策略的频率显著高于父母一方外出务工的留守幼儿（t=143.97，p<0.001）。但是，在问题解决、自我安慰、替代活动和被动应付策略上不同留守类型不存在明显差异（p>0.05）。

表4-3　　不同留守类型的4—6岁留守幼儿情绪调控策略的差异比较

	父母一方外出		父母双方外出		t
	M	SD	M	SD	
认知重建	2.67	0.72	1.99	0.78	24.38***
替代活动	2.98	0.67	2.87	0.63	0.76
自我安慰	2.35	1.04	2.07	1.13	1.90
问题解决	2.64	0.79	3.03	0.79	6.94
发泄	1.89	0.62	3.53	0.86	143.97***
被动应付	2.33	0.60	2.08	0.75	4.01

五　分析与讨论

通过研究4—6岁留守幼儿情绪调控策略的年龄主效应，结果发现，在替代活动和自我安慰策略上留守幼儿存在比较显著的年龄差异，4岁与6岁留守幼儿在替代活动这一策略的使用频率上显著低于5岁留守幼儿。究其原因，笔者认为，4岁留守幼儿言语表达能力的发展仍处于不够完善阶段，日常生活中在表达情绪情感时更多地使用直观的表情和动作，而非替代活动这一策略。随着儿童认知和言语能力的不断发展，在6岁这一年龄阶段，当遇到不良情绪需要应对和处理时，留守幼儿可能会选择更加高级的情绪调控策略，比如问题解决和认知重建等策略。5岁年龄处在4岁和6岁的中间阶段，在没有发展出更高级调控策略的同时，替代活动策略相对其他而言在改善不良情绪问题上可以取得较好效果。中班老师在遇到幼儿出现消极情绪情感时，不会像小班老师那样一味地安慰，会想办法引导幼儿独自解决和面对，会告诉幼儿"别人不理你不要难过，你可以找其他的小伙伴一起玩耍""别人抢了东西不必伤心，班上有很多玩具可以选择"。

随着留守幼儿年龄的增长，自我安慰策略的使用频率升高，说明幼儿的内部言语在不断发展，情绪调控策略更加自主、灵活，这一结果与蔡敬敏的结论相一致。[①]

通过比较不同留守类型的4—6岁留守幼儿情绪调控策略发现，在认知重建和发泄这两种情绪调控策略上存在显著的留守类型差异。父母双方外出的留守幼儿使用发泄策略的频率高于父母一方外出，而父母一方外出的留守幼儿使用认知重建策略的频率高于父母双方外出，此结果与陈淑莹等的研究结论相类似。[②] 父母一方外出相对于父母双方外出的留守幼儿更能够与父亲或母亲建立稳定的安全依恋关系。儿童早期的情绪调节能力主要在于对父母情绪应对方式的模仿，当自身产生消极情绪时，父母一方外出的留守幼儿可以通过模仿来学习父亲或母亲的情绪调控策略，从而有效解决情绪问题，特别是在采用认知重建等建设性调控策略方面显著多于父母双方外出的留守幼儿。父母双方外出的留守幼儿由于无法与父亲或母亲建立安全依恋关系，缺乏情绪应对方面的模仿对象，遇到情绪问题通常采用发泄、破坏性行为等非建设性情绪调控策略来处理。

第三节　留守幼儿情绪调控策略与
同伴关系的相关研究

一　同伴关系对留守幼儿社会性发展具有重要作用

同伴关系是指年龄相同或相仿的儿童之间建立的一种相互协作、共同活动的社会关系，或者指身心发展水平相当的儿童在互动过程中建立起来的人际交往关系。从交往的复杂程度来看，同伴关系可以划分为四个水平：人际交互水平、个体特征水平、双向关系水平与群体水平。群体水平的同伴关系指儿童与群体中不同个体之间的同伴接纳

---

① 蔡敬敏：《4—6岁留守幼儿移情、情绪调控策略和偏差行为的研究》，硕士学位论文，河北师范大学，2017年，第43页。

② 陈淑莹、陈姝娟、林雁英、刘恩恩、冯宝善：《3—6岁留守幼儿情绪调控策略研究》，《新课程研究》2015年第4期。

与拒绝，反映出个体潜在的社交能力。[①] 除了儿童成长过程中必不可少的亲子关系外，同伴关系是儿童早期第二大重要的人际关系类型，主要受到其自身社会交往能力、情绪情感调控和言语表达能力等方面的影响，其有利于儿童自我概念和人格的发展，并对儿童身心健康发展非常重要。

同伴接纳是一种积极的同伴关系质量表现，对幼儿的社会性发展起到促进作用，然而同伴拒绝作为消极的同伴关系质量表现，容易引起幼儿各类行为问题的发生，可能是留守幼儿心理适应的一个风险因素。[②] 此外，对于留守幼儿来说，父母的"长期缺位"致使其亲子关系疏远、家庭功能相对削弱。而监护人往往忽视留守幼儿对于亲密亲子关系的渴望和需求，进而导致留守幼儿的心理失衡现象，这种在亲子关系上的心理失衡会影响他们日常交往活动的态度和行为方式，尤其是在幼儿园中最为频繁发生的同伴交往。因此，同伴关系的质量水平对留守幼儿的社会性发展具有重要意义，并且这一关系的稳定发展一定程度上与留守幼儿的情绪调控策略相关。

二　留守幼儿同伴关系的特点

王红蕾等人的研究结果证明，交往对象、交往能力及情绪调控能力是留守幼儿同伴关系的主要影响因素。[③] 郑金霄认为留守幼儿的同伴交往问题主要集中在情绪障碍、亲社会行为及主动性、言语沟通表达等，这些因素均影响留守幼儿同伴关系的建立和发展。[④] 在国外寄养儿童的研究中，寄养本身在某种程度影响儿童的同伴关系。同伴关系不良包含朋友缺乏、年龄偏低、容易产生同伴冲突、同伴

---

① 参见王秋金《同伴拒绝/接纳与农村留守儿童学校幸福感之间的关系：教师支持的作用》，硕士学位论文，山东师范大学，2017年，第6页。

② 赵景欣、刘霞、张文新：《同伴拒绝、同伴接纳与农村留守幼儿的心理适应：亲子亲合与逆境信念的作用》，《心理学报》2013年第7期。

③ 王红蕾、姚丽霞：《留守幼儿同伴交往问题调查》，《幼儿教育》（教科学版）2007年第4期。

④ 郑金霄：《社会工作介入留守幼儿同伴交往能力提升研究——以遂川县D社区留守幼儿为例》，硕士学位论文，井冈山大学，2017年，第13页。

亲密度较低、同伴提名负面居多等特点，表现出影响友谊关系的破坏性行为模式。[1] 另有研究认为，寄养儿童的同伴关系存在性别差异，男孩比女孩拥有更和谐的同伴关系，根源可能在于性虐待造成的信任背叛，女孩相对男孩可能更容易遭受早期性虐待，对其社会交往产生更多不良影响。[2] 寄养儿童自身发展的不足造成其同伴关系恶性发展，在交往中亲密感缺乏，容易导致更多冲突，自身内外化问题可能进一步增加。

（一）研究目的

从同伴拒绝和同伴接受两个维度考察4—6岁留守幼儿的同伴关系发展特点，具体包括性别、年龄及留守类型等方面是否存在差异性，并分析造成差异的原因。

（二）研究对象

同本章第二节中参与情绪调控策略测查的120名留守幼儿。

（三）研究工具

同伴关系的测查以幼儿园中的自然班级为单位，选用同伴提名法，要求每个幼儿分别说出班上3个好朋友的名字、3个最喜欢的小朋友的名字，以及3个最不喜欢的小朋友的名字。为便于同伴提名分数在不同班级幼儿间比较，每个班级内的同伴提名频次都需要标准化。为考察留守幼儿同伴接受和同伴拒绝的水平，同伴接受指标为获得好朋友和最喜欢提名频次的Z分数平均值，同伴拒绝指标为获得最不喜欢提名频次的Z分数。

（四）研究结果

1. 4—6岁留守幼儿同伴关系的性别差异比较

为考察4—6岁留守幼儿同伴关系的性别差异问题，本书对留守

---

[1] Leslie, D. L., Philip A. F., David S. D., "Peer Relations at School Entry: Sex Differences in the Outcomes of Foster Care", *Merrill-Palmer Quarterly*, Vol. 53, 2007, pp. 557 - 577.

[2] Snyder, J., Brooker, M., Patrick, M. R., Snyder, A., Schrepferman, L., Stoolmiller, M., "Observed Peer Victimization during Early Elementary School: Continuity, Growth, and Relation to Risk for Child Antisocial and Depressive Behavior", *Child Development*, Vol. 74, 2003, pp. 1881 - 1898.

男、女孩同伴关系两个维度的分数进行独立样本 t 检验（结果见表
4 - 4）。

表 4 - 4　　　　4—6 岁留守幼儿同伴关系的性别差异比较

因变量	自变量	M	SD	t
同伴接受	男	- 0.27	0.89	1.53
	女	- 0.02	0.88	
同伴拒绝	男	0.60	1.31	- 2.64 *
	女	- 0.59	0.72	

经独立样本 t 检验结果表明，同伴接受不具有显著的性别差异
（p > 0.05）。

但在同伴拒绝上，女孩的同伴拒绝水平显著低于男孩（t = - 2.64，
p < 0.05）。

2. 4—6 岁留守幼儿同伴关系的年龄差异比较

为考察 4—6 岁留守幼儿同伴关系的年龄差异问题，本书对 4—6
岁不同年龄留守幼儿同伴关系得分进行单因素方差分析（结果见表
4 - 5）。

表 4 - 5　　　　4—6 岁留守幼儿同伴关系的年龄差异比较

因变量	自变量	M	SD	F
同伴接受	4 岁	- 0.20	0.86	0.26
	5 岁	- 0.08	1.03	
	6 岁	- 0.21	0.79	
同伴拒绝	4 岁	0.31	0.94	0.07
	5 岁	0.41	1.32	
	6 岁	0.39	1.12	

经单因素方差分析结果表明，4—6 岁留守幼儿同伴关系的年龄

差异不显著（p>0.05）。

3.4—6 岁留守幼儿同伴关系的留守类型差异比较

为考察不同留守类型下留守幼儿同伴关系的差异问题，本书对 4—6 岁不同留守类型留守幼儿的同伴关系得分进行独立样本 t 检验（结果见表 4 - 6）。

表 4 - 6　　　　4—6 岁留守幼儿同伴关系的留守类型差异比较

因变量	自变量	M	SD	t
同伴接受	父母双方外出	- 0.29	0.97	1.32
	父母一方外出	- 0.07	0.82	
同伴拒绝	父母双方外出	0.98	1.41	- 5.76 ***
	父母一方外出	0.08	0.51	

经独立样本 t 检验结果表明，不同留守类型留守幼儿的同伴接受水平不具有显著性差异（p>0.05）。但不同留守类型留守幼儿的同伴拒绝水平差异极其显著（t = - 5.76，p<0.001），具体表现为父母一方外出的留守幼儿的同伴拒绝水平显著低于父母双方外出的留守幼儿。

（五）分析与讨论

留守幼儿同伴关系中的同伴拒绝维度上性别差异较显著，女童的同伴拒绝水平显著低于男童，这与王秋金和展宁宁的研究结果相一致。[1][2] 可见，留守女童的同伴关系优于留守男童。究其原因，可能在于留守男童和女童同伴交往能力方面的差异。女童在同伴交往过程中善于借助较丰富的口语交流表达，交往行为是友好、主动的，与同伴相处的方式大多也是积极、正向的。而男童在交往过程中行动多于言语，表现出更多的粗暴无礼、攻击、欺负等问题行

---

① 王秋金：《同伴拒绝/接纳与农村留守儿童学校幸福感之间的关系：教师支持的作用》，硕士学位论文，山东师范大学，2017 年，第 7 页。
② 展宁宁：《农村留守幼儿的情绪理解能力与侵犯性和同伴关系的关系》，《社会心理科学》2014 年第 10 期。

为,[1] 同伴接纳分数明显低于女童,同伴拒绝得分显著高于女童。另外,留守幼儿同伴关系的年龄差异比较显示,4—6 岁留守幼儿的同伴关系不具有显著的年龄差异,这一结果与刘少英等人的结论一致。[2]

通过对不同留守类型下留守幼儿的同伴关系进行比较发现,留守幼儿同伴拒绝得分的留守类型差异显著,父母双方外出的留守幼儿的同伴拒绝水平明显高于父母一方外出的留守幼儿,此结果与阮杰的结论一致。[3] 母亲的养育能够促进留守幼儿的社会性和交往能力良性发展,从而有助于留守幼儿建立积极、良好的同伴关系。然而,父母双方都外出务工的留守幼儿交由祖辈抚养,祖辈和幼儿之间缺乏必要的情感沟通,导致幼儿的言语表达、情绪情感等方面发展缓慢,加之祖辈抚养多采用溺爱型教养方式,留守幼儿容易产生某些心理问题,如任性、自私、娇气、冷漠等,有时还会伴随攻击、社交退缩等外部行为问题。这些心理及行为问题会直接影响留守幼儿的同伴交往状况,使其在与同伴游戏和交往过程中缺乏基本的交往技能、我行我素、不合群、过度自我中心,进而引发更多的同伴拒绝。

三　留守幼儿的情绪调控策略与同伴关系的相关

根据依恋理论,儿童早期情绪调控策略的发展很大程度上受父母相关技能的影响。当幼儿产生强烈的同伴交往需求时,他们的情绪调控技能也在不断发展。幼儿的情绪调控技能可以理解为一种策略或一种机制,他们会把家庭中学到的情绪调控技能应用到幼儿园中的同伴交往领域。幼儿越善于调控自身的消极情绪,在同伴互动中就越能体现出高水平的交往能力,反之则交往能力越差。情绪调

---

[1]　阮杰:《河北省农村5—6 岁留守幼儿同伴交往能力研究》,硕士学位论文,河北大学,2018 年,第14 页。

[2]　刘少英、王芳、朱瑶:《幼儿同伴关系发展的稳定性》,《心理发展与教育》2012 年第6 期。

[3]　阮杰:《河北省农村5—6 岁留守幼儿同伴交往能力研究》,硕士学位论文,河北大学,2018 年,第20 页。

控能力不足的幼儿在同伴交往中经常表现出缺乏自控力、攻击性强等行为特征，进而遭到同伴的孤立和拒绝。[1] 低水平的情绪调控策略与高水平的外化行为问题相关，可以预测高水平的同伴排斥。相反，高水平的情绪调控策略与低水平的内化症状相关，可以预测稳定的高水平的同伴接纳。综上所述，幼儿的情绪调控策略对其同伴关系具有一定的预测作用，建设性的、积极的情绪调控策略可以正向预测同伴接受水平，而非建设性的、消极的情绪调控策略能够正向预测同伴拒绝水平。

由于父母缺位，留守幼儿与监护人之间的依恋关系不太稳定，使得留守幼儿想要与监护人进行情感交流时会遇到阻碍。当他们出现消极情绪时，因已有的认知结构中缺少有效的情绪调控策略，造成无法处理与应对不良情绪，进而导致更严重的内外化问题等，影响他们同伴交往时被接纳的程度。上述研究显示留守幼儿在解决情绪问题时较多采取消极的发泄、被动应付和替代活动策略，而较少选择积极的认知重建策略，说明留守幼儿认知能力有限，一定程度上限制了情绪调控策略的建构和发展，而消极的情绪调控策略反向预测同伴关系。[2]

为考察留守幼儿情绪调控策略与同伴关系的内在关联，本书将两个变量进行相关分析。结果显示（见表4－7），问题解决策略与同伴接受存在显著正相关（$r = 0.182$，$p < 0.05$）；替代活动、认知重建、自我安慰及被动应付策略与同伴接受相关均不显著（$p > 0.05$）。自我安慰、认知重建策略与同伴拒绝均呈现显著负相关（$r = -0.195$，$p < 0.05$；$r = -0.389$，$p < 0.01$），发泄、问题解决策略与同伴拒绝均呈现显著正相关（$r = 0.644$，$p < 0.01$；$r = 0.238$，$p < 0.01$）。

---

① Hanish, L. D., Eisenberg, N., Fabes, R. A., Spinrad, T. L., Ryan, P., & Schmidt, S., "The Expression and Regulation of Negative Emotions: Risk Factors for Young Children's Peer Victimization", *Development and Psychopathology*, Vol. 16, 2004, pp. 335 – 353.

② 陈淑莹、陈姝娟、林雁英、刘恩恩、冯宝善：《3—6 岁留守幼儿情绪调控策略研究》，《新课程研究》2015 年第 4 期。

表4-7　　4—6岁留守幼儿情绪调控策略与同伴关系的相关分析

	同伴接受	同伴拒绝
认知重建	0.072	-0.389**
替代活动	0.049	-0.104
自我安慰	0.103	-0.195*
问题解决	0.182*	0.238**
发泄	-0.019	0.644**
被动应付	-0.042	-0.093

通过结果分析可知，留守幼儿情绪调控策略中的自我安慰、认知重建与同伴拒绝均存在显著负相关关系，发泄与同伴拒绝存在显著正相关关系。可见，相比非建设性情绪调控策略，使用建设性情绪调控策略的留守幼儿的同伴拒绝水平相对较低。情绪调控策略中的认知重建、替代活动、自我安慰与问题解决策略使用越多的留守幼儿，其同伴接受程度越高。相反地，发泄策略使用越多的留守幼儿，其同伴拒绝程度越高。问题解决策略与同伴接受、同伴拒绝均呈显著正相关关系，且同伴接受的相关程度明显低于同伴拒绝。究其原因，我们认为留守幼儿虽然选择了问题解决策略，但他们的解决方式和行为具有较强的强制性、攻击性，在其负性情绪有所下降的同时，也给同伴造成一定意义上的消极影响，使同伴对其产生一定的排斥心理，导致同伴拒绝程度增高。

四　教育建议

（一）养育者应重视留守幼儿的消极情绪，培养积极情绪调控策略

影响留守幼儿情绪调控能力及情绪调控策略发展的因素除了留守幼儿自身的气质以外，家庭环境及养育者的日常互动对其尤为重要。留守幼儿所处的家庭环境、人物关系是其情感的寄托，也正是在与家庭成员的互动中，学习如何表达自身的情感、控制调节自身的消极情绪以及沟通、交流、维护人际关系。因此，养育者对培养留守幼儿积

极情绪调控策略至关重要。

一是树立科学的教育观念，以留守幼儿为本位。科学的教育观念，要坚持以促进留守幼儿身心的健康发展为核心要义，站在留守幼儿的角度，考量留守幼儿的实际需要，尊重他们的个体差异、人格特质等，理解和爱护留守幼儿，为他们提供一个良好、健康的情绪学习和发展环境。

二是养育者正确应对留守幼儿的消极情绪。父母支持性应对方式，如鼓励情绪表达、关注情绪、问题解决等，有助于缓解幼儿的消极情绪，塑造幼儿情绪调控能力的发展。所以，养育者应重视留守幼儿消极情绪，若出现不良反应，应及时采取支持性应对，而不是冷漠、忽视、惩罚等非支持性应对，引导留守幼儿恰当地采用情绪调控策略来处理自己的消极情绪，从而帮助留守幼儿提升积极情绪调控策略的发展。

三是养育者的"榜样"作用。在留守幼儿的成长阶段中，养育者的情绪行为、情绪调控策略是其情绪学习的主要参照模板，养育者对消极情绪的积极表现能为留守幼儿提供参照调适的策略、体验，并通过良好的榜样作用促进留守幼儿情绪调控策略的发展，进而有利于留守幼儿情绪情感的健康发展，并为其社会性发展打下良好的基础。

（二）教师扮演"协调者"角色，促进幼儿良好同伴关系的发展

对于留守幼儿来讲，师幼关系是其建立良好人际关系的重要组成部分，教师与留守幼儿的联系紧密，相处时间也比非留守幼儿更长，使得留守幼儿与教师之间更容易形成一种依恋关系，这种关系在留守幼儿看来具有独特性。教师可以通过这种特殊的依恋关系以身试教，促进留守幼儿与其同伴之间建立良好的互动与沟通。

一方面，幼儿教师是留守幼儿同伴交往过程中的协调者，鼓励留守幼儿尝试与不同的班级伙伴建立同伴关系，发展自身的社会交往网络。教师的鼓励和指导能够有效地引导留守幼儿在日常生活中通过积极建立友好的同伴关系，获得较稳定的安全感、满足感、幸福感和支持，这不仅有助于其情绪情感的发展，同时也能促进留守幼儿言语表达和社会性发展。教师帮助留守幼儿正确处理与同伴之间的矛盾与冲

突，平等地对待每一个幼儿，接受他们的个体差异，从而有效地帮助留守幼儿积极建立和发展同伴关系。

另一方面，幼儿教师应组织班上的幼儿创设一个温馨、安全、友善的班级氛围，让留守幼儿能轻松、愉悦地在这样一个环境下，积极开展交流与沟通，发展语言表达、情绪理解、情绪调控等能力，在环境的熏陶下，提高自身的言语表达、情绪理解、情绪调控等能力，从而更好地开展与同伴之间的沟通交流，建立良好的同伴关系。

（三）教师引导留守幼儿使用积极的情绪调控策略，帮助其建立良好的同伴关系

留守幼儿的情绪调控策略影响其同伴关系的发展，建设性的情绪调控策略促进同伴关系的良好发展，而非建设性的情绪调控策略不利于同伴关系的维持。因此，教师应引导留守幼儿在情绪情境下，更多可能地去选择积极的情绪调控策略来处理情境环境中的各类问题和争执，这样不仅能有效地缓解消极情绪对自身的影响，而且能更好地处理与同伴之间的关系，提高同伴的亲密感和认同感，从而提升同伴接受的水平，促进良好的同伴关系的建立和发展。

首先，教师可以利用绘本故事阅读等方法，加强对留守幼儿情绪调节策略的指导。在教学过程中，教师可以借助以情绪情感为主题的绘本故事作为教学材料，通过向幼儿展示更直观、生动的图片，使留守幼儿进入具体的情绪情境，理解绘本故事中主人公的情绪情感，加深留守幼儿对某种情绪情感的体验，引导幼儿学习并正确选择合适的情绪调控策略。通过学习绘本故事中情绪调节策略来强化自身应对情绪情境的经验，更好地处理消极情绪，最大限度地减缓负性情绪带来的危害，进而提高情绪调控能力，使情绪社会化水平更高。在与幼儿园同伴互动、交往的过程中，学到的建设性策略会帮助留守幼儿合理地进行情绪调控，获得同伴的支持和认可，从而维持更好的同伴关系。

其次，教师还可以运用日常的各类活动，让留守幼儿在活动中放松心态，通过活动的形式帮助留守幼儿加强与同伴之间的互动交流、情感沟通。鼓励留守幼儿在与同伴互动中遇到情绪问题时，正确面

对，尝试运用积极的情绪调控策略来处理问题。教师在一旁做好指导和引导工作，以便在留守幼儿出现极端行为时，协助其及时处理和应对，以此来加强留守幼儿积极情绪调控策略的使用，减少消极情绪调控策略使用的概率，从而协助留守幼儿进行积极、有效的同伴交往。

最后，教师应重视家园共育对留守幼儿情绪调控策略发展的重要性。幼儿园内建立的友好同伴关系、人际交往可以使留守幼儿获得更多的社会性支持，能在一定程度上减少留守幼儿的心理压力和不良情绪，有利于留守幼儿情绪调控策略的进一步发展。但是如果缺乏家庭的配合，留守幼儿的这类良好表现将仅仅只局限于园内生活。因此，幼儿园与家庭的共育共教、相互配合对留守幼儿情绪调控策略的发展尤为重要，并为其同伴关系的发展提供了支撑作用。

第四节　留守幼儿的嫉妒情绪、情绪调控策略对同伴关系的影响

嫉妒是复杂的认知、情绪和行为三方面的结合体，是一种普遍意义上的社会经验。[①] 这种三位一体的性质体现在嫉妒有价值的或被爱的个体、竞争对手自身或他们正在进行的活动、拥有的事物等。当个人开始对嫉妒物保持注意的时候，嫉妒就油然而生了，它的发生伴随一系列的情绪反应，比如愤怒、焦虑或者悲伤。嫉妒情绪是指某人产生渴望获得别人拥有的事物同时又害怕自己无法获得时萌生出来的焦虑、愤怒、自卑、不满等混合的、复杂的负性情绪。这种复杂的情绪必定在产生嫉妒情结的情境中形成。[②] 嫉妒情绪是儿童早期主要的消极情绪之一，对于幼儿身心健康发展极其不利。幼儿长到 3 岁时，由家庭进入幼儿园这一大环境，同伴群体的互动逐渐取代父母的陪伴，

---

① Volling, B. L., Mc Elwain, N. L., Miller, A. L., "Emotion Regulation in Context: The Jealousy Complex among Young Siblings and Its Relations with Child and Family Characteristics", *Child Development*, Vol. 73, 2002, pp. 581 – 600.

② White, G. L., Mullen, P. E., *Jealousy: Theory, Research and Clinical Strategies*, New York: Guilford, 1989, p. 45.

影响幼儿的社会性发展。同伴社交关系网络中存在的嫉妒情绪包括两种，一种叫作关系嫉妒，指幼儿因第三方参与到自己与好朋友的关系中，进而剥夺了原先只属于自己的被关注感，体会到第三方对自身良好友谊及同伴关系的威胁，逐渐衍生出嫉妒情绪。[①] 另一种指在社会比较情境下，幼儿因与其他同伴相互比较而产生的心理落差；同伴有的东西自己没有，但自己又很喜欢，进而产生针对同伴的嫉妒情绪。[②] 上述两种嫉妒情绪在幼儿的日常生活中最为常见，对幼儿的同伴交往具有负面影响。

已有研究尚未将嫉妒情绪作为留守幼儿的情绪问题进行过系统研究。留守幼儿与父母之间缺乏安全的依恋关系，精神需求和物质需求都得不到及时满足，这种情况下，相比非留守幼儿，留守幼儿在社会比较水平上的嫉妒情绪更容易出现。如果嫉妒情绪得不到必要的引导和缓解，极易因嫉妒心理引发外化攻击行为，阻碍留守幼儿的良性社会性发展。

上述研究发现，留守幼儿较多地采用非建设性的情绪调控策略，对其同伴拒绝水平具有正向的预测作用，不利于同伴关系的良性发展。嫉妒情绪本身也是一种负性情绪，需要积极的情绪调控策略来应对，同时嫉妒情绪在同伴互动和交往过程中起到消极作用，可能会影响到同伴交往的亲密度及质量。那么，留守幼儿的嫉妒情绪、情绪调控策略及同伴关系三者的关系如何？有待进一步探究。

一　留守幼儿嫉妒情绪的发展特点

史占彪等人研究了嫉妒的概念界定、理论模型、嫉妒情绪体验及嫉妒评价等内容。[③] 张玉洁、许远理针对幼儿嫉妒发展问题，提出

---

① Caroline, K., Lara, M., "Associations Among Friendship Jealousy, Peer Status, and Relational Aggression in Early Adolescence", *Journal of Early Adolescence*, Vol. 29, 2016, pp. 1–23.

② Salovey P., Rodin, J., "The Differentiation of Social-Comparison Jealousy and Romantic Jealousy", *Journal of Personality and Social Psychology*, Vol. 50, No. 6, 1986, pp. 1100–1112.

③ 史占彪、张建新、李春秋：《嫉妒的心理学研究进展》，《中国临床心理学杂志》2005 年第 1 期。

0—5 岁幼儿嫉妒情绪发展的三个阶段：（1）初级形式嫉妒，6—12 个月；（2）无区分嫉妒，1—3 岁；（3）有区分嫉妒，3—5 岁。他们指出 3—5 岁幼儿的嫉妒反应是伴随认知能力的发展而开始分化的。[①] 陈俊赢认为中国幼儿嫉妒的结构包含关系威胁和自尊威胁，并且将嫉妒发展的年龄阶段划分为本能的嫉妒反应（6—12 个月）、无差别的嫉妒反应（1—3 岁）和有差别的嫉妒反应（3—6 岁）三个阶段。[②] 3—6 岁的幼儿正处于有差别的嫉妒反应时期。这一阶段幼儿的认知、言语和行为得到了进一步的发展，他们的嫉妒情境理解和嫉妒情绪反应则更加丰富。对嫉妒情绪的表达有了不同的认识，会从养育者的身上学习不同的表达方式，可能会采取较为温和的言语表达，或者是较为粗暴的反抗方式；并且这一时期的嫉妒情绪和反应有所区分，对同龄人的嫉妒更为强烈。同时，随着言语表达和认知的不断发展，嫉妒情绪的发展也会具有年龄差异性。

张燕燕等利用嫉妒诱导实验考察婴儿嫉妒心理的发展，结果表明，10 个月大的婴儿已经开始表现出嫉妒心理，并且患病婴儿的嫉妒心理明显强于健康婴儿，这可能与亲子依恋存在某种关联。[③] 研究发现，8 个月大的婴儿就由于母亲的应对行为产生嫉妒反应，同时伴随皱眉、哭泣等痛苦的面部表情。[④] 嫉妒行为也包括对父母或兄弟姐妹的敌对态度和行为，比如嘀咕或者打人。依据嫉妒发展相关理论，嫉妒是一种随年龄的增长而不断变化的心理倾向，在以依赖性、亲密度、承诺等为特征的社会关系中容易发生，包括亲子关系、夫妻关系及同伴关系等。一项关于幼儿嫉妒的研究发现，幼儿的嫉妒情结表现为情绪（愤怒、悲伤）与行为（敌意、分心）的组合。嫉妒情结对

---

① 张玉洁、许远理：《0—5 岁幼儿嫉妒情绪的发展》，《中国幼儿保健杂志》2011 年第 3 期。

② 陈俊赢：《3—6 岁幼儿嫉妒结构、发展特点及内在相关因素研究》硕士学位论文，辽宁师范大学，2014 年，第 25—27 页。

③ 张燕燕、姜涛、杜春娟、朱淑霞：《滨州市婴儿嫉妒心理发展的调查研究》，《广东医学》2017 年第 7 期。

④ Masciuch, S., Kienapple, K., "The Emergence of Jealousy in Children 4 Months to 7 Years of Age", *Journal of Social and Personal Relationships*, Vol. 10, 1993, pp. 421 –435.

社会环境的变化非常敏感，在不同的社会情境下呈现出不同模式。幼儿的嫉妒情绪与嫉妒行为之间存在显著的正相关关系。[①] 随着幼儿自我意识的不断发展，在社会比较情境下，嫉妒并不限定于亲子关系，它会扩展到同伴关系中，表现出的情绪、言语、行为等方面的特征也更加丰富。

（一）研究目的

考察 4—6 岁留守幼儿嫉妒情绪在不同性别、年龄及留守类型上的差异是否显著，进而分析各人口统计学变量上差异发生的原因。

（二）研究对象

同本章第三节中参与情绪调控策略、同伴关系测查的 120 名留守幼儿。

（三）研究工具

嫉妒情绪材料选取贴近现实生活的 9 个同伴社会比较情境故事。研究人员参考张金荣修编的《幼儿嫉妒编码和计分表》进行维度设计。在实验过程中每讲述完一个故事，让幼儿做出嫉妒与否的判断，如果回答"是"计 1 分，回答"否"则计 0 分，幼儿得分在 0—9 分。分数越高表明幼儿的嫉妒情绪越强烈。

（四）研究结果

1. 4—6 岁留守幼儿嫉妒情绪的性别差异比较

为了考察 4—6 岁留守幼儿嫉妒情绪在不同性别上是否存在差异，本书将男、女孩的嫉妒情绪分数进行独立样本 t 检验（结果见表 4 - 8）。

表 4 - 8　　　　　4—6 岁留守幼儿嫉妒情绪的性别差异比较

因变量	自变量	M	SD	t
嫉妒情绪	男	6.56	2.01	-1.656
	女	5.98	1.68	

[①] White, G. L., Mullen, P. E., *Jealousy: Theory, Research and Clinical Strategies*, New York: Guilford, 1989, p. 103.

通过对4—6岁留守男、女孩的嫉妒情绪得分进行比较可知，留守幼儿嫉妒情绪的性别差异不显著（p>0.05）。

2.4—6岁留守幼儿嫉妒情绪的年龄差异比较

为了考察4—6岁留守幼儿在嫉妒情绪上的年龄差异，本书将不同年龄留守幼儿的嫉妒情绪分数进行单因素方差分析（结果见表4-9）。

表4-9　　　　　　　4—6岁留守幼儿嫉妒情绪的年龄差异比较

因变量	自变量	M	SD	F
嫉妒情绪	4 岁	7.14	1.51	17.403 ***
	5 岁	6.85	1.61	
	6 岁	5.12	1.86	

由结果可知，不同年龄留守幼儿嫉妒情绪的差异极其显著（F = 17.403，p < 0.001）。经事后检验得出，4 岁留守幼儿的嫉妒情绪分数显著高于 6 岁留守幼儿（M_{4-6} = 2.019，p < 0.001），5 岁留守幼儿的嫉妒情绪分数也显著高于 6 岁留守幼儿（M_{5-6} = 1.734，p < 0.001）。

3.4—6岁留守幼儿嫉妒情绪的留守类型差异比较

为了考察4—6岁留守幼儿在嫉妒情绪上的留守类型差异，本书将不同留守类型留守幼儿的嫉妒情绪分数进行独立样本 t 检验（结果见表4-10）。

表4-10　　　　　　4—6岁留守幼儿嫉妒情绪的留守类型差异比较

因变量	自变量	M	SD	t
嫉妒情绪	父母双方外出	7.35	1.53	-5.891
	父母一方外出	5.53	1.77	

通过对两种留守类型下留守幼儿的嫉妒情绪进行比较，发现4—6岁留守幼儿的嫉妒情绪在父母双方外出和父母一方外出之间差异不显著（p>0.05）。

（五）分析与讨论

通过对不同性别留守幼儿的嫉妒情绪进行比较，结果发现性别差异不显著。已有研究中3—6岁幼儿的嫉妒情绪是存在明显性别差异的，本书结果不一致的可能原因有两点：第一，留守幼儿的性别角色意识不如非留守幼儿强。留守幼儿的社会性发展是具有一定程度缺陷的，性别角色意识是幼儿阶段社会化的重要内容，留守幼儿的性别角色社会化同样出现偏差，故留守男童与女童的性别角色意识分化不明显。第二，留守幼儿的嫉妒情绪与其情绪调控策略相关。一般情况下，男童更多地使用以攻击性、情绪化为主要特征的非建设性情绪调控策略，不容易控制消极情绪，女童更多地使用建设性情绪调控策略，能主动、有效地缓解自身的负性情绪，包括嫉妒情绪，所以非留守幼儿嫉妒情绪的性别差异较显著。由上述内容可知，留守幼儿的情绪调控策略不存在显著的性别差异，进而影响到对嫉妒情绪的控制与调节，表现出嫉妒情绪得分无性别差异。

通过对不同年龄留守幼儿的嫉妒情绪进行比较，表明嫉妒情绪的年龄差异非常显著，4岁和5岁留守幼儿的嫉妒情绪强度均显著高于6岁留守幼儿。笔者推测，4—6岁留守幼儿的嫉妒情绪水平会因年龄增长而逐渐降低，此结果与陈俊赢的研究结论[1]相一致，再次验证了幼儿嫉妒情绪的发展趋势。

通过对不同留守类型留守幼儿的嫉妒情绪进行比较，发现嫉妒情绪在留守类型上差异不显著。首先，无论是父母双方还是一方外出务工，父母双亲在养育过程中该扮演的角色对留守幼儿来讲都是严重缺位的。家庭结构和功能中都缺乏了主要养育者，不能很好地发挥家庭对留守幼儿的精神抚慰及教育作用。其次，在缺乏主要养育者的情况下，容易影响留守幼儿安全依恋的形成，祖代教养的依恋关系存在一定的纵容、溺爱，父亲教养的散漫和母亲教养的严厉，都对留守幼儿独立人格特质的形成具有一定的阻碍作用，导致其在社会比较情境

---

① 陈俊赢：《3—6岁幼儿嫉妒结构、发展特点及内在相关因素研究》，硕士学位论文，辽宁师范大学，2014年，第61页。

下，留守类型对嫉妒情绪水平高低的影响不具有显著差异。

二 留守幼儿嫉妒情绪与情绪调控策略的相关研究

适应性情绪调控指运用建设性策略减少消极情绪反应或增加、维持积极情绪体验，使个体以一种他人可接受的方式方法对情境事件进行反应。[①] 虽然情绪调控在不同的环境中表现不尽相同，但较为稳定的情绪调控个体差异甚至在儿童早期就显露出来。关于儿童情绪调控能力的研究同时揭示了熟练的情绪调控与压力及威胁适应之间的紧密联系。[②] 嫉妒情绪涉及强烈的情绪冲突，情绪调控策略对于嫉妒情绪的缓解起到不容忽视的作用。如何应对嫉妒情绪？在完成与对手关系的威胁性评估后，个体可以使用如下几种情绪调控策略，包括合理地调解与对手的关系、寻求除对手外其他人的支持、尝试改善自身关系网及寻找替代性快乐来源。[③] 目前针对幼儿嫉妒情绪的行为干预研究主要集中在以下三种：（1）引导幼儿缓解敌意；（2）试图干涉幼儿人际关系；（3）指导幼儿在嫉妒情绪出现后该如何使用应对策略，如替代活动等。

4—6岁留守幼儿的情绪理解及调控能力伴随着认知的发展有了一定进步，能正确认识嫉妒情绪的同时，能够在社会比较情境下选择适当的情绪调控策略来帮助自身应对这一负性情绪。相对于非留守幼儿，留守幼儿的情绪调控策略发展可能较为缓慢，或者还不够完善。在日常生活和交往中，笔者也能观察到他们尝试运用一些策略、方式来处理自己的嫉妒情绪，但采用的策略和方式具有一定的偏激、攻击性，或者选择冷处理、转移等应对方式。嫉妒情绪是阻碍幼儿情绪社会化的负性情绪之一，选择合理、积极的情绪调控策略能够帮助留守

---

① Gross, J. J., *Handbook of Emotion Regulation*, New York: Guilford Press, 2014, pp. 65 – 68.

② Eisenberg, N., Spinrad, T. L., Eggum, N. D., "Emotion-Related Self-Regulation and Its Relation to Children's Maladjustment", *Annual Review of Clinical Psychology*, No. 6, 2010, pp. 495 – 525.

③ White, G. L., Mullen, P. E., *Jealousy: Theory, Research and Clinical Strategies*, New York: Guilford, 1989, p. 89.

幼儿正确应对社会比较情境下的嫉妒情绪，从而更好地促进其情绪情感的健康发展。

那么，4—6 岁留守幼儿的嫉妒情绪与情绪调控策略间究竟存在怎样的内在关系呢？针对这一问题，我们首先将两者进行相关分析，结果见表 4 - 11。

表 4 - 11　　4—6 岁留守幼儿嫉妒情绪与情绪调控策略的相关分析

	认知重建	替代活动	自我安慰	问题解决	发泄	被动应付
嫉妒情绪	- 0.308 **	- 0.081	- 0.284 **	0.284 **	0.585 **	- 0.209 **

结果显示，留守幼儿的嫉妒情绪与认知重建、自我安慰和被动应付策略均呈显著负相关（r = - 0.308，p < 0.01；r = - 0.284，p < 0.01；r = - 0.209，p < 0.01）；嫉妒情绪与问题解决、发泄策略均呈显著正相关（r = 0.284，p < 0.01；r = 0.585，p < 0.01）；嫉妒情绪与替代活动策略相关不显著（r = - 0.081，p > 0.05）。

认知重建、自我安慰策略属于积极、主动的情绪调控策略，可以减轻留守幼儿因嫉妒情绪造成的自责、焦虑、痛苦等不良情绪体验。个体使用中立式和回避式的情绪调节策略（如被动应付）越多，嫉妒情绪体验也就会越少。[1] 留守幼儿嫉妒情绪与宣泄策略存在显著正相关，可见个体宣泄策略使用越频繁，其嫉妒情绪水平也就越高。[1]然而，嫉妒情绪与问题解决策略也呈现正相关关系，可能因为留守幼儿一般在与同伴进行社会比较时运用问题解决策略，该策略在使用中带有攻击性、强制性和指向性，这种夹杂消极色彩的问题解决除了无法消除留守幼儿的嫉妒情绪外，反而会助长嫉妒情绪。

三　留守幼儿嫉妒情绪与同伴关系的相关研究

嫉妒是一种有价值的适应性情绪，不仅可以维持正常的人际关

---

① 李娜：《成人依恋、嫉妒和情绪调节的关系研究》，硕士学位论文，西北师范大学，2012 年，第 55 页。

系，也会导致问题行为的发生，如攻击行为等。[①] 嫉妒情绪与爱相关
联，它有可能发生在任何亲密关系中（比如恋人、家人、朋友关系
等）。正因为嫉妒是一种常见的社会情绪，它会伴随人际关系性质的
改变而发生变化。在幼儿入园以后，同伴群体在他们生活中的重要性
和作用力随时间推移在不断增加，[②] 维持与同伴已经建立起的友谊关
系就显得尤为重要。不是所有的同伴关系在质量上都是一致的，当外
界发生同伴排斥和同伴欺凌时，同伴关系网络就会面临重组，幼儿如
果觉察到原本属于两个人的友谊关系受到第三方的威胁和挑衅时，就
会产生嫉妒情绪。[③] 有研究认为，在进行向上的社会比较时，自尊参
与程度更大，个体表现出更强烈的嫉妒情绪。[④] 但无论是向下还是向
上的社会比较，个体都会受到嫉妒情绪所带来的心理伤害，进而影响
其同伴关系或朋友关系。

留守幼儿由于家庭功能的削弱，在进入教育环境后，同伴关系
对他们至关重要。他们常常会因为关系的独特性、自尊问题和社会
比较产生嫉妒情绪，并且由于他们自身言语发展、认知的不够完善，
在处理此类问题时，较多表现出行为问题，严重的时候会伴随一些
攻击性行为，从而影响他们与同伴之间的友好相处，并对自己社交
网络的构成产生不良影响，降低同伴的接纳度。同时，在日常的生
活和教育活动中，我们不难发现一些留守幼儿在社会比较情境下，
通过言语、表情、行为等方式对同伴表现出嫉妒情绪，并且不能较

---

① Parker, J. G., Kruse, S. A., Aikins, J. W., *When Friends Have Other Friends. In Handbook of Jealousy: Theory, Research, and Multidisciplinary Approaches*, Wiley-Blackwell, 2010, pp. 516 – 546.

② Collins, W. A., Laursen, B., "Changing Relationships, Changing Youth: Interpersonal Contexts of Adolescent Development", *Journal of Early Adolescence*, Vol. 24, 2004, pp. 55 – 62.

③ Goldbaum, S., Craig, W. M., Pepler, D., Connolly, J., *Developmental Trajectories of Victimization: Identifying Risk and Protective Factors*, New York: Haworth Press, 2007, pp. 143 – 160.

④ Hannah, K. L., Anna, L., Catrin, F., Isabela, G., "Jealousy in Adolescents' Daily Lives: How Does It Relate to Interpersonal Context and Well-Being", *Journal of Adolescence*, Vol. 54, 2017, pp. 18 – 31.

好地缓解嫉妒情绪对自身产生的不良影响。言语和行为的攻击性质增加同伴对他们的拒绝，减少同伴接受水平，从而导致同伴关系的发展受到影响。这些都从一定程度上对留守幼儿情绪情感和社会性发展产生消极影响。

为了探究4—6岁留守幼儿嫉妒情绪与同伴关系的内在关联，我们对两者进行了相关分析。

表4－12　　4—6岁留守幼儿嫉妒情绪与同伴关系的相关分析

	同伴接受	同伴拒绝
嫉妒情绪	－0.063	0.489 **

由表4－12结果可知，留守幼儿的嫉妒情绪与同伴拒绝存在显著正相关关系（r＝0.489，p＜0.01），说明留守幼儿的嫉妒情绪越强烈，其同伴拒绝水平也就越高。而嫉妒情绪与同伴接受的相关不显著（r＝－0.063，p＞0.05）。

从留守幼儿嫉妒情绪与同伴关系的相关分析可以看出，嫉妒情绪只与同伴拒绝水平存在正相关。人的社会交往需要使得个体希望被同龄群体所接纳，当个体在某一社会情境下受到排挤或者打压，以致需要不能满足时，嫉妒情绪便会油然而生。同时这种社交排斥进一步加深个体对嫉妒情绪的体验。[1] 由此可以推测，留守幼儿在幼儿园环境中也同样渴望融入同伴群体，在一种同伴拒绝水平相对较高的环境下，嫉妒情绪便会被诱发。留守幼儿较强的嫉妒情绪伴随着某种程度的攻击行为和破坏行为，影响其同伴关系的良性发展。

四　留守幼儿嫉妒情绪、情绪调控策略与同伴关系的回归分析

嫉妒情绪是一种伴随认知和环境的影响而产生的消极情绪，不利

① Hannah, K. L., Anna, L., Catrin, F., Isabela, G., "Jealousy in Adolescents' Daily Lives: How Does It Relate to Interpersonal Context and Well-Being", *Journal of Adolescence*, Vol. 54, 2017, pp. 18－31.

于幼儿时期同伴关系的良好发展,而情绪调控策略能有效地帮助个体调控不良情绪,以更好地应对问题情境和消极情绪对个体自身的影响。因此,4—6岁留守幼儿由于其家庭成长环境的影响,嫉妒情绪、情绪调控策略对其同伴关系的良好发展有着重要的作用。但是情绪调控策略中哪些策略在嫉妒情绪对同伴关系的影响中起作用,以及起什么样的作用,这些问题都是值得我们去深入研究的。

根据以上研究结果,4—6岁留守幼儿嫉妒情绪、情绪调控策略均与同伴关系存在显著相关,笔者进一步运用逐步回归法分析嫉妒情绪、情绪调控策略对同伴关系的预测作用,相关不显著的因子均不纳入回归方程。

表4-13 4—6岁留守幼儿嫉妒情绪、情绪调控策略与同伴关系的回归分析

因变量	自变量	R	R^2	$\triangle R^2$	B	β	t
同伴拒绝	嫉妒情绪	0.489	0.239	0.239	0.293	0.489	6.083***
	发泄策略	0.663	0.440	0.201	0.634	0.612	6.149***

由表4-13可知,以留守幼儿同伴关系中的同伴拒绝为因变量,嫉妒情绪和情绪调控策略中的发泄策略为自变量建立的回归方程拟合度较好。留守幼儿的嫉妒情绪可以显著正向预测同伴拒绝水平(β= 0.489,p < 0.001),能够解释同伴拒绝变异的23.9%。情绪调控策略中的发泄策略也可以显著正向预测同伴拒绝水平(β = 0.612,p < 0.001),能够解释同伴拒绝变异的20.1%。

回归分析结果表明,留守幼儿的嫉妒情绪对同伴拒绝水平具有显著正向预测作用,嫉妒情绪越强烈,同伴拒绝水平也就越高。留守幼儿在与同伴的社会比较情境中很容易滋生嫉妒情绪,这种消极情绪如果得不到妥善处理,在同伴互动过程中必然因宣泄嫉妒情绪而出现攻击行为等问题行为,这样的话导致同伴拒绝水平的大幅度提高,不利于同伴关系的正常发展。留守幼儿情绪调控策略中的发泄策略对其同伴拒绝也具有显著正向预测作用。留守幼儿越是较多采用非建设性发

泄策略，其同伴拒绝水平也就越高，这与之前的研究结果相一致。建设性的情绪调控策略有利于留守幼儿维护良好的同伴关系，降低与同伴之间发生冲突、争执的频率，同伴接受水平显著提高；非建设性策略尤其是发泄策略，会使其同伴关系遭到严重破坏，进而促进同伴拒绝水平不断提升。

五　留守幼儿的发泄策略在嫉妒情绪与同伴拒绝间的中介效应分析

由上述研究结果可知，嫉妒情绪与发泄策略存在显著正相关关系，嫉妒情绪和发泄策略均对同伴拒绝具有正向预测作用，进而引发笔者做出留守幼儿的发泄策略在嫉妒情绪与同伴拒绝水平间可能起到中介作用的推测。鉴于此，笔者通过三个步骤完成中介效应路径分析，每一步的具体自变量和因变量情况详见表4-14，每一步得到的回归方程见表4-15，具体路径分析见图4-1。结果表明，在考虑发泄策略的中介作用后，嫉妒情绪对同伴拒绝的直接效应显著（β = 0.102，p < 0.05），所以可以肯定留守幼儿的发泄策略在嫉妒情绪与同伴拒绝间起到部分中介作用。发泄策略的中介效应值为 0.339 * 0.564 = 0.191，中介效应占总效应的比值为 0.339 * 0.564/0.293 = 65.3%，说明嫉妒情绪对同伴拒绝的影响有 65.3% 是通过发泄策略的中介效应起的作用。

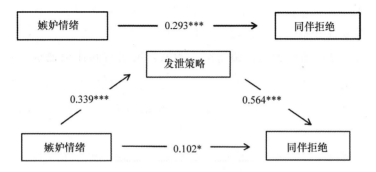

图4-1　发泄策略在嫉妒情绪与同伴拒绝间的中介效应路径分析

表4-14   发泄策略在嫉妒情绪与同伴拒绝之间的中介效应检验

步骤	自变量	因变量	β	t
第一步	嫉妒情绪	同伴拒绝	0.293	6.083 ***
第二步	嫉妒情绪	发泄策略	0.339	7.844 ***
第三步	嫉妒情绪	同伴拒绝	0.102	1.982 *
	发泄策略		0.564	6.336 ***

表4-15   发泄策略在嫉妒情绪与同伴拒绝之间的回归方程

	标准化回归方程	回归系数检验
第一步	Y = 0.293X + 0.048	β = 0.293 t = 6.083 ***
第二步	M = 0.339X + 0.043	β = 0.339 t = 7.844 ***
第三步	Y = 0.564M + 0.102X + 0.141	β = 0.102 t = 1.982 *
		β = 0.564 t = 6.336 ***

  嫉妒情绪受到儿童自我中心化程度的干扰,嫉妒情绪的不同程度体验决定儿童采取何种情绪调控策略,[1] 进一步影响由嫉妒引发的情绪表达和社会行为。随着儿童认知能力的不断发展,他们会根据实际关系情境来选择合适的情绪表达和行为方式,在这一过程中情绪调控策略起到中介作用。消极情绪较少出现且强度较弱的儿童,其同伴地位较高,同伴关系良好;而经常表现出消极情绪且较为强烈的儿童,其同伴关系较差。[2] 嫉妒情绪作为一种典型的消极情绪,它的出现可能首先诱发儿童选择非建设性、消极的情绪调控策略,进而影响儿童的人际交往质量。

  嫉妒情绪强度较高的留守幼儿在社会比较过程中更多地选择发泄策略,借助攻击性或破坏性行为宣泄自身的负性嫉妒情绪,对同伴互动的正常开展非常不利,进而使同伴拒绝水平显著升高。究其原因,

---

  ① 陈俊赢:《3—6岁幼儿嫉妒结构、发展特点及内在相关因素研究》,博士学位论文,辽宁师范大学,2014年,第111页。

  ② 孙俊才、卢家楣、郑兴军:《中小学生的情绪表达方式认知及其与同伴接纳的关系》,《心理科学》2007年第3期。

笔者认为，由于父母长期缺位导致家庭功能削弱，留守幼儿没有机会从父母那里模仿、学习必要的情绪调控策略和情绪表达方式，造成在消极情绪的调节和抑制方面缺乏该有的社会经验。当进入幼儿园后一旦与非留守同伴进行社会比较，留守幼儿在情感需求和社会支持等方面存在较大的心理落差，很容易引发嫉妒情绪。加之留守幼儿的情绪调控策略和情绪表达能力发展滞后，嫉妒情绪的长时间积累会使其运用消极的、不太合理的情绪发泄策略，然后以哭闹、尖叫、摔东西、拉扯、击打等具有攻击性和破坏力的发泄行为方式指向被嫉妒的同伴，这样的情形必然导致同伴对留守幼儿的厌恶、排斥和拒绝。

六　教育建议

（一）监护人应满足留守幼儿的心理需要，重视情感交流

留守幼儿基本的生活技能、情绪调控策略及情绪情感的表达方式最初都是在与监护人的社会互动中进行习得的，可以说监护人是留守幼儿社会性发展的引路人。相比非留守幼儿，留守幼儿由于物质和情感的双重缺失，期待他人关注和关爱的需求更加强烈，一旦没有得到满足，失落、悲伤、嫉妒、愤怒、无助等负性情绪会占据他们的精神世界，严重影响其情绪情感及人格的正常发展。作为监护人，在留守幼儿的日常生活中要尽量做到以下几点：

首先，监护人不仅要满足留守幼儿日常物质生活需要，更重要的是重视留守幼儿情绪的安抚及情感的沟通，针对留守幼儿出现的具体情绪问题及时解决，有效缓解留守幼儿的负性情绪。这样在社会比较情境下，留守幼儿才不会感觉到自己与非留守幼儿之间有太大的差距，也在某种程度上抑制其嫉妒情绪的滋生。留守幼儿所在乡镇的政府部门、社区等机构也需强化留守幼儿监护人的先进的教育理念和正确的教养方法，协助配合留守家庭关爱每一个留守幼儿。

其次，留守幼儿监护人要积极参与幼儿园组织的亲子活动，与教师多交流，逐步了解情绪情感教育对于幼儿健康成长的重要性，并真正参与到留守幼儿的教育中。当观察到留守幼儿出现消极的嫉妒情绪时，监护人要找到问题的根源，看是不是由于留守幼儿的某些需求没

有得到及时满足所导致，进而从源头上寻找解决办法，并不是一味地去责备或者不以为然。当发现留守幼儿能够采用积极的情绪调控策略来调节自己的情绪时，监护人要给予鼓励和表扬，进一步强化幼儿对情绪调控策略的正确使用。

最后，监护人要作为留守幼儿良好的学习榜样，用建设性的、积极的情绪调控策略来指导留守幼儿。留守幼儿通过模仿监护人的情绪调控方式，加深对情绪调控策略的体验和理解，有效地帮助留守幼儿减缓嫉妒等不良情绪。这样不仅能更好地促进留守幼儿情绪调控能力的发展，而且能有效地发挥家庭功能，有利于留守幼儿情绪情感的健康发展。

（二）教师应及时发现留守幼儿的嫉妒情绪，采取适当的方式应对

在幼儿园日常教育活动中，教师的一言一行对留守幼儿都具有潜移默化的影响力。

首先，幼儿教师要具备公平意识。正视留守与非留守幼儿间存在的家庭教育观念、认知发展水平、社会化程度等方面的差距，平等对待每个幼儿，不管他们的家庭背景如何，尊重留守幼儿的个体差异性，让留守幼儿在幼儿园中得到公平对待和同等关爱，这样在很大程度上会降低留守幼儿的嫉妒情绪水平。

其次，教师对幼儿进行恰当的肯定和评价，尽量避免竞争性比较。教师不应该在留守与非留守幼儿之间进行能力高低、品质好坏的直接比较，这样会极大地挫伤留守幼儿的自尊心和自信心，而且自尊心在受到伤害后很容易引发嫉妒等消极情绪。教师如果察觉留守幼儿出现嫉妒情绪时，要想办法帮助留守幼儿找到嫉妒情绪产生的本质原因，积极疏导消极情绪，防止因嫉妒情绪积压太久所带来的外化行为问题。

最后，教师组织幼儿共同创设良好的幼儿园环境氛围。缺乏安全感的留守幼儿能在与教师、同伴的互动中得到满足和认可。他们在一个较为轻松、愉悦的环境中尝试建立新的社会交往网络，从教师和同伴中获得支持感、满足感，减少因缺乏满足感而产生的嫉妒等消极情绪和心理反应，从而能正确、积极地开展社会交往，促进自身社会性

发展。同时，教师也应认识到幼儿的个体差异会导致他们在相同年龄阶段采取不同的方式和策略来应对嫉妒情绪，因此在干预措施的使用上要有一定的针对性，且要用发展的眼光来看待留守幼儿的嫉妒情绪和反应，及时调整干预措施，防患于未然。

（三）幼儿园多开展针对留守幼儿情绪能力培养的活动，加强情绪调控策略指导

幼儿对情绪的理解和调控建立在对情绪体验的认知上。教师在教学过程中的语言语气、面部表情、肢体动作以及选用的教学图片、声音、视频等都可以成为幼儿情绪情感体验的素材。幼儿园应多开展有利于幼儿情绪调控能力培养的教学活动。

首先，活动目标可以设置为让留守幼儿体验生活中的各种情绪情感，而且要调动他们的积极性，使其真正参与进来，通过亲身体验，感知人与人之间表达的情绪及情感的丰富性和变化性。其次，活动内容一定要生活化。教师既可以选取平时教育活动中的个别案例，也可以选择日常发生的各种积极、中性和消极情绪，让留守幼儿能够更好地辨别与理解情绪。再次，活动过程应满足留守幼儿的情感需求。受社会化水平的影响，留守幼儿的情感格外纯真、质朴，如果能通过情绪情感体验活动来满足他们的情感需要，不仅加强他们对情绪情感的理解，也解决了他们的情感缺失问题。最后，在活动中教师通过使用生动的语言、形象的动作等来吸引留守幼儿的注意力，鼓励留守与非留守幼儿彼此友好交流，分享各自的情绪体验及内心感受，内化情绪体验，从而指导留守幼儿根据情绪情境正确选择合适的情绪调控策略。

另外，幼儿园也要号召各班教师多组织户外活动。通过户外游戏活动，留守幼儿能够尝试与同伴合作完成某项任务或达到某个目标，学习如何与同伴有效交流、愉快合作，进而促进留守幼儿的情绪调控及表达能力，同伴关系也会越来越好。户外的互动活动也让留守幼儿逐渐认识到自己的兴趣与偏好，选择志趣相投的同伴类型，融入完全悦纳自己的同伴群体中。当留守幼儿情绪低落时会得到同伴群体的关心和安慰，帮助其宣泄负性情绪，也增强了他们的集体归属感和人际安全感。

第五章　留守幼儿的攻击行为

儿童的攻击行为（Aggressive Behavior）及干预研究一直是心理学和教育学等学科十分关注的课题，再加上近年来公共健康意识逐渐提高，儿童的攻击行为研究成果比较丰富。什么是攻击行为？研究者基于不同研究角度对攻击行为做了不同的概念界定，但众多定义的相似点在于无论处于保护自我不受伤害，或是宣泄自己内心的不愉快，还是试图得到自己想要的东西，只要个体做出对他人身心造成伤害的消极行为均被看作攻击行为。除此之外，研究者们均认为攻击行为是不被社会规范认可的行为，不仅对个体身心健康发展产生影响，而且对他人乃至社会均造成负面影响。

儿童在什么时候出现攻击行为？当婴儿出生一年以后，随着自我意识的萌芽及动作技能逐渐丰富和快速发展，攻击行为也开始逐渐显现出来。尤其是进入幼儿园以后，学龄前儿童的攻击行为几乎成了幼儿园教师和家长之间不可避免的话题。学龄前儿童的生活场所从家庭扩大到幼儿园，人际交往圈子也变得广泛，幼儿也正是在与同伴进行社会互动的过程中，通过观察、模仿而逐渐表现出攻击行为。

攻击行为是儿童早期十分典型的行为问题，例如抢夺玩具、打人和咬人等行为。对于学龄前儿童而言，攻击行为可能导致同伴关系以及师幼关系等人际关系紧张，从而严重阻碍他们社会能力的发展。有研究表明，攻击性较强的人容易产生心理问题，社会关系较差，严重会导致自伤、自杀行为，同时儿童早期的攻击行为可以正向预测成年后的暴力犯罪。[①] 休斯曼和他的同事采用同伴提名法的方式对 600 名 8 岁儿童的攻击行为进行长达 22 年的追踪研究，等到被试 30 岁时，通过自我评价以及配偶对家庭暴力的评价等多主体评价的方法获取了近 400 名被试攻击行为的数据，结果显示，被试的攻击行为在追踪的 22 年中基本趋于稳定。也就是说 8 岁时具有高水平攻击行为的个体，到 30 岁时仍然具有高水平攻击行为。

　　针对行为问题较明显的留守幼儿群体，他们的攻击行为如何？留守幼儿与非留守幼儿的攻击行为是否存在差异？留守幼儿攻击行为的影响因素有哪些？本书针对上述问题做了如下探讨：第一节对幼儿攻击行为进行概述，包括概念界定、理论基础以及特征分析；第二节通过实证研究考察留守幼儿攻击行为的发展特点，并与非留守幼儿进行比较；第三节主要探讨家庭教养方式、情绪理解对留守幼儿攻击行为的影响。

第一节　幼儿攻击行为概述

一　攻击行为的概念界定

　　攻击行为也叫侵犯行为，社会学最早开始研究攻击行为，认为个体攻击行为是否出现的决定因素是遗传基因，没有考虑到外部因素对攻击行为的作用。当前研究者们对攻击行为概念的界定主要包括四种方法：解剖学界定方法、行为后果定义法、社会判断定义法和前提条件定义法。[②]

　　解剖学界定方法以攻击行为的后果作为切入点，认为攻击行为不仅能给他人带来身体伤害，在他人受到伤害后伴有逃跑倾向。

　　行为后果定义法根据攻击行为产生的后果来进行判断，强调攻击行为必定对他人身体具有伤害性，并且是个体有意而为之的行为。

---

　　① 吴春侠：《中国农村留守儿童与非留守儿童攻击行为及影响因素比较研究》，硕士学位论文，华中科技大学，2018 年，第 38 页。

　　② Denson，T. F.，Dewal，C. N.，Finkel.，E.，"Self-Control and Aggression"，*Current Directions in Psychological Science*，Vol. 21，2012，pp. 20 – 25.

社会判断定义法依据攻击行为标准对某一行为做出判断，所谓攻击行为标准是个体依据已有知识经验，对做出攻击行为的人及其攻击行为本身所制定的判别标准。

前提条件定义法侧重于个体实施攻击行为时的真正意图，也就是说只要一个人具有做出攻击行为的意图，不管该想法是否对他人造成伤害都属于攻击行为。

以上界定攻击行为的方法侧重点不同，但都存在不足之处。帕克和斯拉比提出相对简单却更加精准的定义，即攻击行为是旨在伤害和损害他人的行为。此定义突出了攻击行为属于有意伤害行为，因此被广泛认可和接受。总结前人观点，笔者认为，攻击行为是指个体有意破坏他人物品或通过行为伤害他人身体或心理并产生了伤害性后果的行为。

二　攻击行为的类型

尽管攻击行为的核心特征是对他人做出有意伤害的行为，但是从攻击行为的表现或者动机等角度来看，攻击行为具有不同的分类标准。具体而言，有如下四种分类标准：

（一）按照攻击行为的发生和表现形式

拉格斯佩茨和比约克韦斯特依据攻击行为的表现形式及攻击行为发生的直接性或间接性，把攻击行为分成身体攻击、言语攻击和间接攻击。身体攻击指直接借助身体动作向对方实施的攻击，如踢、撞、打、推搡、抢夺或毁坏物品等；言语攻击指借助言语表达向对方实施的攻击，如骂人、给他人取外号等；间接攻击指借助第三方关系实施的攻击，如造谣、离间、社会排斥等。克里克和石窟彼得进一步提出关系攻击的概念。关系攻击指借助人际关系网络所实施的、以破坏对方人际关系为目的的攻击行为。虽说关系攻击和间接攻击的概念界定不完全一致，但两者涉及的攻击内容有较大部分的重合，故研究者们普遍接受身体攻击、言语攻击和关系攻击这一分类。

（二）按照攻击行为实施者的动机

哈特普依据攻击行为实施者的动机把攻击行为分作工具性攻击和

敌意性攻击两类。工具性攻击是"指向物"的攻击，为获取对方的物品、空间等目标做出的推搡、争抢、拉扯等行为，比如幼儿喜欢同伴的玩具，为了抢夺过来而产生的攻击行为。这类攻击行为目的不是造成对方的人身伤害，而是为了得到对方的物品或空间。敌意性攻击是"指向人"的攻击，核心目的在于打击、伤害对方，给对方带来人身伤害。年幼儿童最初以工具性攻击为主，随着年龄的不断增长，针对同伴的敌意性攻击逐渐增加。

（三）按照攻击行为产生的原因

道奇和科伊依据行为产生的缘由把攻击行为分成主动性攻击与反应性攻击。主动性攻击指个体虽未受激惹但主动发起的攻击行为，目的在于获取对方物品、欺负、控制对方等；反应性攻击指个体在遭受对方激惹或袭击后做出的攻击性反应，通常伴随委屈、愤怒或失控等情绪状态。

（四）按照疾病分类学的角度

巴拉特等从疾病分类学视角将攻击行为分成有预谋的攻击、需就医的攻击和冲动性的攻击。有预谋的攻击行为带有工具性性质，是一种事先策划好的、为了达成某种目标而进行的攻击；需就医的攻击行为是患精神疾病的人，如神经症、精神病或其他医疗失调的继发症等实施的攻击行为；冲动性攻击指个体处于一触即发的情绪状态，完全不能以理智控制情感而实施的攻击行为。

三　儿童攻击行为的相关理论

很长一段时间里，研究者对人类行为中的攻击性及产生原因存在巨大的困惑。从西方的《圣经》中亚当和夏娃的长子该隐因为嫉妒而谋杀自己的弟弟阿贝尔的故事到近现代出现的无数场战争，不禁要反问人类为什么一方面号召和提倡人与人之间友爱互助，另一方面又将人性的"恶"体现得淋漓尽致？人为什么要攻击他人？是什么因素"激怒"个体对他人做出有意伤害的行为？据此，研究者们从哲学、人类学、生物学和心理学等角度对人类的攻击行为进行解释。在此过程中形成的主要理论包括：弗洛伊德的死亡本能假说、挫折—攻击假说、攻击假设线索理论和社会观察理论。

（一）弗洛伊德的死亡本能假说

西格蒙德·弗洛伊德在亲身经历过第一次世界大战后，他对人类的暴力行为感到震惊，他也因此而提出死亡本能这一重要概念。死亡本能相对应的是生的本能，当生的本能与死亡本能之间存在着巨大冲突时，个体的防御机制则会将死亡本能激发出来并逐渐远离自我，从而间接导致指向他人的攻击行为。换句话说，攻击行为是个体本能的冲动受到阻碍后所做的一种反应。攻击行为不是生活中主动出现的，也不是不可避免的部分。但一旦死亡本能被激发出来，则会指向生命的结束和毁灭。因此，攻击行为是人的一种求死本能。它的外在表现形式为征服、损害、破坏等行为，而当它在侵犯过程中受到打击和挫折时，便会返回到自我状态，表现出自我惩罚或自杀倾向。

弗洛伊德认为，只有当死亡本能的一部分作为攻击与毁灭向外界释放时，它才会被公开化，但公开化的同时也构成了"人类文明进展的最大障碍"。他曾在《精神分析新论》中表明，残忍性是人性中不可避免的部分。因此，对人类的残忍行为只能进行约束，而不能消灭，人类必须适当地将聚集在心中的冲动加以宣泄和表达，如果不能以社会所接受的方式表达时，则会以更加具有暴力倾向的方式表现出来。据此，我们可以看出，弗洛伊德认为攻击行为是天生的，而且是不可避免的。

（二）挫折—攻击假说

这一观点是由多拉德等人提出的，曾经对早期的社会心理学和发展心理学产生过巨大影响。他们认为，人类的攻击行为并非源于本能，是由人经历的挫折导致的。当然，攻击行为不是直接由挫折引发的，挫折首先诱发出攻击行为产生所必需的情绪刺激或者内驱力，这能够加速攻击行为的出现。因此，这一观点的内在逻辑是挫折是个体攻击行为产生的充分必要条件，即遇到挫折的个体一定会产生攻击行为，一个人产生攻击行为的原因在于他遇到了挫折。但是此观点也存在明显偏颇，挫折显然并不是攻击行为产生的充分必要条件。具体而言，受到挫折的个体并不一定会表现出攻击行为，也可能表现为沮丧和难过，而出现逃避行为；此外，表现攻击行为的个体也不一定是受到挫折，例如在一些愤怒情境下，个体也会表现出攻击行为。

（三）攻击假设线索理论

攻击假设线索理论是在对挫折—假设理论的质疑下产生的。伯科威茨认为，挫折并不是个体攻击行为产生的唯一途径，例如面对他人的攻击行为也可能导致"被动"攻击行为的发生。但是，这些可能激发个体产生攻击行为的刺激仅仅是一种攻击反应的激发状态。也就是说，只有当个体所面临的情境中存在激发攻击行为的"侵犯线索"时，内在的激发状态才会被激活而表现出外在的攻击行为。这种"侵犯线索"即是诱发攻击行为产生的环境刺激。伯科威茨通过设置实验故意制造挫折情境激怒被试，紧接着安排另一个被试，能够对激怒被试的人进行电击。电击时分为两种情境，一种情境是桌上放着一把手枪，另一种情境是桌上放着一个羽毛球拍。研究结果表明，看见手枪的被试比看到羽毛球拍的被试对他人实施了更多的电击。这一结果再次证明了"侵犯线索"是导致攻击行为的刺激情境。后来，伯科威茨对此观点进行修正，转向对挫折—攻击的情绪和认知过程的重视。他认为，挫折仅仅会引起个体的消极情绪体验，个体对消极情绪的解释决定他的行为反应。如果个体体验到的是伤心或者害怕，则个体会出现逃避倾向；如果个体体验到的是愤怒，则会表现出攻击行为。

（四）社会观察理论

班杜拉认为，儿童的攻击行为是一种习得的社会行为。个体通过对他人行为进行观察和模仿学习而逐渐习得新的行为，对攻击行为的观察和模仿学习也是如此。总的来说，儿童对攻击行为的社会学习过程包括以下几个方面：首先，儿童的攻击行为主要是通过观察学习和直接学习获得的，儿童对攻击行为的观察学习过程包括注意过程、记忆过程和动作再现过程。当然儿童也可以通过直接参与或者展现外在攻击行为（直接学习）来习得攻击行为，这体现了直接学习对攻击行为产生的及时强化。其次，儿童习得了攻击行为但并不一定立刻表现出攻击行为，这取决于外在环境的刺激和诱导，这些外在环境刺激通常带有消极性和煽动性。最后，儿童的认知结构对其自身攻击行为具有重要的调节作用。儿童通过认知判断，对自己的行为进行结果评估，如果儿童的评估结果是积极的，那么他们会因为这种积极的认知判断而驱使自己做出攻击行为，反之则会克制自己攻击行为的发生。

四　幼儿攻击行为的研究进展

（一）幼儿攻击行为的影响因素研究

在有关幼儿攻击行为相关影响因素的研究中表明，年龄和性别对幼儿的攻击行为具有显著影响。[①] 此外，家庭教养方式也是重要的影响因素之一。顾筠对大班儿童的母亲教养方式、亲社会行为及攻击行为的关系进行探讨，发现家庭教养方式对幼儿的攻击行为具有预测作用。Glueck 夫妇在 1950 年的一项经典研究中对儿童不良行为进行追踪调查，结果显示，当家长对孩子惩罚时如果标准不统一，儿童的攻击行为会更频繁。[②] 管红云等考察幼儿攻击行为的影响因素时发现，积极亲子关系可以降低幼儿指向同伴的攻击水平，而消极、冷漠的亲子关系将导致幼儿产生更多的破坏及攻击行为。[③] 母亲对幼儿的无条件满足、过度关注也会造成孩子的自我中心化严重，攻击行为相应增多。从上述结果可知，家庭教养方式、亲子关系等与学前儿童的攻击行为的关系较为密切。留守幼儿家庭的监护人多数为祖辈或者单亲，与普遍的双亲家庭必然存在不太一致的教养方式，故研究留守幼儿特殊的家庭教养方式及其对幼儿攻击行为的影响是非常有必要的。

已有研究认为相比非留守幼儿，留守幼儿的性格、行为均具有不同程度的攻击性。王青、刘强在各自关于留守幼儿的研究中都提出当

---

①　张文新、纪林芹、宫秀丽、张茜、王益文、陈欣银：《3—4 岁儿童攻击行为发展的追踪研究》，《心理科学》2003 年第 1 期。

②　顾筠：《大班儿童亲社会行为、攻击行为与母亲教养方式的关系》，《江苏教育研究》2015 年第 31 期。

③　管红云、王声湧、刘治民、陈青山：《学龄前儿童攻击性行为的影响因素分析》，《中国学校卫生》2005 年第 11 期。

留守幼儿的情绪问题长期没能及时疏导时，他们容易形成攻击性性格，并进一步做出攻击性行为。[1][2] 曹晓君、陈旭对留守幼儿的攻击性行为进行实证研究，发现留守幼儿的攻击行为水平明显高于非留守幼儿，留守幼儿的抑制性控制能力对其攻击行为具有显著的负向预测作用。[3]

（二）幼儿攻击行为干预方案

目前，国外研究者针对儿童攻击行为产生的家庭影响因素开展了一系列的干预研究，并逐渐总结出比较成熟的干预方案，方案围绕个体水平、家庭整体水平和双向关系水平对儿童的攻击行为实施干预，并取得了大量的干预研究成果。

1. 父母管理培训—俄勒冈模式[4]

父母管理培训—俄勒冈模式（Parenting Management Training—Oregon，PMTO）。PMTO 模式非常注重角色扮演的价值，并以角色扮演作为核心成分。在干预期间通过角色扮演，对如何解决问题进行讨论、交流。从个体水平和双向关系水平两方面对存在严重社会行为问题幼儿的家长进行干预指导。严格的纪律和规则、监督、鼓励和赞许、解决问题及积极参与五维度是 PMTO 的核心内容。具体而言，PMTO 通过改变父母教养方式，改善家庭环境以减少儿童的行为问题，主要以讲座、会议、角色扮演和小组作业的形式对干预对象进行每周一次、长达 2 小时的一对一的集中干预，一共 6 个月，具有个性化干预的特点。在整个干预过程中，治疗师以视频录像的形式记录每个家长教养行为的改变情况，以便家长对自身不当行为不断做出调整以求达到教养方式的最佳水平。

---

① 王青：《农村"留守幼儿"生存与发展问题初探——以湖北省浠水县兰溪镇为例》，《学前教育研究》2007 年第 6 期。

② 刘强：《农村留守幼儿生存状况的调查与思考》，《安徽农业科学》2009 年第 36 期。

③ 曹晓君、陈旭：《3—5 岁留守幼儿抑制性控制与攻击行为的关系研究》，《中国特殊教育》2012 年第 6 期。

④ Ogden，T.，Hagen，K.，"Treatment Effectiveness of Parent Management Training in Norway：A Randomized Controlled Trial of Children with Conduct Problems"，*Journal of Consulting & Clinical Psychology*，Vol. 76，No. 4，2008，p. 607.

2. 不可忽视的年龄①

不可忽视的年龄（Incredible Years，IY）是对社会经济地位低、生活在社会福利机构或寄养家庭以及有着高风险攻击行为问题的0—12岁处境不利儿童的家长进行指导，旨在预防、减少和治疗儿童的情绪和行为问题，提高儿童的情绪调节、积极归因和解决问题等社会行为能力。

家长培训的核心课程考虑到儿童年龄而设计四种不同的课程，即婴儿课程、幼儿课程、学前课程和学龄期课程。这些课程强调从个体水平角度提高父母社交技巧、制定和执行严格的纪律、提高有效的教养能力以及决策能力。每次对5—6个或12—14个存在行为问题的幼儿的家长进行干预，是基于社会学习理论下家长与治疗组之间的合作治疗。课程培训的方式均采用视频和录像的方式鼓励小组讨论、表达观点和解决问题。角色扮演是IY的主要干预形式，需要每个家庭父母与子女共同完成，并在完成任务之后与其他家庭进行分享讨论。此外，IY还强调教师课堂管理技巧的培训，旨在确保幼儿从家庭到学校环境的普遍适应性。

因此，IY模式从家庭和学校角度对儿童行为问题进行干预，从而使儿童的行为在家园共同干预下具有衔接性，促进家园的有效合作。

3. 亲子互动治疗模式②

亲子互动治疗模式（Parent-Child Interaction Therapy，PCIT）是针对情绪和情绪障碍的循证治疗，强调双向关系对幼儿攻击行为的影响。因此，PCIT注重提高亲子关系质量和亲子互动。PCIT干预时间大约15周，包含两个连续的阶段。第一阶段是儿童的行为干预（Child Conduct Intervention），目标是改善亲子关系质量、加强亲子之

---

① Webster-Stratton, C., "The Incredible Years: Parents, Teachers, and Children Training Series", *Residential Treatment for Children & Youth*, Vol. 18, No. 3, 2001, pp. 31 –45.

② Åse, B., Lars, W., "Effectiveness of Parent-Child Interaction Therapy (PCIT) in the Treatment of Young Children's Behavior Problems. A Randomized Controlled Study", *Plos One*, Vol. 11, No. 9, 2016, pp. 913 –929.

间的关注和交流、引导幼儿的积极行为。在这一过程中，强调描述、赞赏、热情、反馈及模仿以加强儿童积极、认同的行为，避免使用命令、批评、质疑和讽刺等主导性、侵入性行为。第二阶段的课程又称为以父母为导向的亲子活动（PDI），指导父母在双向游戏情境或真实的情境中引导幼儿做出积极行为反应，并遵循一定行为纪律要求。在整个干预过程中，治疗师利用单向透视玻璃观察父母与幼儿在游戏中的行为，并通过无线扬声器指导父母与幼儿的交流互动。每次课程结束之后，治疗师再与父母进行沟通确定下一次治疗中所关注的行为和技巧。

因此，PCIT的大部分时间是指导教养者应用特定的治疗技巧对幼儿的行为进行干预，同时治疗师对亲子互动质量方面的评估不依赖于父母对幼儿行为的报告和评估，使得该治疗模式的评估结果更加客观、有效。

4. 3P - 积极教养方案[1]

3P - 积极教养方案（Triple P-Positive Program）是以养育和家庭支持策略为导向的多级干预模式，各级以改变消极的环境氛围、改善父母的心理健康状态以及教养行为为导向对0—16岁儿童的消极情绪、不良行为进行干预治疗。具体可分为五等级：第一等级是"特别教养计划"，主要是针对那些有严重行为问题或者身体残疾，以及家庭结构发生重大改变（父母离异、分居等）的儿童；第二等级是"柔性监管"计划，旨在帮助父母在教养过程中偶尔出现的不当行为提供一次性指导，其中包含30分钟的教养问题咨询和90分钟的问题研讨；第三等级是为有轻度、中度行为问题的0—12岁儿童的家长提供针对性的指导及干预；第四等级主要针对的是具有严重问题行为的12—16岁儿童家长，旨在培养家长17项核心教养能力，以应对在真实情境中的各种教养状况；第五等级是对有复杂问题的家庭提供帮助，要

---

① Bodenmann, G., Cina, A., Ledermann, T., et al., "The Efficacy of the Triple P-Positive Parenting Program in Improving Parenting and Child Behavior: A Comparison with Two Other Treatment Conditions", *Behavior Research & Therapy*, Vol. 46, No. 4, 2008, pp. 411 - 427.

求家长在完成以上四水平课程的基础上再接受指导。

该方案强调安全的教养环境、严格的纪律要求、合理的期望和言行一致。总体而言，3P-积极教养方案允许父母根据儿童的行为表现自由选择合适的项目，因此具有极大的灵活性。此外，该方案实践证明，经过本土再编可适用于不同家庭类型，并先后在20多个国家对儿童问题行为进行干预并取得良好的效果。

总之，上述干预方案的共同之处在于以父母作为培训对象，旨在帮助父母改变消极教养方式，[①] 通过改善家庭教养环境来加强亲子互动，进一步预防及减少幼儿的攻击行为问题。

第二节　留守幼儿攻击行为的发展特点

由前文可知，哈特普把攻击行为分成工具性攻击和敌意性攻击两个子类。工具性攻击发生在幼儿早期，主要表现为因想要同伴的玩具而主动做出的争抢行为；随着幼儿年龄的不断增长，他们的敌意性攻击也在增多，主要表现为幼儿故意做出的欺负、攻击、伤害同伴的行为。先前研究表明，3—4岁幼儿的攻击行为具有明显的性别差异和类型差异。在性别差异性上体现为男孩的攻击行为发生频率明显高于女孩；在类型差异性上体现为3—4岁幼儿的攻击行为以身体攻击为主，并且攻击的性质多为工具性和主动性，敌意性攻击相对发生较少，伴随年龄增长逐渐增加。[②] 那么，留守幼儿的攻击行为是否也具有如一般幼儿类似的特点呢？本书在已有研究基础上，采用自然观察法，对留守幼儿的攻击行为进行系统考察。

一　研究对象

随机选取四川省南充市高坪区某镇一所幼儿园小、中、大班的86

---

① 蔺秀云、李文琳、黎燕斌等：《对立违抗障碍儿童家庭影响因素和家庭相关干预方案》，《心理科学进展》2013年第11期。

② 张文新、纪林芹、宫秀丽、张茜、王益文、陈欣银：《3—4岁儿童攻击行为发展的追踪研究》，《心理科学》2003年第1期。

名留守幼儿作为研究被试。其中小班 25 名，中班 29 名，大班 32 名；男童 48 名，女童 38 名。

不同监护类型中祖辈监护的留守幼儿有 34 名，单亲监护的留守幼儿有 52 名。基本情况见表 5 - 1。

表 5 - 1　　　　　　　　被试基本情况分布表　　　　　单位：人

	男童	女童	总人数
小班	15	10	25
中班	15	14	29
大班	18	14	32
总人数	48	38	86

二　对攻击行为的观察

研究者给每个班级的留守幼儿制作一份《攻击行为观察记录表》，在观察前先填写好每个幼儿的姓名、性别、年龄、监护人类型及具体观察日期、观察时间。观察过程中需要记录的攻击行为包括工具性攻击和敌意性攻击，工具性攻击指幼儿因与同伴争抢东西做出的攻击行为，例如抢夺玩具、铅笔、图书等物品；敌意性工具指有意对同伴造成伤害的攻击行为，例如骂人、打人、咬人、挑衅他人等。

为了调查留守幼儿的攻击行为问题，研究者通过跟班的形式进行观察，每个班级平均跟班一周。攻击行为的测查采用自然观察法，通过对每个留守幼儿一日活动的完整观察，记录他们攻击行为的类型、表现形式和发生次数。

三　研究结果

（一）留守幼儿攻击行为的性别差异比较

为考察不同性别留守幼儿在攻击行为上是否存在差异，本书将男、女幼儿的工具性攻击、敌意性攻击和总攻击行为进行独立样本 t 检验（见表 5 - 2）。结果显示，不同性别留守幼儿的工具性攻击、敌意性攻击和总攻击行为（工具性攻击与敌意性攻击之和）的差异均显著（t = 2.211，p < 0.05；t = 2.767，p < 0.01；t = 3.419，p < 0.01），具体都表现为男孩的得分显著高于女孩。

表5－2　　　　　　　不同性别留守幼儿攻击行为的差异检验

	男	女	t
工具性攻击	0.67 ± 0.859	0.32 ± 0.525	2.211 *
敌意性攻击	1.73 ± 1.498	0.87 ± 1.379	2.767 **
总攻击行为	2.40 ± 1.819	1.18 ± 1.468	3.419 **

注：* p < 0.05，** p < 0.01，*** p < 0.001，下同。

（二）留守幼儿攻击行为的年级差异比较

本书采用单因素方差法对留守幼儿的工具性攻击、敌意性攻击和总攻击行为进行年级差异比较（见表5－3）。结果表明，不同年级留守幼儿的工具性攻击、敌意性攻击和总攻击行为差异均不显著（p > 0.05）。

表5－3　　　　　　　不同年级留守幼儿攻击行为的方差分析

	年级	M ± SD	F
工具性攻击	小班	0.40 ± 0.645	0.863
	中班	0.66 ± 0.857	
	大班	0.47 ± 0.718	
敌意性攻击	小班	1.72 ± 1.720	1.893
	中班	1.45 ± 1.450	
	大班	0.97 ± 1.307	
总攻击行为	小班	2.12 ± 1.900	1.472
	中班	2.10 ± 1.800	
	大班	1.44 ± 1.605	

（三）留守幼儿攻击行为在不同监护类型下的差异比较

本书采用独立样本t检验法对不同监护类型（祖辈监护和单亲监

护）留守幼儿的工具性攻击、敌意性攻击和总攻击行为进行差异比较
（见表5－4）。结果显示，祖辈监护和单亲监护下的留守幼儿在工具
性攻击、敌意性攻击和总攻击行为上均不存在显著性差异（p ＞
0.05）。

表5－4　　　　　不同监护类型下留守幼儿攻击行为的差异检验

	祖辈监护	单亲监护	t
工具性攻击	0.56 ± 0.843	0.48 ± 0.677	0.444
敌意性攻击	1.47 ± 1.521	1.26 ± 1.496	0.643
总攻击行为	2.03 ± 1.765	1.74 ± 1.782	0.743

四　分析与讨论

（一）留守幼儿攻击行为的性别特征

攻击行为是留守幼儿问题行为的主要形式。通过对留守幼儿攻击
行为进行性别差异比较，可知男孩在工具性攻击、敌意性攻击和总攻
击行为上的得分都明显高于女孩，此结果与王馥的研究结论相一致。[1]
男女孩不同的攻击行为水平不仅受性别遗传基因的影响，更重要取决
于家庭、幼儿园、大众媒体等倡导的主流性别教育理念，男孩的目标
性格为正义、坚强、勇敢、有责任感和担当等，女孩的目标性格则为
优雅端庄、善解人意、乖巧懂事等。我们在幼儿园实际观察中发现幼
儿的行为很大程度上体现了其性格特征，留守男孩在与同伴发生冲突
后大多数自行处理与解决，他们的反应很直接，一般是通过身体或言
语攻击的形式反馈给对方，当听到争吵和哭闹后老师才会注意到并介
入干预。留守女孩处理矛盾的方式相对温和得多，她们会第一时间向
老师报告情况，求助老师帮忙解决，这样既保护了自己，又能有效地
避免攻击行为的发生。可见，传统的性别教育中应该更多地融入道德
教育及情商培养。

---

① 王馥：《幼儿攻击性行为调查研究》，《心理科学通讯》1988 年第4 期。

（二）留守幼儿攻击行为的年级特征

张文新等人曾运用观察法考察幼儿的工具性攻击和敌意性攻击这两类攻击行为在同一年龄段的差异，发现大班幼儿的敌意性攻击显著多于工具性攻击，而小班幼儿的工具性攻击显著多于敌意性攻击。[1]我们的研究是对各类攻击行为在不同年龄段的一个纵向比较，与已有研究的侧重点不同。本书结果发现，留守幼儿的工具性攻击、敌意性攻击和总攻击行为均不存在明显的年龄差异，推测其原因可能在于：首先，研究被试为留守幼儿这一特殊群体，他们的社会认知能力发展速度远远不及一般幼儿，造成大班和小班幼儿在对他人意图的理解和归因上变化不明显。其次，研究选取的幼儿园处在偏远的乡镇，硬件设施及相应的学习、游戏材料等都很匮乏，小班幼儿比中、大班每日在室内度过的时间较长，但供他们玩耍的玩具及选择的图书破旧、稀少，不足以引起他们抢夺的兴趣，加上玩耍玩具的时间非常有限，使得小班留守幼儿的工具性攻击频率并不高。大班幼儿在户外活动的时间相对较多，但基本没有什么可选择的体育器械和娱乐设施，在空旷的操场上发生的争抢器械、故意拉扯、推搡等攻击行为自然也少得多。

（三）不同监护类型下留守幼儿的攻击行为特征

李志等人通过对留守儿童祖辈监护人胜任特征进行研究，发现祖辈监护人不仅缺乏足够的时间及精力去监管留守儿童的行为，而且难以进行正确的心理及行为引导，因此祖辈监护会对留守幼儿的社会性发展形成一定的消极影响。[2]单亲监护虽然比祖辈监护更能重视留守儿童精神层面的需求，[3]但毕竟受到文化程度和时间、精力的限制，一个人要承担起务农、教育孩子、照顾老人等多项重任，难免会顾此

---

[1] 张文新、张福建：《学前儿童在园攻击性行为的观察研究》，《心理发展与教育》1996年第4期。

[2] 李志、邹雄、朱鹏：《农村留守儿童祖辈监护人胜任特征的实证研究》，《中国健康心理学杂志》2013年第3期。

[3] 张娜、蔡迎旗：《不同监护类型留守幼儿在生活、学习及沟通方面的困难与需求差异比较》，《学前教育研究》2009年第5期。

失彼；加之与老师沟通较少，对孩子的某些行为问题没有得到应有的重视，与祖辈监护一样导致留守幼儿的攻击行为频繁出现。

五　结论

针对留守幼儿攻击行为发展特点的观察研究，得出如下结论：

（一）留守幼儿在工具性攻击、敌意性攻击和总攻击行为上具有显著的性别差异，男孩的工具性攻击、敌意性攻击和总攻击行为都显著多于女孩。

（二）留守幼儿在总攻击行为及其子类上均不存在显著的年级和监护类型差异。

第三节　留守幼儿家庭教养方式、情绪理解
　　　对攻击行为的影响

家庭教养方式对儿童社会性发展的作用不言而喻。徐慧等综述了家庭教养方式对儿童社会化的影响，提到心理学家西蒙兹从接受—拒绝和支配—服从两个维度区分了父母的教养方式，认为被父母接受的孩子一般会表现出社会认可的行为，比如情绪稳定、有同情心等；被父母拒绝的孩子一般会情绪多变、倔强、冷漠、叛逆；受父母支配的孩子一般会顺从、依赖性强、缺乏自信；让父母服从自己的孩子则具有很强的攻击性。[1] 已有研究针对留守幼儿家庭教养方式与行为问题关系的实证研究较少。离异家庭与留守家庭都面临着家庭结构的缺失，孩子由单亲或亲属抚养，两种家庭模式具有某种相似性。郑名对离异家庭的母亲教养方式与4—6岁幼儿问题行为的关系展开研究，发现与完整家庭相比，离异家庭的幼儿产生问题行为的概率大幅度提高，其中男孩问题行为的发生概率更大。[2] 离异家庭的教养方式某种

---

[1]　徐慧、张建新、张梅玲：《家庭教养方式对儿童社会化发展影响的研究综述》，《心理科学》2008年第4期。

[2]　郑名：《离异家庭儿童行为问题与母亲教养方式的研究》，《中国特殊教育》2006年第3期。

程度上展现了留守幼儿家庭的教养状况，家庭结构的缺失必定会导致监护人对幼儿的关爱减少，幼儿心理及行为都会受到较大影响。

衡书鹏研究发现，儿童的情绪调节能力在父母的情绪表达、情绪教导与自身攻击行为间起中介作用。父母情绪表达中的负性情绪可以显著正向预测儿童的攻击行为，父母的情绪教导却可以阻碍儿童攻击行为的出现。[①] 情绪能力由情绪理解、情绪调节、情绪控制及情绪表达等多维度构成，且情绪理解与情绪调节能力紧密相关，那么具体到留守幼儿这一特殊群体，他们的情绪理解能力、攻击行为与家庭教养方式之间存在怎样的内在联系呢？本书将从留守幼儿的情绪理解和家庭教养方式角度出发，寻找留守幼儿典型行为问题，即攻击行为发生的内、外部原因，研究结果对于抑制留守幼儿攻击行为的发生发展具有重要意义。

一 研究对象

随机选取四川省南充市某镇一所幼儿园小、中、大班的 86 名留守幼儿及其监护人作为研究被试。其中小班 25 名，中班 29 名，大班 32 名；男童 48 名，女童 38 名。问卷由监护人填写，共发放问卷 86 份，回收 86 份，因回答不完整的问卷都及时联系监护人进行修改，问卷有效回收率为 100%。

二 研究工具

（一）情绪理解图片

参照 Harris 等人制作的 TEC 情绪图片，为被试提供积极情绪（高兴）、中性情绪（平静）和消极情绪（悲伤、害怕）三种类型的情绪理解图片。为了避免性别因素对幼儿材料理解的干扰，我们把实验图片设计为男孩版与女孩版。实验过程中主试向幼儿展示不同性别儿童的三种表情图片，考察幼儿情绪理解的真实水平。如果幼儿能够识别

---

① 衡书鹏：《父母情绪表达、情绪教导对儿童攻击行为的影响——情绪调节能力的中介作用》，《信阳师范学院学报》（哲学社会科学版）2014 年第 5 期。

图片中的情绪计 1 分，不能识别则计 0 分，最后记录幼儿在不同情绪理解任务上分别的得分及总分。

（二）家庭教养方式问卷

家庭教养方式的测查工具采用杨丽珠、杨春卿于 1998 年所编制的家庭教养方式问卷。该问卷从"限制"和"关爱"两个向度对儿童的家庭教养方式进行分类，问卷共包括 40 个题目，采用 5 点计分方式，"从不"计 1 分、"很少"计 2 分、"有时"计 3 分、"经常"计 4 分、"总是"计 5 分。问卷分为五个维度：民主性、专制性、溺爱性、放任性和不一致性。根据研究需要，我们选取其中的四个维度概括为四种类型：绝对权威型（专制性）、民主权威型（民主性）、骄纵溺爱型（溺爱性）和忽视冷漠型（放任性）。不同的家庭教养方式类型对应不同的题目，最后根据题目的总得分判断留守幼儿家庭教养方式的类型。经检验，问卷的分半信度和同质性信度分别是 0.852 和 0.711，重测信度值为 0.825，可见该问卷具有良好的内部一致性与稳定性。

（三）攻击行为观察表

研究者给每个班级的留守幼儿制作一份《攻击行为观察记录表》，在观察前先填写好每个幼儿的姓名、性别、年龄、监护人类型及具体观察日期、观察时间。观察过程中需要记录工具性攻击和敌意性攻击，具体界定见本章第二节。

三　研究流程

研究人员采取跟班的形式进行访谈与观察，每个班级平均跟班一周。情绪理解采取单独访谈的方法，在幼儿自由活动时间内进行，记录幼儿在每种情绪图片上的情绪理解得分。攻击行为的测查采用自然观察法，通过对每个留守幼儿一日活动的完整观察，记录他们攻击行为的类型、表现形式和发生次数。家庭教养方式问卷委托每个班级的主班老师以作业的形式在下午放学时发放给幼儿。因认知能力达到一定水平，中班和大班的幼儿能够准确理解老师需要传达给家长的信息，并能顺利地将问卷交给家长完成，第二天或第三天及时交回。小班幼儿因认知能力有限，需要主班老师在放学时跟家长沟通，说明情况后再把问卷发放给家长。有个别留守幼儿的监护人是不能识字的（外）祖父母，最后由研究人员利用放学时间亲自一对一访谈来收集问卷数据。

四 研究结果

（一）留守幼儿家庭教养方式与攻击行为的相关分析

通过对留守幼儿家庭教养方式与攻击行为进行相关分析，结果显示（见表5-5），绝对权威与工具性攻击、敌意性攻击和总攻击行为的相关均不显著（p > 0.05）。民主权威与敌意性攻击、总攻击行为均存在显著的负相关关系（r = -0.295，p < 0.01；r = -0.241，p < 0.05），说明家庭教养方式越民主，留守幼儿的敌意性攻击越少。骄纵溺爱与敌意性攻击、总攻击行为均存在显著的正相关关系（r = 0.281，p < 0.01；r = 0.217，p < 0.05）；忽视冷漠与敌意性攻击、总攻击行为也都存在显著的正相关关系（r = 0.471，p < 0.01；r = 0.368，p < 0.01）。说明家庭中骄纵溺爱、忽视冷漠的教养方式会造成留守幼儿更高水平的攻击行为。

表5-5　　　留守幼儿家庭教养方式与攻击行为的相关分析

	工具性攻击	敌意性攻击	总攻击行为
绝对权威	-0.036	-0.180	-0.168
民主权威	0.020	-0.295**	-0.241*
骄纵溺爱	-0.051	0.281**	0.217*
忽视冷漠	-0.073	0.471**	0.368**

（二）留守幼儿情绪理解与攻击行为的相关分析

通过对留守幼儿家庭教养方式与攻击行为进行相关分析（结果见表5-6），发现对高兴、平静、伤心、害怕情绪的理解（为了方便阅读，下文统一用相应情绪表示对该情绪的理解）、情绪理解总分与工具性攻击的正相关均不显著（p > 0.05）；高兴与敌意性攻击存在显著负相关关系（r = -0.377，p < 0.01），伤心、平静、害怕、情绪理解总分与敌意性攻击的相关均不显著（p > 0.05）。高兴与总攻击行为存在显著负相关关系（r = -0.256，p < 0.05），伤心、平静、害怕、情绪理解总分与总攻击行为的相关也均不显著（p > 0.05）。

表 5 - 6 　　　　留守幼儿情绪理解与攻击行为的相关分析

	高兴	平静	伤心	害怕	情绪理解总分
工具性攻击	0.152	0.037	0.054	0.042	0.109
敌意性攻击	- 0.377**	- 0.159	0.158	- 0.098	- 0.202
总攻击行为	- 0.256*	- 0.119	0.157	- 0.066	- 0.126

（三）留守幼儿家庭教养方式、情绪理解对攻击行为的影响

留守幼儿的家庭教养方式、情绪理解均与攻击行为存在显著相关关系，在此基础上运用逐步回归分析法考察情绪理解、家庭教养方式对攻击行为是否具有预测作用，相关不显著的因子则不纳入回归方程。

从表 5 - 7 可以看出，总攻击行为中的敌意性攻击与各自变量所建立的回归方程拟合度良好。最终家庭教养方式中的忽视冷漠、高兴情绪理解两个自变量进入回归方程，可以同时预测留守幼儿的敌意性攻击，对敌意性攻击变异的总解释力为 28.1%。忽视冷漠具有显著正向预测作用（β = 0.392，p < 0.001），可解释敌意性攻击变异的22.1%；高兴具有显著负向预测作用（β = -0.256，p < 0.01），可解释敌意性攻击变异的6%。因此，教养方式中的忽视冷漠对敌意性攻击的预测作用大于高兴情绪理解。

表 5 - 7 　　　留守幼儿家庭教养方式、情绪理解与敌意性攻击的回归分析

因变量	预测变量	R	R^2	$\triangle R^2$	F	β	t
敌意性攻击	忽视冷漠	0.471	0.221	0.221	23.899	0.471	4.889***
	忽视冷漠	0.530	0.281	0.060	16.222	0.392	4.004***
	高兴					- 0.256	- 2.622**

从表5-8可以看出，总攻击行为与各自变量所建立的回归方程拟合度良好。家庭教养方式中的忽视冷漠和留守幼儿的性别可以同时预测总攻击行为，对总攻击行为变异的总解释力为22%。忽视冷漠具有显著的正向预测作用（$\beta = 0.324$，$p < 0.001$），可解释总攻击行为变异的13.6%；性别具有显著的负向预测作用（$\beta = -0.294$，$p < 0.01$），可解释总攻击行为变异的8.4%。因此，教养方式中的忽视冷漠对留守幼儿总攻击行为的预测作用大于性别。

表5-8   留守幼儿家庭教养方式、情绪理解与总攻击行为的回归分析

因变量	预测变量	R	R^2	$\triangle R^2$	F	β	t
总攻击行为	忽视冷漠	0.368	0.136	0.136	13.178	0.368	3.630***
	忽视冷漠	0.469	0.220	0.084	11.696	0.324	3.310***
	性别					-0.294	-2.994**

五 分析与讨论

（一）留守幼儿家庭教养方式、情绪理解与攻击行为的相关关系

民主权威型教养方式下留守幼儿的敌意性攻击及总攻击行为发生频率最低，而骄纵溺爱型和忽视冷漠型教养方式下留守幼儿的敌意性攻击及总攻击行为发生频率最高。李翠英、刘志红从理论上分析了家庭教养方式对留守儿童行为的作用，认为民主权威型教养方式下的儿童日常生活、学习等行为表现良好，社交能力也较强，专制型教养方式对儿童的发展有利有弊，而放纵型教养方式对儿童的社会行为只有负面影响。[①] 民主权威型家庭中的儿童自信、善良，具有良好的社会适应能力，对同伴友好、热情，家长的权威性体现在给儿童制定严格的行为准则但明确地告诉孩子按规矩行事的道理。[②] 骄纵溺爱型教养方式下的幼儿任性无礼、我行我素、自我中心性强，一旦个人愿望不

---

① 李翠英、刘志红：《论家庭教养方式对农村留守儿童行为的影响分析》，《南华大学学报》（社会科学版）2008 年第 4 期。

② 徐慧、张建新、张梅玲：《家庭教养方式对儿童社会化发展影响的研究综述》，《心理科学》2008 年第 4 期。

能及时满足，很容易以攻击、敌对等行为加以宣泄。忽视冷漠型教养方式下父母给予幼儿的教导和关爱很少，孩子的被抛弃感及怨恨情绪长期积累心头，久而久之容易转化为攻击行为。[①]

国外研究者针对与留守儿童相似的寄养儿童展开研究，Greeno，E. 通过测查教养方式转变前后的儿童行为变化，提出了针对寄养家长教养方式所进行的培训与干预是有效的，家长教养方式的转变确实降低了寄养儿童行为问题发生的概率。[②] Fuentes，M. J. 探讨了家庭教养方式与儿童问题行为的关系，发现不合理的教养方式必定导致寄养儿童较严重的问题行为。在问题行为解决上，寄养家庭家长要学习积极、正确的教养方式，避免使用忽视冷漠型方式。[③] 可见，寄养儿童家庭中忽视冷漠等不良的教养方式同样会引发儿童的问题行为，与我们关于留守幼儿的研究结论是一致的。因此，在实际生活中，为有效减少留守幼儿攻击行为等行为问题的出现，监护人尽量不使用骄纵溺爱与忽视冷漠型教养方式，而应有意识地向最有利于幼儿成长的民主权威型教养方式靠拢。

此外，留守幼儿只有对高兴情绪的理解与敌意性攻击及总攻击行为之间存在显著的负相关，其他情绪理解与攻击行为的相关均不显著。高兴是典型的积极情绪，也是研究中唯一的积极情绪，似乎表明如果留守幼儿对正性情绪理解较好的话，那么有助于抑制其敌意性攻击的发生。连光利等人在对幼儿情绪发展与问题行为的研究中证实了情绪发展和问题行为之间存在显著相关。[④] 笔者推测，对积极情绪较好理解的留守幼儿可能有一个和谐、愉悦的家庭氛围，或者监护人平时以一种积极、乐观的情绪状态对待他们，进而使得他们对积极情绪

① 李芳霞：《父母教养方式对幼儿攻击行为的影响》，《宁夏师范学院学报》2015 年第 2 期。

② Greeno, E. , "Effects of a Foster Parent Training Intervention on Child Behavior, Caregiver Stress, and Parenting Style", *Journal of Child & Family Studies*, Vol. 25, 2016, pp. 1991 – 2000.

③ Fuentes, M. J. , "Impact of the Parenting Style of Foster Parents on the Behaviour Problems of Foster Children", *Child：Care, Health & Development*, Vol. 41, 2015, pp. 704 – 711.

④ 连光利、王惠珊、黄小娜、石淑华、刘国艳、张建端：《幼儿社会性和情绪发展与行为问题的相关性研究》，《中国儿童保健杂志》2008 年第 2 期。

的理解能力高于消极情绪，同时他们也会不自觉地模仿和学习身边人的情绪表达，遇到同伴交往问题也会采取正向、友善的情绪应对方式，攻击行为发生概率自然不会高。

（二）留守幼儿家庭教养方式、情绪理解对攻击行为的影响

由回归分析可知，留守幼儿的家庭教养方式、情绪理解能够显著预测其敌意性攻击及总攻击行为水平。首先，幼儿性别对总攻击行为存在负向预测作用。具体来说，男孩做出攻击行为的概率要明显大于女孩。这一结果与已有研究相一致。[1][2] 造成留守男女孩攻击行为差异的原因笔者在前文已做详细阐述，即男女孩本身的生理差异及性别教育的影响所致。

其次，忽视冷漠型教养方式可以显著正向预测敌意性攻击和总攻击行为。忽视冷漠型教养方式下幼儿做出攻击行为的频率更高。李芳霞同样研究了权威型、溺爱型、专制型、忽视型等教养方式对幼儿攻击行为是否存在影响，结果表明各种教养方式下幼儿发生攻击行为的原因其实大不相同。[3] 使用忽视冷漠型教养方式的监护人平时与幼儿缺乏思想及情感交流，根本不在乎幼儿在幼儿园里做了哪些事、在生活中有哪些需求等，由于对幼儿关注少，相应的行为控制也少。这里的忽视冷漠型教养方式与李董平等研究中的放纵型教养方式有类似之处，他们认为较多使用母亲放纵的教养方式与儿童间接攻击行为的发生次数存在显著正相关。[4] 可见，监护人采用不合理的教养方式会直接提高幼儿攻击行为等问题行为增加的可能性。

最后，高兴情绪理解可以显著负向预测敌意性攻击。留守幼儿对高兴情绪理解能力越强，敌意性攻击发生的次数越少。高兴情绪理解是情绪理解能力的核心成分，情绪理解能力也是心理理论的重要内

---

① 管红云、王声湧、刘治民、陈青山：《学龄前儿童攻击性行为的影响因素分析》，《中国学校卫生》2005 年第 11 期。

② 王馥：《幼儿攻击性行为调查研究》，《心理科学通讯》1988 年第 4 期。

③ 李芳霞：《父母教养方式对幼儿攻击行为的影响》，《宁夏师范学院学报》2015 年第 2 期。

④ 李董平、张卫、李丹黎、王艳辉、甄霜菊：《教养方式、气质对青少年攻击的影响：独特、差别与中介效应检验》，《心理学报》2012 年第 2 期。

容。莫书亮等人通过对儿童攻击行为与心理理论的关系研究发现，3—5 岁儿童的攻击—破坏行为与错误的心理理论之间呈显著正相关，情绪理解能力越高，心理理论能力也相应越高，进而做出攻击—破坏行为的概率明显降低。[①] 该结果与本书的研究结论相一致。先前研究也涉及幼儿家庭教养方式、情绪发展与行为问题三者关系的研究，刘国艳等系统考察了父母教养方式对幼儿情绪及行为发展的影响，虽然幼儿行为问题的数据是通过父母完成的幼儿行为量表进行收集，结果不够准确、客观，存在偏差，但研究显示，父母教养方式对幼儿的情绪及行为发展均会产生较大程度的影响，良好、积极的父母教养方式可以促进幼儿情绪和行为的健康发展。[②]

六　教育建议

（一）监护人选择适合留守幼儿的家庭教养方式

1. 监护人应关注留守幼儿情绪理解发展的关键期

幼儿时期是儿童时代各项技能发展的关键时期。这一时期儿童的感知觉、思维、语言、动作等方面的能力都在飞速向前发展，情绪理解能力也不例外。一般认为 4 岁是儿童情绪理解能力发展的"关键期"，这一阶段幼儿具备与家长、同伴、老师进行有效情绪沟通和交流的能力，可以正确理解别人表达的情绪并做出恰当的情绪反应，因情绪理解错误而导致的敌对、攻击行为相比 3 岁幼儿明显减少。

单亲监护与祖辈监护是留守幼儿主要的监护类型。其中，单亲监护人多数是母亲，母亲相比祖辈对留守幼儿的情绪变化会给予关注，但出于时间、精力、教育观念、文化水平等多种因素的制约，不能为幼儿提供科学、合理的教育指导。另外，单亲监护下的留守幼儿由于父亲角色长期缺位，尤其是男孩，无法在生活中模仿学习男性该有的人格品质，性格可能会变得脆弱、敏感、胆小怕事。祖辈监护人多为

---

① 莫书亮、陶莉莉、贾蒙蒙、周宗奎：《3—5 岁儿童的攻击—破坏行为与心理理论、气质的关系》，《心理研究》2012 年第 2 期。

② 刘国艳、王惠珊、张建端、连光利、黄小娜、石淑华：《父母教养方式对幼儿行为及情绪的影响》，《医学与社会》2008 年第 5 期。

祖父母或外祖父母，因祖辈较为陈旧的教育理念，再加上文化水平低，根本不清楚幼儿发展存在关键期的问题，多数监护人认为照顾好孩子的起居即可，意识不到孩子还有心理层面的需求。综上，不管是单亲监护还是祖辈监护都需要给留守幼儿尽可能多一点精神层面的关爱，尤其要注意孩子情绪能力发展的关键期，促进幼儿正常的情绪社会化。

2. 父母应高度重视留守幼儿的情绪及行为问题

本书研究发现忽视冷漠型教养方式在留守幼儿家庭中普遍存在。留守家庭的结构及功能本来就有所缺失，如果父母与幼儿的情感交流因外出变得很少甚至几乎没有的话，这种情况对留守幼儿的情绪及行为发展是相当不利的。

与祖辈监护的留守幼儿相比，单亲监护下的留守幼儿情绪理解能力相对较强，攻击行为水平相对较弱。众所周知，要想从根本上解决留守幼儿的情绪及行为问题，最好的办法就是给他们一个完整的家，结束留守生活。但农村落后的经济无法满足一些家庭的生存及生活需要，年轻家长考虑到生计问题，不得不背井离乡到大城市务工。虽然年轻父母不忍远离自己年幼的孩子，但残酷的生存现实迫使他们在维持生计和陪伴孩子中无奈地选择前者。每个孩子在每一年龄阶段的成长是不可复制的，父母在儿童早期发展中的作用也是无法取代的。如果必须要让幼儿留守在家的话，尽量采取单亲监护的形式，父母一方最好让母亲在家陪伴幼儿，此监护类型对幼儿的身心健康发育相对较好。如果父母必须都要外出，只能把孩子留给祖辈的话，也要尽可能通过电话、视频等形式加强与幼儿的情绪情感交流，掌握幼儿一日的生活状况，尤其是情绪方面的波动。祖辈监护人也要尽到教育职责，将幼儿在家和在园遇到的问题及时汇报其父母，听取幼儿父母合理的教育建议，通过各种途径主动学习科学的、适合新时代幼儿发展的教育方法。

总之，作为教育工作者，我们都希望广大留守幼儿的父母在解决生计问题的同时，留出一点时间关心留守幼儿的心理发展，千万不可错过幼儿情绪及行为发展的关键期。

3. 监护人切忌因为亏欠而过分溺爱留守幼儿

前文结果表明，骄纵溺爱型教养方式与留守幼儿的敌意性攻击、总攻击行为均呈显著正相关关系。骄纵溺爱型的教养方式普遍存在于祖辈监护的留守家庭中，容易引起幼儿行为问题的发生。一方面，祖辈监护人觉得留守幼儿父母不在身边，生怕在物质生活上亏欠幼儿，会过度宠爱幼儿，很容易形成骄纵溺爱型教养方式。留守幼儿的父母因缺乏与祖辈在养育方面的交流，回到家后，可能会采取另外一种截然不同的教养方式对待幼儿，他们离开后，祖辈又会继续使用骄纵溺爱的方式抚养幼儿，不同教养方式在短时期内的交替使用也会给留守幼儿的心理及行为发展带来影响。比如，父母回到家后针对幼儿的问题行为予以纠正和教导，甚至会采用批评和惩罚的形式，但祖辈在父母走后对幼儿过度地安抚，反而强化了留守幼儿问题行为的再次发生，导致其问题行为出现越来越频繁，之后纠正起来更加困难。

另一方面，外出打工的父母自知平时对孩子欠缺关爱，内心充斥着愧疚感，他们期望能利用短暂的相聚时间最大限度地弥补缺失的爱，就会无条件地满足孩子的一切要求，无论是否合理。通常父母会忽略孩子的问题和缺点，对一些问题行为视而不见，间接导致幼儿的问题行为更加严重。攻击行为是留守幼儿身上最突出的问题行为，并且它的发生意味着幼儿可能伴随着明显的情绪问题，监护人和老师在进行行为干预时务必要考虑到幼儿心理的承受力。既不要低估情绪及行为问题的严重性，也不要以极端的打骂、惩罚等方式对待幼儿，以免适得其反。

因此，父母切忌使用双重标准来对待留守幼儿，即在要求祖辈严格对待幼儿的同时自身却因愧疚心理放松对孩子的教育。幼儿在监护人身上学到的东西对其影响是最深远的。采取骄纵溺爱教养方式的监护人一定要有意识地改变这种不良的教养方式，在家中做到言传身教；也要保持与幼儿教师积极沟通留守幼儿在园的情况，及时疏导幼儿的不良情绪，纠正其行为问题，必要时可寻求老师的帮助。

（二）幼儿教师应加强对留守幼儿心理及行为问题的干预

1. 对于留守幼儿在园发生的不良行为应及时制止

除监护人之外，教师是留守幼儿生活中接触最多、最亲近的人，他们的一日活动都由教师来安排、指导，可以说教师的言行悄然地影响着每一个幼儿。据了解，一些留守幼儿密集的乡镇幼儿园中，由于资源匮乏，难以达到"两教一保"的师资配备，四五十个幼儿的班级有时只有一个到两个教师，导致每个教师的工作量增加，加之精力有限，不可能对每个幼儿都给予充分的照顾和关注。教师对于留守幼儿之间发生的攻击行为可能注意不到；只有当幼儿主动找老师寻求援助时，教师才会意识到幼儿与同伴间发生了某种程度的攻击行为，如果没有造成实际身体伤害，教师也不会过多询问，只是进行简单安慰。

在实际观察中发现，主动请求老师帮助的幼儿中女孩居多，但男孩才是大多数攻击行为的发起者，教师对女孩的过多关注间接助长了男孩的攻击行为。另外，不同年级留守幼儿应对攻击行为的方式也不同，小班幼儿多数情况会向老师告状，中、大班的幼儿多数情况自己解决处理，导致老师根本不知道中、大班幼儿已经发生过攻击行为。所以，针对不同年龄阶段的幼儿，教师采用的教育手段和方法需要根据孩子的实际认知水平和行为发展状况做出相应调整。

鉴于此，针对留守幼儿较多的乡镇幼儿园，政府首先要解决师资配备问题，这是教师有精力做好工作的前提。幼儿教师要高度重视留守幼儿的情绪及行为问题，对频繁发生攻击行为的幼儿及时进行教育干预，深入考察行为背后的原因，有效矫正幼儿的行为问题。教师可以制作幼儿行为观察表，记录下留守幼儿每日在园发生的各种行为情况，既包括问题行为，如攻击行为、破坏行为、不文明行为等，也包括亲社会行为，如助人行为、合作行为、安慰行为等。每周把留守幼儿的行为表现进行总结，分析其行为发展变化趋势。当发现某一幼儿的攻击行为在逐渐递增时，便要及时联系其监护人，通过家园共育的形式纠正其问题行为，帮助幼儿回到正常的社会化轨道。

2. 及时与监护人沟通留守幼儿的在园情况

留守幼儿监护人平时既不主动向幼儿教师介绍孩子在家的行为表现，也不询问教师孩子在园的具体情况，这样容易导致家庭和幼儿园互为矛盾的两种教育方式同时对幼儿产生影响。幼儿教师明令禁止的行为，在监护人那里却是默许的，幼儿同时接受相反的教育理念会让其感到无所适从，进而导致行为混乱。问题的根源在于监护人与幼儿教师沟通不畅。研究者在观察中发现，幼儿教师与监护人的主动沟通也不多，沟通的主要内容仅是孩子的起居和适应问题，对幼儿在园的具体行为表现可谓零交流。沟通不良问题使得留守幼儿监护人对教师存在很大误解和抱怨。监护人对教师的不满和抱怨情绪会让内心敏感的幼儿捕捉到，进而影响到幼儿的情绪健康。

为了解决上述问题，幼儿教师除了对留守幼儿进行每日的行为观察记录外，还要把幼儿每周的行为变化情况及时反馈给监护人。另外，利用每天放学时间与一个到两个家长深度沟通，同时要定期召开家长见面会，将留守幼儿在一段时期内各方面的表现进行汇总并反馈给监护人，当然既包括幼儿的优点和进步，也包括幼儿的缺点和不足之处，例如生活适应问题、情绪及行为问题等。最终，通过家庭与幼儿园的通力配合和共同努力，彻底纠正留守幼儿的不良行为。

（三）幼儿园应起到沟通桥梁的作用

1. 多开展有利于监护人与幼儿、幼儿教师深入沟通的家园共育活动

教育资源的缺乏导致乡镇幼儿园在亲子活动的开展上远远落后于城市幼儿园，家长的参与度和配合度也明显低于城市幼儿园。留守幼儿的监护人中，祖辈监护人有更多的闲暇时间，而单亲监护的家长教养理念较先进，只要幼儿园号召，家长还是能够充分参与到各种活动中去。幼儿园作为监护人与留守幼儿、幼儿教师联系的纽带、沟通的桥梁，必须发挥好本身的职能，尽可能丰富地开展各类亲子活动，比如选择在重要的节假日期间，开展大型游园活动、与节日相关的亲子活动、各类主题家长会等。亲子活动不仅能够巩固监护人与幼儿的亲密感情，让幼儿在活动中养成关爱、包容及合作等良好品质，还能通

过在特殊节日如感恩节、母亲节、父亲节等举行的活动让幼儿学会感恩，真正体会到家长的辛苦。主题家长会中幼儿教师是主题活动的策划者和组织者，每次选择一个与幼儿身心发展相关的主题与家长分享，家长在与教师的互动中学习如何科学教养并指导幼儿更好地发展。

2. 结合实际情况开展园本课程

乡镇幼儿园由于经济支持力度不够，导致园内可供幼儿娱乐的硬件设施及玩教具种类匮乏且陈旧，一些需要借助玩教具开设的课程无法进行，课程的多样性无法实现。但乡镇地区具有得天独厚的优势，比如场地空旷、各种动植物丰富等，这些给幼儿提供了亲近大自然、认识动植物的绝佳机会，结合家长在田里劳作使用的器具和运用的劳动技能，都可以作为教师实际场景教学的内容。

幼儿园可以把自身的劣势转化为优势，引导留守幼儿亲自创设、亲手制作属于本园的独特玩教具，不仅可以培养幼儿的创造性思维，锻炼其动作技能，而且如果能邀请家长参与其中，与幼儿一起完成玩教具作品，还可以加深亲子感情。园本课程的制定要依据留守幼儿的具体情况，需要了解幼儿哪些能力发展迟缓，并可以通过训练得以提高。针对留守幼儿常见的攻击行为，幼儿园通过开展主题活动、制作园本故事等形式，让幼儿明白攻击行为会带给他人很大的伤害，会破坏掉与同伴亲密的友谊。针对留守幼儿情绪理解能力，幼儿园可以让幼儿自己动手制作不同表情的面具，配合情绪理解方面绘本故事的品读，加强对幼儿情绪理解能力的培养。

（四）媒体和社会大众应加强对留守幼儿的关注

1. 开展社会关爱活动，多关注留守幼儿的心理健康

留守儿童群体一直以来备受社会各界的关注，对于留守儿童的心理研究从未间断过。但媒体报道中多数为留守儿童的物质生活现状，其实相比物质的缺乏，留守儿童更严重的缺乏在于心理及行为层面，当留守儿童放学后处于无人监管状态，心理及行为问题频繁发生。综观各类报道，报道中多数提到的是中小学留守儿童，对处于学前阶段的留守幼儿关注度不够。中小学留守儿童自我意识成熟、生活上可以

自理，能准确表达出内心的真实想法。但是留守幼儿年龄尚小，认知不成熟、生活无法自理、情绪和想法可能不知如何表达，他们会对照看自己的祖辈产生更多的依恋情感，对父母则产生更多的疏离感。长此以往，留守幼儿在祖辈不太科学的教养方式下形成各种情绪及行为问题，由于与幼儿感情的疏远使得父母无法进行有效的教育干预，甚至影响到幼儿一生的发展。

针对目前的社会媒体和社会关爱活动缺乏对留守幼儿心理及行为问题等方面的重视，我们建议相关的学前教育社团、机构及公益组织多开展一些幼儿科学教养知识、幼儿心理学知识的宣传、普及等活动，使留守幼儿的监护人能够接收到科学的教育理念和育儿方式，对幼儿心理需求能够更多地去关注，并及时与教师就留守幼儿的教育问题进行交流讨论。

2. 与高等院校合作，幼教专业学生走入乡镇幼儿园交流、实习

目前中国有 300 多所高等院校开设了学前教育专业，学前师资力量较为充足。有研究对高等院校中幼教专业学生深入留守幼儿课堂的模式进行探讨，并形成了初步构想；该模式认为幼教专业学生可以利用寒暑假社会实践活动的机会，深入乡镇留守幼儿较多的幼儿园。[①] 对于学前教育专业的大学生来说，通过教育实习或实践活动走进留守幼儿的现实生活，与他们密切接触，不仅能够把大学里学到的专业知识和技能运用到实践当中去，丰富留守幼儿在园的课程和活动，而且可以就实践中发现的关于留守幼儿的心理及行为问题进行积极干预，与该园的园长、幼儿教师、家长共同探讨育儿问题，尽自身所能助力留守幼儿的健康发展。

另外，一些优秀的学前教育学、心理学研究生和科研人员也可以深入留守幼儿较集中的幼儿园，通过开展有针对性的实地调研、追踪研究及教育干预活动，就留守幼儿中普遍存在却难以解决的棘手问题，以科学、客观、全面的视角制定出相应对策。教育科研人员最终

---

① 何文秋、史爱华：《全纳教育视域中的留守幼儿支教活动——兼论留守幼儿支教的"晓庄模式"》，《南京晓庄学院学报》2012 年第 2 期。

将一系列相关研究成果形成系统、完善的研究报告，以专题讲座等形式反馈给留守幼儿家长、幼儿园和教育部门，为当地的幼儿园、社区及教育部门制定相应的教育措施和政策提供一定的参考。总体来看，开设学前教育专业的高等院校完全可以与本地的乡镇幼儿园建立定点的帮扶合作关系，从各地的实际情况出发，让学前教育工作者真正地深入实践，为留守幼儿的美好明天保驾护航。

第六章　留守幼儿的社交退缩行为

幼儿的社交退缩行为会对其身心发展造成不良影响，阻碍他们对于社交知识与技能的正常学习。社交退缩幼儿一般表现为与同伴、老师交往的动机不强，或故意逃避交往，不愿意与他人交流、分享。这种自我封闭状态会导致幼儿的孤独感增强，同时也会加剧同伴对他的排斥与孤立。张光珍等人探讨了儿童早期气质对焦虑退缩的影响，结果表明，2岁儿童的行为可以预测其7岁、11岁时的焦虑退缩。[①] 社交退缩幼儿在与他人互动时内心会显露出非常强烈的焦虑、胆怯及恐惧感，倘若这种状态未能得到科学、有效的干预，会严重影响幼儿后续人际交往能力及健全人格的发展。

相较于非留守幼儿，大多数留守幼儿的父母外出务工不能陪伴其成长，由祖辈代为抚养。大部分祖辈文化水平低、教养观念陈旧，在教养过程中想方设法最大限度地满足留守幼儿各种物质需要，而对留守幼儿社会行为发展及知识学习的重视程度远远不够。幼儿在与同伴交往的过程中遇到同伴排斥、欺负等问题时，靠自身能力无法解决，监护人又不能及时提供帮助，进而可能导致留守幼儿社交退缩行为的发生。

现有关于留守幼儿行为问题的研究大多关注的是内在心理因素与某种行为的相关关系，而针对外源性因素对行为问题的影响研究相对匮乏。综上所述，笔者认为考察重要的外源性因素对留守幼儿社交退缩行为的影响是十分有必要的。本书选取家庭教养方式这一主要环境

---

① 张光珍、梁宗保、陈会昌等：《早期气质对焦虑退缩行为的影响：社会适应的背景性作用》，《心理学报》2013年第1期。

变量，探讨其对留守幼儿社交退缩行为的影响。整章内容分为三个小节：第一节对儿童社交退缩行为进行概述，包括起源与概念、儿童社交退缩行为的类型以及研究方法；第二节通过实证研究分析探讨留守幼儿社交退缩行为的发展特点，并提出教育建议；第三节选取外部环境变量（家庭教养方式）进一步探讨其对留守幼儿社交退缩行为的影响。

第一节　儿童社交退缩行为研究概述

一　儿童社交退缩行为的起源与概念

（一）社交退缩行为的起源

关于社交退缩行为的起源研究主要集中在两个方面。一方面，是来自儿童社会行为的研究。心理学家道奇早在 20 世纪 80 年代就指出，人类的社会行为存在差异主要是由于对他人思想、意愿、情感的理解与对自己和他人行为后果的认知不一致。[1] 个体的社会认知能力在社会互动尤其是儿童早期的同伴互动中应运而生并逐渐发展。皮亚杰认为图式的建构是主体与客体通过相互作用而完成的，所以个体社会认知能力的发展也源于与他人的相互作用。大多数研究者同意上述观点。[2] 同期的学者还致力于探寻观点采择能力、同伴互动与儿童社会行为间的关系，有结果显示，良好的社会互动可以抑制攻击行为、促进亲社会行为的发生。[3] 既然同伴互动被普遍认为对个体的社会认知能力和社会行为有重大影响，那么作为缺乏同伴交往的社交退缩儿

---

[1]　Dodge, K. A., "Social Competence in Children", *Monographs of the Society for Research in Child Development*, Vol. 51, No. 2, 1987, pp. 1 – 85.

[2]　Damon, W., *The Social World of the Child*, San Francisco: Jossey-Bass Publishers, 1977, p. 81. Doise, W., Mugny, G., Perret-Clermont, A. N., "Social Interaction and the Development of Cognitive Operations", *European Journal of Social Psychology*, Vol. 5, No. 3, 1975, pp. 367 – 383.

[3]　Iannotti, R. J., "Effect of Role-Taking Experiences on Role Taking, Empathy, Altruism, and Aggression", *Developmental Psychology*, Vol. 14, No. 2, 1978, p. 119. Chandler, M. J., "Ego Centrism and Antisocial Behavior: The Assessment and Training of Social Perspective-Taking Skills", *Developmental Psychology*, Vol. 9, No. 3, 1973, p. 326.

童自然也就引起了研究者的关注。

　　另一方面，主要是源于对个体非正常行为的关注。社交退缩行为这个概念在临床心理学和异常心理学中频繁出现，多被看作内化行为问题或控制失调的例证。社交退缩行为与攻击行为作为内隐和外显问题行为的两个典型，都被认为是不利于儿童社会性发展的行为。退缩行为是儿童低自尊水平、共情能力不足、孤独感、抑郁情绪等心理问题的潜在诱因，是儿童社会性发展受阻的反映，会危害儿童的身心发展，这势必需要引起心理与教育学术界的广泛关注。

　　（二）社交退缩行为的概念

　　迄今为止，关于社交退缩行为概念的界定尚未达成一致。1982年，鲁宾在一项研究中发现，有些儿童在集体游戏环节时总是一个人玩耍，拒绝与同伴交流、互动，他把这类游戏行为称作"非社交游戏"。他通过随后更加系统的研究和深入思考，进一步提出用"社交退缩"来取代"非社交游戏"概念。1993年，鲁宾与爱森道夫对已有资料进行了分析与总结，用社交退缩行为概念来表示在熟悉或陌生同伴面前展现出的各种形式的、持久的孤单行为。[①] 其他研究者也对退缩行为进行了深入研究，卡根和斯尼德曼把社交退缩行为看作一种孤独行为，包括在跨时间、情境的所有社会环境下做出的独自游戏、消磨时光等行为。[②] 哈特等人认为儿童的社交退缩行为是指在所熟悉的环境下的一种弥漫性的独处行为模式，在这种行为模式下儿童习惯性地从同伴互动中将自己抽离出来，这种社交退缩行为与儿童在陌生情境下和他人交往时因气质因素所引发的抑制行为并不等同。[③]

　　在社交退缩行为几十年的研究历史中，"社会退缩""社交孤立"

----

　　① Rubin, K. H. , *The Waterloo Longitudinal Project: Correlates and Consequences of Social Withdrawal from Childhood to Adolescence. Social Withdrawal, Inhibition, and Shyness in Childhood*, NJ: Lawrence Erlbaum Associates, 1993, pp. 291 – 314.

　　② Kagan, J. Snidman, N. , "Temperamental Factors in Human Development", *American Psychologist*, Vol. 46, 1991, pp. 23 – 34.

　　③ Hart, C. H. , Yang, C. , Nelson, L. J. , et al. , "Peer Acceptance in Early Childhood and Subtypes of Socially Withdrawn Behaviour in China, Russia, and the States", *International Journal of Behavioral Development*, Vol. 24, No. 1, 2000, pp. 73 – 81.

"抑制""沉默""害羞"等专业术语都用来描述退缩、不合群、独处的个体行为，虽说这些概念在定义上有重合，并且在统计学上具有某种关联，但它们毕竟是独有的词汇，不能混为一谈。例如，社交退缩与社交孤立是不一样的，社交退缩是一个人主动选择脱离群体，而社交孤立是一个人被群体被动孤立。

目前，社交退缩行为主要从社会测量和行为描述两个角度进行界定。从社会测量角度看，"社交退缩行为"以高水平的同伴拒绝（被拒绝）或低水平的同伴接受（被忽视）作为评定标准。从行为描述角度看，"社交退缩行为"指交往频数很低的独处行为。后来有研究者指出，社会测量角度中的被拒绝或被忽视儿童与社交退缩儿童并不能画等号，因此，社交退缩多数情况下被当作一个行为术语在使用，而不简单是一个社会测量的结果。研究者更多地从行为描述的角度来界定社交退缩行为，把儿童的社交退缩行为看作一种内化的问题行为。

广义上的社交退缩行为既包括社会测量角度下被忽视、被拒绝儿童的行为表现，也包括那些主动脱离同伴群体自己独自玩耍的儿童所做出的行为。当前国内学者采纳较多的是鲁宾与爱森道夫的定义，即社交退缩行为是指在交往场合中，独自一人，不与他人交往的行为表现。

二　儿童社交退缩行为的类型

自社交退缩行为的概念被提出以来，在学术界一直都被视作单一维度来研究。20世纪90年代以前，儿童的社交退缩行为主要指儿童游离于同伴以外、不参与群体的行为。随着研究的不断深入，到20世纪90年代以后，学者们普遍指出儿童期的社交退缩行为并不是只有单一维度，而是包含多个维度的一种较为复杂的行为。[1][2] 不同类

---

① Asendorpf, J. B., "Beyond Social Withdrawal: Shyness, Unsociability, and Peer A-voidance", *Human Development*, Vol. 33, No. 4, 1990, pp. 250 – 259.

② Harrist, A. W., Zaia, A. F., Bates, J. E., et al., "Subtypes of Social Withdrawal in Early Childhood: Sociometric Status and Social-Cognitive Differences across Four Years", *Child Development*, Vol. 68, No. 2, 1997, pp. 278 – 294.

型的退缩行为产生的原因可能不一致，其内含的心理机制也可能不一致，甚至相同的退缩行为或许也会因情境发生了改变而具有不一致的解释，于是学术界也就逐渐有了对社交退缩亚类型的研究。

（一）二维结构分类

鲁宾和米尔斯最早提出将社交退缩进行二维结构分类，认为社交退缩行为可以分为两种形式："活跃退缩"与"安静退缩"。[①] 活跃退缩又被称为"被动退缩"或"活跃孤独型"，[②] 指儿童由于被同伴拒绝或没有成功进入群体而只能孤立于群体之外，不得不自己玩耍的行为。活跃退缩与儿童的攻击行为或是早期的同伴接受度低、负面评价多有关，具有较高的社交动机和较低的回避动机；安静退缩又称为"主动退缩"，[③] 指儿童由于焦虑、害羞（并非气质性害羞）或对于社交过度敏感而主动脱离群体活动的行为。这种社交退缩行为源于儿童较低的社交动机和较高的回避动机，容易使儿童产生消极的自我知觉，进而发生内隐性的问题行为。不过有研究认为这其实是一种相对良性的退缩行为，并不能看作社交能力缺陷的表现。简单来看，安静退缩是自己主动不跟群体玩，活跃退缩是群体不愿意跟自己玩，这两种亚型在学前、小学阶段都得到了大量的研究证实。

（二）三维结构分类

后来爱森道夫又指出上述两种退缩行为中还有一种单独的退缩行为，柯普兰称其为"焦虑退缩"。[④] 焦虑退缩又被称为"沉默寡言""害羞型""抑制行为"，是指与同伴相处时儿童的等待—徘徊行为、

---

① Rubin, K. H., Mills, R. S., "The Many Faces of Social Isolation in Childhood", *Journal of Consulting and Clinical Psychology*, Vol. 56, No. 6, 1988, p. 916.

② 孙铃、陈会昌、单玲：《儿童期社交退缩的亚类型及与社会适应的关系》，《心理科学进展》2004年第3期。

③ Thijs, J. T., Koomen, H. M. Y., Jong, P. F., et al., "Internalizing Behaviors Among Kindergarten Children: Measuring Dimensions of Social Withdrawal with a Checklist", *Journal of Clinical Child and Adolescent psychology*, Vol. 33, No. 4, 2004, pp. 802 – 812.

④ Coplan, R. J., Rubin, K. H., Fox, N. A., et al., "Being Alone, Playing Alone, and Acting Alone: Distinguishing Among Reticence and Passive and Active Solitude in Young Children", *Child Development*, Vol. 65, No. 1, 1994, pp. 129 – 137.

观望行为和无所事事行为。焦虑退缩反映了儿童想参与社交却又害怕社交、回避社交的矛盾冲突心理,[1] 他们既渴望与人交往,又因自身原因逃避与人交往。在陌生同伴情境中,使儿童回避社交的主要原因是自身的气质类型,如抑制性气质、焦虑气质、害羞气质等;而儿童处于熟悉同伴的社交环境中,导致儿童回避社交的主要原因是对社会评价尤其是负面评价的关注。研究表明,儿童在熟悉同伴中的沉默寡言与被同伴的忽视、拒绝有显著相关,并且这种相关性随时间而提高。因此有学者指出儿童在已经熟悉的情境下的焦虑退缩行为能够反映出儿童与同伴之间所存在的关系质量。[2] 柯普兰认为在儿童早期,焦虑退缩、安静退缩和活跃退缩三者之间是没有关系的,但随着儿童年龄的增长,大约到了儿童中期,儿童在面对陌生同伴的焦虑退缩行为会逐渐与安静退缩存在一定的关系,会逐渐出现两种形式的社交退缩的融合。[3] 其主要表现形式为安静退缩,所以人们对于童年中后期社交退缩的划分主要考虑活跃退缩与安静退缩两种类型。

(三) 其他分类

哈瑞丝特等人通过一项为期4年的追踪研究发现,学前儿童存在四种退缩行为,除了爱森道夫划分的上述三种之外,新增加了一种胆小怕事、不敢面对、自我封闭的退缩行为,他们把这种行为称作"消极悲伤"。[4] 郑淑杰等人在结合了前人理论的基础上,采用观察法考察4岁幼儿的游戏行为,根据研究结果提出三种退缩亚类型,分别是矛盾型退缩、弱交往退缩与被拒绝型退缩。[5]

---

① Asendorpf, J. B. , "Beyond Social Withdrawal: Shyness, Unsociability, and Peer Avoidance", *Human Development*, Vol. 33, No. 4, 1990, pp. 250 – 259.

② Asendorpf, J. B. , "Development of Inhibition during Childhood: Evidence for Situational Specificity and a Two-Factor Model", *Developmental Psychology*, Vol. 26, No. 5, 1990, pp. 721 – 730.

③ Asendorpf, J. B. , "Development of Inhibited Children's Coping with Unfamiliarity", *Child Development*, Vol. 62, No. 6, 1991, pp. 1460 – 1474.

④ Harrist, A. W. , Zaia, A. F. , Bates, J. E. , et al. "Subtypes of Social Withdrawal in Early Childhood: Sociometric Status and Social-Cognitive Differences across Four Years", *Child Development*, Vol. 68, No. 2, 1997, pp. 278 – 294.

⑤ 郑淑杰、陈会昌等:《四岁退缩儿童亚类型研究》,《心理科学》2005年第1期。

三　儿童社交退缩行为的研究方法

目前研究社交退缩行为的方法主要包括观察法、父母评价法、同伴测量法和教师评价法。

（一）观察法

观察法是主试作为旁观者，观察记录被试儿童在自由开展的游戏活动中所表现出的行为，以此测量社交退缩的一种方法，包括实验室观察[①]与熟悉环境下的自然观察。大多数研究者都选择鲁宾等人编制的《儿童游戏行为观察量表》（POS）作为研究工具。[②] 该量表在儿童的社交参与分类中融入了儿童对游戏的认知分类，记录儿童作为旁观者的观望行为与不参加任何游戏的无所事事行为。有研究者采用时间取样观察法测查社交退缩，并对社交退缩下了操作性定义：以观望行为、无所事事行为和所有的单独游戏（包括探索游戏、功能游戏、装扮游戏和建构游戏等）为主要表现的一切形式的非社交行为。另外，在考察社交性抑制时，有研究者采用如等待—徘徊行为等指标作为退缩行为的评定标准。[③]

观察法对主试及研究设备的要求都较高，每次观察的人数也相对有限，而且只能在儿童自由游戏的时候进行观察，时间也比较受限。当儿童在不同活动中表现出退缩行为时，使用观察法也不太能找到一个评判的综合指标。但是观察法相对来说最为客观、准确，因此目前研究者对社交退缩行为的测量使用最多的还是观察法。

（二）父母评价法

父母评价法主要是对儿童早期社交退缩行为的研究方法，其主要

① Rubin, K. H., Mills, R. S. L., "The Many Faces of Social Isolation in Childhood", *Journal of Consulting and Clinical Psychology*, Vol. 56, 1988, pp. 916 – 924.

② Coplan, R. J., Wichmann, C., Lagacé-Séguin, D. G., "Solitary-Active Play Behavior: A Marker Variable for Maladjustment in the Preschool", *Journal of Research in Childhood Education*, Vol. 15, No. 2, 2001, pp. 164 – 172.

③ Asendorpf, J. B., Van Aken, M. A. G., "Traits and Relationship Status: Stranger Versus Peer Group Inhibition and Test Intelligence Versus Peer Group Competence as Early Predictors of Later Self-Esteem", *Child Development*, Vol. 65, No. 6, 1994, pp. 1786 – 1798.

是考察儿童气质特点，用于社交性抑制的研究。研究者更多的时候把它当作其他方法的补充研究法，主要使用的问卷是《婴儿行为评价问卷》（TBAQ）。[①] 该问卷主要适用于 1—2 岁的儿童，共有 111 个题项，将退缩行为分为两个维度，分别是"害怕"和"情绪"；需要父母根据儿童过去半个月之内的表现对问卷进行作答。被试行为出现的频率用 7 点量表进行评定。总之，单独用到父母评价法测量社交退缩行为的并不多，多数情况下和其他方法结合使用。

（三）同伴测量法

通过同伴评定来测量社交退缩行为也是常用研究方法之一。马斯腾等人编制的《班级戏剧量表》[②] 是针对儿童社会行为的信效度良好的测量工具。该问卷包括三大维度："敏感—孤立""攻击—扰乱""社交—领导"，其中的"敏感—孤立"是专门测查儿童社交退缩行为的维度。随后鲁宾和米尔斯指出，"敏感—孤立"还可以分作"消极—孤立"和"被排斥"两个子维度，[③] "消极—孤立"子维度中的 4 个题项适合对安静退缩行为进行考察，"被排斥"子维度的 3 个题项适合对活跃退缩行为进行考察。朱婷婷以三年级和四年级的小学生作为研究被试，采用《班级戏剧量表》中"敏感—孤立"维度的 7 个题项，借助同伴提名的方法测量社交退缩行为的两个子类型。[④] 研究发现，用《班级戏剧量表》的"敏感—孤立"维度测量社交退缩行为的两个子类是可靠的，同时该研究也表明可以将"平时总是很伤心的人"这一题项纳入两个维度的混合模型，这一发现也直接证实了鲍克等人的结论。[⑤]

---

① 杨丽霞：《小学高年级儿童社会退缩与家庭功能、同伴关系的相关研究》，硕士学位论文，江西师范大学，2008 年，第 31 页。

② Masten, A. S., Morison, P., Pellegrini, D. S., "A Revised Class Play Method of Peer Assessment", *Developmental Psychology*, Vol. 21, No. 3, 1985, pp. 523 – 533.

③ Rubin, K. H., Mills, R. S., "The Many Faces of Social Isolation in Childhood", *Journal of Consulting and Clinical Psychology*, Vol. 56, No. 6, 1988, p. 916.

④ 朱婷婷：《童年中期社交退缩及其与孤独感的关系》，硕士学位论文，华中师范大学，2006 年，第 5 页。

⑤ Bowker, A., Bukowski, W., Zargarpour, S., et al., "A Structural and Functional Analysis of a Two-Dimensional Model of Social Isolation", *Merrill-Palmer Quarterly*, Vol. 44, 1998, pp. 447 – 463.

因此，同伴测量法对测量儿童中后期社交退缩行为的结果相对更加准确。

（四）教师评价法

教师评价法主要使用的研究工具为《学前儿童游戏行为量表》。该量表共有五大维度，包括独处行为、社会游戏、打闹行为、主动退缩行为和被动退缩行为。① 此外，一些研究者使用《加利福尼亚儿童Q分类量表》中的"害羞—抑制"维度作为测量儿童社交退缩行为的指标。还有一些教师自编的评价量表，其中的行为指标与观察法的指标几乎一致，但研究的生态效度和数据的客观性远不及观察法。

第二节　留守幼儿社交退缩行为的发展特点

幼儿期是一个人性格、行为方式及社交能力初步形成的关键时期。幼儿社会行为的发展最初受到家庭监护人的教养方式及行为模式的直接影响，随着其成长环境逐渐丰富，幼儿园中的老师、同伴及周围相关的人均会对幼儿的行为产生或多或少的影响。在这些外部环境因素中，一旦有不利于幼儿心理及行为发展的消极因素存在，可能会导致幼儿产生严重的问题行为，进而阻碍其社会性发展。留守幼儿因父母之爱的缺失，情感需求比一般幼儿更加强烈，如果这一需要遭到他人拒绝或不被他人认可，给留守幼儿造成的危害将不堪设想。本书针对留守幼儿外化性问题行为——攻击行为已经做了详细阐述，接下来将对其内化性问题行为——社交退缩行为的发展趋势及具体表现展开研究，旨在对留守幼儿问题行为的教育干预提供一定的理论依据。

一　研究方法

（一）研究对象

研究被试选取四川省广安市某县 2 所公立幼儿园和南充市某县 1

---

① 杨丽霞：《小学高年级儿童社会退缩与家庭功能、同伴关系的相关研究》，硕士学位论文，江西师范大学，2008 年，第 4 页。

所私立幼儿园的 3—6 岁学前儿童，采用随机抽样的方法在 3 所幼儿园中共选取了 10 个班 550 名幼儿，对其社交退缩行为进行问卷调查。问卷由幼儿的主班老师填写，回收问卷 521 份。剔除无效问卷后得到有效被试 230 名。其中小班 76 名，中班 77 名，大班 77 名；男孩 118 名，女孩 112 名；留守幼儿 106 名，非留守幼儿 124 名。

（二）研究工具

使用叶平枝编制的《幼儿社交退缩行为教师问卷》对留守幼儿的社交退缩行为进行考察，幼儿教师根据每个幼儿在园期间退缩行为的具体表现做出评定。问卷包含 12 个题项，以 4 点计分法计分，总分为 48 分。其中，20 分作为中班、大班幼儿社交退缩行为的筛选标准，21 分作为小班幼儿社交退缩行为的筛选标准。得分高于标准值的幼儿即具有社交退缩行为，得分低于标准值的幼儿则归为正常组。

（三）研究设计

以留守幼儿不同性别（男、女）、不同年级（小班、中班、大班）、不同监护人类型（父亲、母亲、祖父母、外祖父母）为自变量，以社交退缩行为得分为因变量，探讨留守幼儿社交退缩行为的发展特点。

二 研究结果

（一）不同性别留守幼儿社交退缩行为的差异比较

为了考察性别对留守幼儿社交退缩行为的影响，本书采用独立样本 t 检验进行统计分析，结果见表 6-1。

表 6-1 不同性别留守幼儿社交退缩行为的差异检验

	男	女	t
社交退缩行为	14.79 ± 2.62	15.04 ± 2.79	-0.719

由独立样本 t 检验结果可知，男孩的社交退缩行为平均分为 14.79 分，标准差为 2.62，女孩的社交退缩行为平均分为 15.04 分，

标准差为 2.79。社交退缩行为得分在不同性别上未表现出显著差异
（t = -0.719，p > 0.05）。

（二）不同年级留守幼儿社交退缩行为的差异比较

为了考察年级对留守幼儿社交退缩行为的影响，本书采用单因素
方差分析进行数据统计，结果见表 6-2。

表 6-2　　　　不同年级留守幼儿社会退缩行为的差异检验

	小班	中班	大班	F
社交退缩行为	15.11 ± 2.52	14.47 ± 2.60	15.17 ± 2.94	1.594

通过单因素方差分析，结果显示，小、中、大班留守幼儿在社交
退缩行为得分上未表现出显著的年级差异（F = 1.594，p > 0.05）。

（三）不同监护人类型留守幼儿社交退缩行为的差异比较

为了考察监护人类型对留守幼儿社交退缩行为的影响，本书采用
单因素方差分析进行数据统计，结果见表 6-3。

表 6-3　　　　不同监护人类型留守幼儿社交退缩行为的差异检验

	父亲	母亲	祖父母	外祖父母	F
社交退缩行为	14.23 ± 1.96	14.47 ± 2.41	15.49 ± 2.89	15.18 ± 3.38	5.259**

注：*p < 0.05，**p < 0.01，***p < 0.001，下同。

经单因素方差分析，结果表明，监护人类型的主效应显著 [F
(3，102) = 5.259，p < 0.01]，经事后检验（LSD）发现，祖父母
监护下的留守幼儿社交退缩行为得分与父亲、母亲监护下的留守幼儿
社交退缩行为差异显著（p < 0.05），表现为祖父母监护下的社交退
缩行为得分高于父亲、母亲监护下的得分；外祖父母监护下留守幼儿
的社交退缩行为得分与父亲、母亲监护下的得分差异也显著（p <
0.05），表现为外祖父母监护下的社交退缩行为得分高于父亲、母亲
监护下的得分。

（四）留守与非留守幼儿在社交退缩行为上的差异比较

为了考察留守与否对幼儿社交退缩行为的影响，本书采用独立样本 t 检验进行数据统计，结果见表 6-4。

表 6-4　　　　留守与非留守幼儿在社交退缩行为上的差异检验

	留守	非留守	t
社交退缩行为	15.85±2.91	14.11±2.22	-5.015***

由独立样本 t 检验结果可知，留守与非留守幼儿的社交退缩行为差异极其显著（t = -5.015，p < 0.001），留守幼儿的社交退缩行为显著高于非留守幼儿。

以幼儿社交退缩行为总分为因变量，以性别、年级、监护人类型、是否留守为自变量，做多因素方差分析，结果发现性别、年级、监护人类型、是否留守几个自变量之间均不存在显著的交互作用（p > 0.05）。

三　分析与讨论

（一）不同性别留守幼儿社交退缩行为的比较分析

经独立样本 t 检验表明，社交退缩行为的得分在性别上并未表现出显著差异，说明社交退缩行为并不因幼儿性别的差异而表现出不同。这可能是因为儿童社交退缩行为的性别分化要到学龄早期才能完成，[①] 本书的被试是小班到大班（3—6 岁）的幼儿，在生理上还没有进入退缩行为性别分化的关键期。已有研究使用同伴提名法对社交退缩的水平进行评定，发现学前期的幼儿并不存在性别差异，并且认为，到了童年中期，女孩更有可能被同伴评定为安静退缩。[②] 还有研

---

① 林崇德：《发展心理学》，浙江教育出版社 2002 年版，第 278 页。

② Pekarik, E. G., Prinz, R. J., Liebert, D. E., et al., "The Pupil Evaluation Inventory. A Sociometric Technique for Assessing Children's Social Behavior", *Journal of Abnorm Child Psychology*, Vol. 4, No. 1, 1976, pp. 83-97.

究者对 2—4 岁幼儿的社交退缩情况进行了研究，发现对 2—4 岁的幼儿来说，社交退缩中的害羞与抑制行为均不存在显著的性别差异。[1] 本书的结果也证明，在留守幼儿这个特殊群体身上同样不存在社交退缩行为的性别差异。

（二）不同年级留守幼儿社交退缩行为的比较分析

本书发现，社交退缩的得分在不同年级上也未表现出显著差异，说明社交退缩行为并不因年级的增长而发生明显变化，这与以往研究的结论有些差异。已有学者对 4—8 岁儿童社交退缩的发展特点做了调查，发现儿童在 4—8 岁，社交退缩中的沉默寡言和主动退缩具有相关性，并且这种相关会随着年纪的增加而增加，逐渐趋于融合。[2] 还有研究者也指出，4—6 岁幼儿的社交退缩行为出现的总时长是随年纪的增加而减少的，总体呈现一个显著下降的趋势。[3] 该研究认为，幼儿社交退缩行为随年龄减少的原因主要是幼儿的游戏形式发生了变化，从独自游戏到平行游戏再到团体游戏，团体游戏复杂性和实施难度的要求使得幼儿与同伴交往的密度不断增大，合作交流的时间越来越多，可能也就导致了社交退缩行为的总体下降。

笔者认为，本书中被试的生源地可能是导致社交退缩年级差异不显著的一大原因。我们的研究对象都是来自乡镇幼儿园的幼儿，园内软硬件设施、师资队伍的水平都无法与城市幼儿园相比，教师的专业素养不足可能就会导致对幼儿游戏开展的指导性不够，如对团队游戏开展的内容规划、形式设计和时间安排或许都存在不太合理的地方。中、大班幼儿的同伴交往质量并没有通过团体游戏得到相应的提升，因此可能造成社交退缩行为并无显著改善。也有学者得出了与本书一致的结论，如杨飞龙等人采用班级戏剧问卷对儿童的社交退缩行为考

① Rubin, K. H., Nelson, L. J., Hastings, P., et al., "The Transaction Between Parents' Perceptions of Their Children's Shyness and Their Parenting Styles", *International Journal of Behavioral Development*, Vol. 23, No. 4, 1999, pp. 937–957.

② Asendorpf, J. B., "Development of Inhibited Children's Coping with Unfamiliarity", *Child Development*, Vol. 62, No. 6, 1991, pp. 1460–1474.

③ 刘锋：《不同人际熟悉度下 4—6 岁幼儿的社交退缩行为与自我知觉的关系研究》，硕士学位论文，西南大学，2010 年，第 44 页。

察时发现，3—5 岁儿童的退缩行为在年级上并没有显著差异。① 研究结论的不一致也说明了儿童社交退缩的年级差异或许还具有争议性，未来需要进一步去探讨。

（三）不同监护人类型留守幼儿社交退缩行为的比较分析

本书发现，留守幼儿的社交退缩行为得分在监护人类型上表现出了显著差异，祖父母和外祖父母等祖辈监护下的留守幼儿社交退缩得分均显著高于父母单方监护下的留守幼儿。说明祖辈监护下的留守幼儿具有更高程度的社交退缩行为。可能的原因是，父母是与孩子血缘最亲近的人，父母对孩子的直接教养的效果是其他人都不能替代的，即使是同作为直系亲属的祖辈监护人亦然。再者，父母作为年轻一辈，他们的思想观念、教育理念、文化素养相对祖辈来说都处于一个更高的水平，可能具有更科学、更与时俱进的育儿观，对孩子的教养相对也更加细心、耐心，更加重视孩子身心健康以及人际交往的良性发展，因此，在父母教养下的幼儿其社交退缩程度会比较低。已有研究指出，亲子关系是影响社交退缩的重要因素，亲子间的温情反应、愉悦情绪都与 5 岁幼儿的社交退缩具有显著负相关，并且都对退缩行为具有负向影响；② 亲子间的依恋对幼儿的退缩行为也有负向预测作用，亲子依恋越强，幼儿社交退缩行为的水平越低。③ 父母的情感温暖能有效改善幼儿的孤僻性格，鼓励他们主动与同伴沟通、互动，进而降低其社交退缩的程度。④ 本书的结论也进一步证实，相对于祖辈监护人，由父母一方直接监护教养下的留守幼儿的社交退缩程度更低。

（四）留守与非留守幼儿社交退缩行为的比较分析

本书结果显示，社交退缩行为得分在留守与非留守幼儿间表现出

① 杨飞龙、于增艳、裴亮等：《小学中高年级社交退缩儿童的性别差异》，《佳木斯大学学报》（社会科学版）2010 年第 2 期。

② 李九竹：《母亲教养方式与 5 岁儿童的社会退缩的相关研究》，硕士学位论文，辽宁师范大学，2011 年，第 35 页。

③ 张丹如：《4—5 岁幼儿的社会退缩行为与其自我知觉及亲子依恋的关系》，硕士学位论文，河南大学，2011 年，第 48 页。

④ 黄静：《学龄前儿童社会退缩行为与家庭教养方式、亲子依恋及同伴接纳的关系》，硕士学位论文，沈阳师范大学，2013 年，第 44 页。

极其显著的差异，留守幼儿的社交退缩行为得分显著高于非留守幼儿，说明留守幼儿比非留守幼儿有更高程度的社交退缩。这可能因为，相对于非留守幼儿来说，留守幼儿是一个特殊的群体，他们远离父母，很少与父母沟通，亲子之爱长期缺失，无法享受到非留守幼儿那样来自父母的切身关爱。

有研究对农村留守儿童与非留守儿童做了对比研究，结果显示，留守儿童渴望家庭的需求比非留守儿童更强烈，留守儿童更加向往父母的亲情与照顾，更重视与父母间的情感交流。[①] 尽管有祖父母、外祖父母等祖辈亲人的照顾，但无论是从教育方式方法，还是从育儿理念来说，都替代不了来自亲生父母的言传身教。幼儿在这样的环境下成长，想要得到父母关爱的渴求得不到满足，沟通和交流的缺乏也易造成亲子间的心理隔阂，使得幼儿失去基本心理归属和依恋感，产生孤独感、敏感害羞甚至自卑，进而导致社交退缩行为的出现。尤其当幼儿遇到困难需要解决或看到同伴得到父母的关怀体贴，更容易滋生缺乏依靠、委屈伤心的情绪，这也就导致了更多的社交退缩行为。

本书的结论也得到了以往研究的支持。有研究发现留守儿童在积极参与、交往行为、坚持独立、学习行为四个维度上均与非留守儿童表现出显著差异；相较于非留守儿童，留守儿童表现出更多的交往困难、不愿主动参与集体活动、独立性差等特点，其社会性低于非留守儿童。研究也指出，与父母的长期分离容易导致留守儿童形成内向、孤僻的性格倾向。[②] 孤僻作为社交退缩的主要表现，也会相应提高留守儿童社交退缩的程度。

第三节　家庭教养方式对留守幼儿 社交退缩行为的影响

家庭环境在儿童行为社会化过程中所产生的作用不容忽视。刘俊

---

① 常青：《农村留守儿童人格特征研究——以江西玉山县为例》，硕士学位论文，华东师范大学，2007年，第50页。

② 同上。

波等人指出，良好的家庭环境对其子女的身心健康和人格发展会带来积极的影响。[①] 家庭教养方式是指一个家庭对儿童养育的固定方式或观念。美国心理学家鲍姆林德将家庭教养方式分作四种类型：专制型、权威型、忽视型和溺爱型。作为儿童的主要监护人，家长的教养观念直接决定了其采用何种教养方式。关颖等人就父母教养方式与儿童社会性发展的关系展开研究，发现接受专制型与宽容型父母教养方式的儿童，他们的社会性发展水平明显低于民主型父母教养方式。[②] 另有研究发现，儿童早期不合理的家庭教养方式与个体成年后发生行为问题的频率显著相关。[③] 儿童期的问题行为也受到家庭教养方式的影响，儿童的社交退缩行为很大原因在于其与父母之间缺乏沟通，或父母对其过度保护。[④] 鲁宾等人认为，在家庭教养的过程中，若儿童的父母经常采取严厉的教育方式，对儿童施加过重或过多的批评及惩罚，这些方式都容易造成儿童的社交退缩行为。[⑤] 可见，科学合理的家庭教养方式促进儿童的人格及社会行为的良性发展，而消极、不恰当的家庭教养方式很可能导致儿童出现社交退缩行为等问题行为。

留守幼儿的监护类型主要是祖辈监护或单亲监护，其中祖辈监护的监护人为年纪较大的（外）祖父母。他们的思想观念和教育理念陈旧、落后，同时大多采用溺爱型教养方式，对幼儿娇宠放纵、过度爱护，严厉程度低；相反，单亲监护的情况由于母亲或父亲一个人精力有限，自感责任和压力重大，难免在对留守幼儿教养时尺度把握不好，比如可能存在对孩子严厉程度高、管教太严格的情况，也可能存在对幼儿放任不管的现象，幼儿易形成内向、孤僻的性格。这两种情

---

① 刘俊波、郭瞻予：《家庭环境对儿童人格发展的影响》，《中国科教创新导刊》2010年第12期。

② 关颖、刘春芬：《父母教育方式与儿童社会性发展》，《心理发展与教育》1994年第4期。

③ Stewart, S. L., Rubin, K. H., "The Social Problem-Solving Skills of Anxious-Withdrawn Children", *Development and Psychopathology*, Vol. 7, No. 2, 1995, p. 14.

④ Ibid. .

⑤ Rubin, K. H., Coplan, R. J., Bowker, J. C., "Social Withdrawal in Childhood", *Annual Review of Psychology*, Vol. 60, 2009, pp. 141 – 171.

况如前所述，均可能导致幼儿产生社交退缩行为。本书拟通过进一步的实证研究探讨家庭教养方式如何具体影响留守幼儿的社交退缩行为？哪些维度会对留守幼儿的社交退缩行为起预测作用？在此基础上提出相应的教育建议。

一　研究方法

（一）研究被试

研究被试选取四川省广安市某县 2 所公立幼儿园和南充市某县 1 所私立幼儿园的 3—6 岁学前儿童，采用随机抽样的方法在 3 所幼儿园中共选取了 10 个班 550 名幼儿，对其社交退缩行为和家庭教养方式进行调查。社交退缩问卷由幼儿的主班老师填写，家庭教养方式由幼儿的监护人填写，共回收问卷 521 份。剔除无效问卷后得到有效被试 230 名。其中小班 76 名，中班 77 名，大班 77 名；男孩 118 名，女孩 112 名；留守幼儿 106 名，非留守幼儿 124 名。

（二）研究工具

1. 《幼儿社交退缩行为教师问卷》

同本章第二节"研究工具"部分。

2. 《家庭教养方式问卷》

研究选用由杨丽珠、杨春卿于 1998 年编制的《家庭教养方式问卷》。该问卷包括 40 个题项，采取 5 点计分法，"从不"计 1 分，"很少"计 2 分、"有时"计 3 分、"经常"计 4 分、"总是"计 5 分。问卷分为五个维度：民主性、溺爱性、专制性、放任性和不一致性。维度分数越高表明相应的教养方式越突出。经检验，问卷的分半信度和同质性信度分别是 0.852 和 0.711，重测信度值为 0.825，可见该问卷具有良好的内部一致性与稳定性。

（三）数据统计

1. 对家庭教养方式在性别、年级、监护人类型、是否留守上的差异进行检验。

2. 对留守幼儿社交退缩行为和家庭教养方式的数据进行相关分析。

3. 以家庭教养方式五个维度的得分为自变量，以留守幼儿社交退缩行为总分为因变量，进行多元回归分析。

二 研究结果

（一）留守幼儿家庭教养方式的特点分析

1. 不同性别留守幼儿在家庭教养方式各维度上的差异比较

由独立样本 t 检验结果可知（见表 6 – 5），不同性别留守幼儿的溺爱性教养方式存在比较显著的差异（t = – 2.076，p < 0.05），具体表现为留守女童溺爱性教养方式得分高于留守男童；不同性别留守幼儿的专制性教养方式表现出非常显著的差异（t = – 2.617，p < 0.01），表现为留守女童专制性教养方式得分高于留守男童。

表 6 – 5　　　　不同性别留守幼儿在家庭教养方式上的差异检验

	男	女	t
溺爱性	17.98 ± 3.33	18.92 ± 3.56	– 2.076 *
民主性	44.55 ± 4.54	45.16 ± 4.90	– 0.978
放任性	20.26 ± 4.29	20.55 ± 4.90	– 0.463
专制性	11.66 ± 2.37	12.55 ± 2.73	– 2.617 **
不一致性	14.22 ± 3.09	14.64 ± 3.35	– 0.993

2. 不同年级留守幼儿在家庭教养方式各维度上的差异比较

由单因素方差分析可知（结果见表 6 – 6），不同年级留守幼儿的溺爱性教养方式表现出非常显著的差异 [F (2，103) = 6.052，p < 0.01]，经事后检验（LSD）发现，大班、小班留守幼儿的溺爱性教养方式与中班留守幼儿的差异非常显著（p < 0.01），具体表现为中班留守幼儿溺爱性教养方式的得分显著低于大班和小班留守幼儿。同时，不同年级留守幼儿的放任性教养方式表现出极其显著的差异 [F (2，103) = 8.301，p < 0.001]，经事后检验（LSD）发现，大班留守幼儿放任性教养方式得分与中班、小班留守幼儿之间存在非常显著的差异（p < 0.01），具体表现为大班留守幼儿放任性教养方式的得

分显著高于小班和中班留守幼儿。其他维度的教养方式得分在年级上未表现出显著差异（p > 0.05）。

表6-6　　　　不同年级留守幼儿在家庭教养方式上的方差分析

	小班	中班	大班	F
溺爱性	19.22 ± 3.69	17.38 ± 2.89	18.71 ± 3.56	6.052**
民主性	45.18 ± 5.29	45.53 ± 4.32	43.83 ± 4.38	2.837
放任性	20.01 ± 4.75	19.17 ± 4.17	22.01 ± 4.41	8.301***
专制性	12.09 ± 2.64	11.69 ± 2.55	12.49 ± 2.53	1.886
不一致性	14.93 ± 3.10	13.79 ± 2.77	14.56 ± 3.66	2.537

3. 不同监护人类型的留守幼儿在家庭教养方式各维度上的差异比较

由单因素方差分析可知（结果见表6-7），不同监护人类型留守幼儿的溺爱性教养方式表现出极其显著的差异 [F (3, 102) = 38.373, p < 0.001]，经事后检验（LSD）发现，祖父母和外祖父母监护下的留守幼儿溺爱性教养方式得分与父母单方监护下的得分表现出极其显著的差异（p < 0.001），具体表现为祖父母和外祖父母监护下留守幼儿溺爱性教养方式的得分分别高于父母单方监护下的溺爱性教养方式得分；同时，不同监护人类型留守幼儿的放任性教养方式得分也表现出极其显著的差异 [F (3, 102) = 7.905, p < 0.001]，经事后检验（LSD）发现，祖父母和外祖父母监护下留守幼儿的放任性教养方式得分与父母单方监护下的得分表现出极其显著的差异（p < 0.001），具体表现为祖父母和外祖父母监护下留守幼儿放任性教养方式的得分分别高于父母单方监护下的放任性教养方式得分。此外，不同监护人类型留守幼儿的不一致性教养方式得分也表现出极其显著的差异 [F (3, 102) = 6.767, p < 0.001]，经事后检验（LSD）发现，祖父母和外祖父母监护下留守幼儿的不一致性教养方式得分与父母单方监护下留守幼儿的得分表现出极其显著的差异（p < 0.001），具体表现为祖父母和外祖父母监护下留守幼儿的不一致性教养方式的

得分分别高于父母单方监护下留守幼儿的得分。其余维度在监护人类型上差异均不显著（p > 0.05）。

表6 - 7   不同监护人类型留守幼儿在家庭教养方式上的方差分析

	父亲	母亲	祖父母	外祖父母	F
溺爱性	17.00 ±2.75	16.89 ±2.24	20.57 ±3.61	21.71 ±3.34	38.373***
民主性	45.11 ±4.36	45.21 ±4.62	44.65 ±5.15	43.71 ±4.70	0.947
放任性	18.60 ±4.49	19.66 ±4.00	21.531 ±5.36	22.94 ±3.90	7.905***
专制性	11.77 ±2.49	11.83 ±2.60	12.73 ±2.69	12.32 ±2.37	1.695
不一致性	13.77 ±2.50	13.71 ±2.88	15.49 ±3.71	15.82 ±3.35	6.767***

4. 留守与非留守幼儿在家庭教养方式各维度上的差异比较

由独立样本 t 检验结果可知（见表6 - 8），留守与非留守幼儿在溺爱性教养方式得分上差异极其显著（t = - 5.688，p < 0.001），表现为留守幼儿溺爱性教养方式得分高于非留守幼儿；留守与非留守幼儿在民主性教养方式得分上差异极其显著（t = 3.775，p < 0.001），表现为非留守幼儿民主性教养方式得分高于留守幼儿；留守与非留守幼儿在放任性教养方式得分上差异也极其显著（t = - 4.039，p < 0.001），表现为留守幼儿放任性教养方式得分高于非留守幼儿；留守与非留守幼儿在不一致性教养方式得分上也具有极其显著的差异（t = - 3.663，p < 0.001），表现为留守幼儿不一致性教养方式得分高于非留守幼儿；留守与非留守幼儿在专制性教养方式得分上差异不显著（t = 0.239，p > 0.05）。

表6 - 8   留守与非留守幼儿在家庭教养方式各维度上的差异分析

	非留守	留守	t
溺爱性	17.31 ±3.37	19.76 ±3.11	- 5.688***
民主性	45.90 ±4.77	43.61 ±4.37	3.775***
放任性	19.31 ±4.33	21.68 ±4.57	- 4.039***
专制性	12.13 ±2.74	12.05 ±2.40	0.239

续表

	非留守	留守	t
不一致性	13.73 ±3.29	15.25 ±2.94	-3.663 ***

（二）留守幼儿社交退缩行为与家庭教养方式的相关分析

对留守幼儿的社交退缩行为与家庭教养方式进行相关分析（结果见表6-9），发现留守幼儿的社交退缩行为得分与放任性教养方式、溺爱性教养方式、不一致性教养方式均有非常显著的正相关（r = 0.374，p<0.01；r=0.656，p<0.01；r=0.383，p<0.01），与民主性教养方式呈显著的负相关（r = -0.218，p<0.05），与专制性教养方式相关不显著（p>0.05）；放任性教养方式与溺爱性、不一致性教养方式呈非常显著的正相关（r=0.387，p<0.01；r=0.527，p<0.01），与民主性教养方式呈非常显著的负相关（r = -0.453，p<0.01）；民主性教养方式与溺爱性教养方式呈显著负相关（r = -0.236，p<0.05）；溺爱性教养方式与不一致性教养方式呈非常显著的正相关（r=0.477，p<0.01）。

表6-9　　　　　留守幼儿社交退缩行为与家庭教养方式的相关性分析

	放任性	民主性	专制性	溺爱性	不一致性	社交退缩
放任性	1					
民主性	-0.453 **	1				
专制性	0.035	0.097	1			
溺爱性	0.387 **	-0.236 *	0.108	1		
不一致性	0.527 **	-0.182	0.173	0.477 **	1	
社交退缩	0.374 **	-0.218 *	0.117	0.656 **	0.383 **	1

（三）留守幼儿社交退缩行为对家庭教养方式的回归分析

为了进一步检验家庭教养方式是否可以有效地预测留守幼儿的社交退缩行为，并分析预测力的大小，本书以家庭教养方式各维度作为自变量，以留守幼儿社交退缩行为得分为因变量，采用分层强迫进入法，进行多元线性回归分析。

表6-10 留守幼儿社交退缩行为对家庭教养方式的回归分析

因变量	预测变量		B	SE	调整后 R^2	$\triangle R^2$	β	Sig
社交退缩行为	第一层	性别	0.568	0.560	0.039	0.066	0.098	0.312
		年级	-0.088	0.337			-0.025	0.795
		监护人类型	0.703	0.296			0.228	0.019
	第二层	溺爱性	0.692	0.092	0.461	0.436	0.739	0.000
		民主性	0.022	0.056			0.033	0.691
		放任性	0.129	0.063			0.202	0.045
		专制性	0.089	0.091			0.073	0.330
		不一致性	0.029	0.091			0.029	0.750

由表6-10可知，在第一层里 $\triangle R^2$ 的值为0.066，表明性别、年级、监护人类型对留守幼儿社交退缩行为得分的预测力达到6.6%，由β和Sig值可知，监护人类型对社交退缩行为得分有显著的正向预测作用（β=0.228，p<0.05）；性别、年级对社交退缩没有显著预测作用（p>0.05）。在第二层里 $\triangle R^2$ 的值为0.436，表明家庭教养方式各维度对社交退缩行为的预测力达到43.6%，由β和Sig值可知，溺爱性与放任性教养方式对社交退缩行为得分均有显著的正向预测作用（β=0.739，p<0.001；β=0.202，p<0.05）；民主性、专制性、不一致性教养方式对社交退缩行为均无显著预测作用（p>0.05）。

三 分析与讨论

（一）留守幼儿家庭教养方式的特点

1. 不同性别留守幼儿家庭教养方式的特点

以往研究表明，家庭教养方式会因子女性别的不同而不一致。[1][2]

---

[1] 叶慎花：《父母教养方式与幼儿行为问题关系的研究》，硕士学位论文，南京师范大学，2011年，第33页。

[2] 乔金凤：《留守儿童问题行为与其看护人教养方式、社会支持的关系研究》，硕士学位论文，西南大学，2014年，第39页。

本书的数据分析结果显示，溺爱性教养方式得分在留守幼儿的性别上表现出显著差异，留守女童的溺爱性家庭教养方式得分高于留守男童，说明相较于男孩，女孩的监护人会更多地表现出溺爱性教养方式。这与过去"重男轻女"的思想观念似乎有所差异。在中国这样一个农业大国的背景下，男子作为主要劳动力，保证了家里经济的主要来源，也就衍生出了重男轻女的思想。但在现代社会中，进步的思想、科学的观念不断影响着一代又一代的人。当今，"男女平等"已经是社会的主流价值观，无论男孩女孩都同样受到家人的喜爱。

相较于男孩的顽皮好动，女孩天性中的柔弱温顺可能会使得家人对女孩给予更多的关爱和保护，而这种宠爱一旦过度，或许就会造成溺爱性的教养方式，这也与许多家长所认为的"女孩富养、男孩穷养"的观念相符合。研究也证明，父母对于女孩会给予更多的情感温暖与理解，对于男孩则是更多的拒绝否认、严厉惩罚和过度干涉。[①]此外，专制性教养方式在留守幼儿的性别上也有显著差异，留守女童的专制性教养方式得分高于留守男童。这可能是出于家长对女孩的过度担忧，女孩天性单纯善良，力量相对弱小，家长可能更多地会担心女孩在外面上当受骗、受欺负，因此容易采取比较专制的教养方式，希望女孩能够养成谨慎小心的习惯，严格要求自己。

2. 不同年级留守幼儿家庭教养方式的特点

上述结果显示，溺爱性、放任性教养方式在留守幼儿的年级上都有显著差异。中班留守幼儿的溺爱性教养方式得分低于大班和小班留守幼儿，大班留守幼儿的放任性教养方式得分高于中班和小班留守幼儿。这说明随着年龄的增加，家长对留守幼儿的放任性教养越来越多。这可能是因为随着年级增大，幼儿的认知能力、情感能力逐渐发展，智能和体能都不断增强，监护人也开始注重培养留守幼儿独立生活的能力和技巧，因此容易采取相对放任的教养方式。

---

① 李瑾、周海渤：《中学生父母教养方式、应对方式的关系及影响因素》，《中国健康心理学杂志》2008 年第 12 期。

3. 不同监护人类型下留守幼儿家庭教养方式的特点

本书发现，溺爱性、放任性、不一致性的教养方式在留守幼儿监护人类型上均有极其显著的差异，祖父母和外祖父母监护下留守幼儿的溺爱性、放任性、不一致性教养方式得分均高于父母单方监护下的得分。常言道"隔代亲"，大多数祖辈家长对孩子几乎都有求必应，尤其是父母双方都不在身边的留守幼儿，他们认为只要孙子身体好、不出事就够了，往往顺从妥协多于批评管教，一味地纵容溺爱，却又很少关注孩子的心理变化，不注重心理的健康发展。相对于年轻的父母来说，祖辈老人受教育的程度普遍较低，而监护人的文化素养很大程度上又影响着他们的教育方式和教育能力。[1] 如果缺乏科学的养育观念，对孩子的行为指导可能就会出现不一致的情况，例如孩子做了错事，有时会批评，有时又无所谓；同一件事，有时允许孩子做，有时又不允许孩子做，等等。观念和要求的不统一，使得孩子没有一个统一的行为准则，容易造成行为混乱。所以，在留守幼儿家庭中建议不要完全把孩子留给隔代老人，父母外出打工也尽量留下一方来照看幼儿。

4. 留守与非留守幼儿家庭教养方式的特点比较

上述结果表明，溺爱性、民主性、放任性、不一致性教养方式在留守与非留守幼儿身上均有极其显著的差异，留守幼儿的溺爱性、放任性、不一致性教养方式得分均高于非留守幼儿，民主性教养方式的得分低于非留守幼儿。这说明对于留守幼儿来说，其受到的溺爱性、放任性以及不一致性教养更多。这可能是因为留守幼儿家庭结构不同于非留守幼儿，他们由父母一方抚养或者祖辈抚养，监护人为了弥补孩子缺失的父爱或母爱，通常会给予幼儿更多的爱护照顾，甚至产生溺爱。部分家长觉得内心愧疚，就对孩子听之任之，不加管束，造成溺爱、放任、不一致的教养方式。而对于双亲家庭来说，幼儿的直接监护人是父母，无论是文化程度还是教育观念可能都相对更好，从而

---

[1] 王娜：《农村"留守儿童"家庭教养方式的现状研究》，硕士学位论文，河南大学，2007年，第38页。

更可能采取科学民主的教养方式，注重培养孩子的身心健康，提高其社会能力。另外，非留守幼儿的父母一直陪伴在孩子身边，会产生良好的亲子互动，从而形成亲密友好的亲子关系和安全的依恋关系，这也有利于民主性教养方式的形成。

（二）家庭教养方式对留守幼儿社交退缩行为的影响

本书结果表明，家庭教养方式与留守幼儿的社交退缩行为之间存在显著相关关系。放任性、溺爱性、不一致性教养方式均与社交退缩行为具有显著正相关，民主性教养方式与社交退缩行为具有显著负相关。溺爱性与放任性教养方式均对留守幼儿的社交退缩行为具有显著正向预测作用，即家庭教养方式越倾向溺爱性与放任性，留守幼儿的社交退缩程度也就越高。以往研究也指出，放任、溺爱的教养方式是幼儿大多数行为问题产生的重要影响因素，包括社交退缩这一内隐的行为问题，[1] 本书的结论也再次证实了前人的结果。幼儿的沉默寡言与家长的过度保护存在一定的关联。在溺爱性的教养方式下，家长在各方面都尽可能满足、迁就幼儿，很少会惩罚孩子，没有意识去培养孩子的独立性和解决问题的能力，造成孩子自我中心性明显，承受挫折能力不够。当孩子进入幼儿园中，家长一旦不在身边，他们便失去了平日里的依赖支柱，产生巨大的失落感，变得害怕社交、不愿社交。总之，溺爱性的家庭教养方式下的幼儿习惯了家长的赞美和宠爱，不考虑别人的感受，同伴接纳程度低，并且与同伴交流的主动性差，最终影响其人际交往能力的发展。

对于留守幼儿来说，祖父母、外祖父母等祖辈监护人为了弥补孩子父爱、母爱的缺失，可能会更加纵容溺爱孙子，没有原则地保护，对他们的言行不做严格要求，加剧了留守幼儿社会能力发展缓慢。留守幼儿在园期间会有不少时间需要在集体活动中独立完成某项任务，由于平时在家里锻炼不够，缺乏某些完成任务的必备技能，容易引发同伴的嘲笑，进而严重挫伤自信心，导致留守幼儿不愿意再参加集体

---

① 叶慎花：《父母教养方式与幼儿行为问题关系的研究》，硕士学位论文，南京师范大学，2011年，第33页。

活动。另外，祖辈监护人长期的溺爱使得留守幼儿缺乏分享意识，在与同伴的游戏过程中不受欢迎，容易造成同伴排斥或同伴孤立，这些消极经历悄然地影响着留守幼儿的性格及行为，逐渐形成社交退缩行为。

放任性的教养方式下家长虽然给孩子很大的自由，但由于接受家长的管束较少，出现问题也得不到引导和纠正，对事物本质认知不够，情感发展也比较缓慢。在与同伴的日常交往中，拒绝交流分享，在处理人际关系上存在一定缺陷。这种教养方式下的幼儿也容易表现出更高程度的社交退缩。留守家庭中的父母在外工作，孩子与父母相聚次数太少，可能会认为父母不够爱他们，不关注他们的成长，甚至觉得自己是被抛弃的；还会将原因归咎到自己身上，认为是自己表现不好、自己不能干、不招人喜欢，父母才不愿意常回家的。这样的想法越发加重了他们的孤独感和自卑感，从而产生社交退缩行为。

关于本书得出的"民主性教养方式与社交退缩行为呈负相关"这一结论，与以往的研究结果也是吻合的。[1] 作为教养方式中唯一一个与社交退缩行为呈负相关的维度，民主性教养方式是指家长的教育方式、方法倾向于民主的特点，对待孩子多采用说服教育，会常常跟孩子沟通交流，倾听他们的想法，会帮助孩子解决困难，同时也注重培养他们的独立性。在这样的教养方式下，幼儿会更加坚强自信，勇于表达自己的想法，有较好的独立自理能力，也有利于形成良好的亲子关系和同伴关系，从而降低了社交退缩的水平。对于留守幼儿来说，监护人民主的家庭教养方式培养了他们的自信心，让他们更喜欢与人交流，能够积极主动地参与园内的集体活动，同伴交往能力自然会不断加强，避免了社交退缩行为的发生。但是在留守家庭中，能做到民主性教养的普遍较少，这可能与家庭结构、经济条件、监护人的文化素养等有关。[2] 本书呈现的数据也证明了在留守幼儿家庭中，民主性

①　Asendorpf, J. B., "Beyond Social Withdrawal: Shyness, Unsociability, and Peer A-voidance", *Human Development*, Vol. 33, No. 4, 1990, pp. 250 – 259.

②　王娜：《农村"留守儿童"家庭教养方式的现状研究》，硕士学位论文，河南大学，2007年，第37—38页。

教养方式的得分极其显著低于非留守家庭。

四　教育建议

留守幼儿在成长过程中难免会出现一些问题行为，其中社交退缩行为作为内隐性问题行为严重危害儿童个性的形成及社会行为的发展。如何有效减少并抑制留守幼儿社交退缩行为的发生？这是一个需要家庭、幼儿园、社区、社会各界等高度重视、通力配合才可能解决的问题。

（一）监护人应采取科学、民主的教养方式，避免溺爱保护和过度放任

留守幼儿父母的缺位造成亲子关系的疏离，已有研究证实，相较于非留守儿童，绝大多数留守儿童的亲子沟通并不良好，亲子互动的形式单一，沟通内容苍白，远达不到良好的亲子交流效果。[①] 当今科技和网络通信如此发达，外出的父母需要倍加重视与孩子的情感沟通和爱的表达，不管平时有多忙，都要定期保持与孩子进行情感沟通。足够的情感沟通时间和次数不仅是亲子关系保持亲密的重要保障，也是留守幼儿自信心建立的必要条件。具体来说，首先，父母在与留守幼儿的积极沟通中让孩子深刻地体会到来自父母的"情感温暖"，满足了幼儿渴望已久的"被爱"需求。其次，父母对留守幼儿的情感支持有助于他们树立良好人际交往的信心，加强对自己及同伴的信任感，进而避免同伴排斥和退缩行为的产生。再次，对已有社交退缩行为问题的留守幼儿，父母的"情感温暖"可以有效缓解其退缩行为的程度，帮助其改善人际关系。最后，在沟通方式上父母要鼓励孩子大胆表达自己的观点，并耐心倾听，切忌以命令式的口吻教育孩子，否则容易使孩子产生畏惧、退缩的心理，阻碍孩子真实想法的表达。如果将这种状态延伸到其他人际关系上，恐怕会进一步引发社交退缩行为。

---

① 武海鸣：《农村留守儿童亲子关系问题研究》，硕士学位论文，吉林农业大学，2011年，第14页。

　　社交退缩行为水平高的留守幼儿在心理上体验到强烈的孤独感。良好的亲子关系却可以帮助留守幼儿弱化内心的孤独感。目前，留守幼儿的监护人大多是祖辈，幼儿与监护人之间形成的是一种祖孙关系。由于祖辈年龄、文化素养等的限制，他们养育孩子多是依赖自己过去的经验，对孙辈的教养可能多采取溺爱或放任的教养方式，对孩子内心情感的关注不够，甚至忽视，也不会与时俱进地更新自己的教育观念。从本书的结论来看，祖父母、外祖父母等祖辈老人监护下的留守幼儿有更高的社交退缩行为水平，这样的一种祖孙关系或许并不能减少留守幼儿内心的孤独感，也不能达到有效预防社交退缩行为产生的效果。我们推测，可能由于祖辈监护人不能为留守幼儿提供充分的情感支持，孩子在同伴的交往与互动中缺乏人际信任感，才会选择逃避和退缩的行为方式。

　　鉴于此，父母一定要重视留守幼儿监护人是否合适的问题。监护人长期与幼儿生活在一起，对他们的行为习惯、言谈举止有直接指导作用。父母不仅要考虑到监护人的经济状况、家庭情况，也要考虑到精神层面的东西，比如性格特点、文化素养、教育观念，以及最重要的时间、精力等问题，以保证监护人有足够的能力照看好留守幼儿。大部分留守幼儿的父母对于孩子的替代监护人都没有太多选择的余地，一般都交给自己的亲人代为照顾，如祖辈或同辈亲属，不太能兼顾到监护人的性格特点、文化素养、教育理念等。但是父母有责任全面地考虑这个问题，综合考虑选择一个最优监护人。

　　如果除了祖辈监护人外无其他更合适的人选，那么祖辈作为替代监护人应该尽职尽责，最大可能地为留守幼儿的身心健康提供良好的成长环境。平时不仅要多与孩子沟通交流，即使父母不在身边也不能让孩子缺失情感上的慰藉，而且应尽量做到言传身教，注重自己的言行对留守幼儿的影响，保持乐观、积极的情绪状态。另外要多参加各种社交活动，尽量不在幼儿面前展现出对人际交往的焦虑不安，从而间接预防留守幼儿的社交退缩行为。

　　综上，留守幼儿的社交退缩行为有赖于监护人采取科学、民主的教养方式，在增加幼儿交往自信和积极性的同时，有效遏制退缩行为的产生。

（二）幼儿园教师应给予留守幼儿更多的关爱，重视良好同伴关系的培养

留守幼儿社交退缩行为的产生并非一朝一夕之事，而是一个缓慢发展的过程。幼儿园应对留守幼儿进行全面透彻的了解，尽最大努力为留守幼儿缺失的父母关爱提供补偿。幼儿园老师应该重点关心呵护留守幼儿，多与留守幼儿沟通，了解他们的家庭环境、在家的生活状况，关注他们的内心情感，加强心理辅导，给幼儿多一些心灵慰藉，鼓励其他小朋友多同留守幼儿玩耍，营造温馨良好的班级氛围，让留守幼儿把班级当成第二个家。教师还需要多与监护人联系沟通，了解留守幼儿在家里和在园中表现是否有差异，差异的原因是什么，应该如何干预指导等；同时也应积极向监护人反馈留守幼儿在园的情况，定期召开家长见面会，建立家园沟通机制，合力做好家园共育。此外，在留守幼儿的父母回家探亲期间，老师可以抓住时机进行家访或单独访谈，向留守幼儿的父母真实地反馈幼儿在园表现，尽可能让父母对幼儿的情况有一个全面的了解。总之，幼儿园教师应与留守幼儿的监护人、父母积极沟通、通力合作，力求为留守幼儿的发展打造和谐健康的环境。

对于已经出现社交退缩行为的留守幼儿，老师更要引起重视，尤其要注意自己的言行举止，既不能忽视这种退缩行为，也不能嘲笑和责怪幼儿。遇到这种情况，老师首先要稳定心态，明白社交退缩行为在留守幼儿身上发生属于正常现象，不必焦虑，可以积极与家长进行沟通，通过榜样示范法、强化法等对留守幼儿的行为实施干预。除了给他们更多的关心照顾之外，还要鼓励他们多与同伴交往，引导他们正确与同伴交往，积极创造与性格外向的同伴交往的机会。

同伴关系的质量会影响儿童的孤独感，[①] 进而影响儿童的社交退缩行为。尤其是留守幼儿这个特殊群体，同伴关系对幼儿的社会性发

---

① 吴明珍：《农村留守儿童孤独感的特点及与同伴关系、家庭功能的关系》，硕士学位论文，苏州大学，2008 年，第 55 页。

展更是发挥着巨大作用。因此，幼儿园教师应重视留守幼儿良好同伴关系的培养。首先，教师要积极发现班级里那些活泼开朗、热情大方、乐于助人的幼儿，鼓励支持他们多与留守幼儿交往。其次，合理安排他们进行团体合作游戏、角色扮演游戏等，并适当引导幼儿之间多进行对话交流，让社交能力较强的幼儿带动留守幼儿，同时也为留守幼儿树立了模仿的榜样，力求有效预防社交退缩的产生和发展。最后，鼓励社交退缩的幼儿主动与同伴、与老师沟通，说出心里话，并且营造良好和谐、积极向上的班级氛围，让留守幼儿敢与身边的人交流、愿意与身边的人交流。

（三）利用社区功能，发挥社会力量，预防留守幼儿社交退缩行为的发生

随着城市化进程的加快，儿童留守现象在如今乃至今后很长一段时间内都将长期存在，留守儿童的身心健康发展也将是需要社会各界持续关注并高度重视的一项课题。相较于非留守幼儿，留守幼儿问题行为的出现是因为生活环境中沟通因素、指导因素和约束因素的缺失所致。如何预防留守幼儿社交退缩等问题行为的产生和发展，除了家庭和幼儿园，社会也应该为留守幼儿建立完善的关爱保障体系。

首先，要做好宣传培训工作。对留守幼儿的监护人组织福利培训，邀请他们免费学习，教授他们家庭育儿的相关知识，教会其如何在照顾留守儿童身体健康的同时又兼顾好儿童的情绪问题，保证儿童的身心和谐发展；还可以充分利用居委会、共青团、妇联等社会组织的力量，派专业人员到留守家庭聚居地宣传、发放相关公益广告、播放公益视频、开展教育方式方法讲座、开展社区社交活动，鼓励留守家庭成员一起参加，进而增进留守家庭的情感联系。同时尽可能建立完善的社区教育与监护体系，发挥社区教育对留守幼儿的积极作用，这也可以适当补偿家庭教育的缺位，帮助留守幼儿养成良好的行为习惯，形成正确的人生观、价值观，促进其健全人格的发展。

其次，利用社会力量开办"亲子园"。这一举措在北京、上海等大城市已经有所实行并颇具成效。亲子园里有专门的老师全面负责留守幼儿的日常生活学习，并建立留守幼儿的专项档案，留守幼儿每一

天的生活、学习情况都会被详细记录在上面，并定期反馈给父母；还可以开设亲情电话，组织园内留守幼儿与父母定期沟通，让父母即使在外也能了解到孩子的生活学习动态及成长变化，这也会极大地促进亲子关系的和谐发展。

最后，在留守高发地区建立寄宿制幼儿园。在监护人没有太多时间照顾留守幼儿，或是精力不足、教育能力不够的情况下，建立寄宿制幼儿园不仅为留守幼儿建立了另一个温馨的家园，更主要的是为留守幼儿提供了更多与同伴交往、共同生活的机会，有利于提升其社会技能、提高人际交往能力，促进留守幼儿良好的社会性发展，也就大大降低了社交退缩行为等问题行为发生的可能性。

第七章 留守幼儿的家庭教育
问题及对策

　　家庭教育是以家庭为基础开展的教育活动，是个体教育的重要组成部分，在个体人生教育中发挥着非常重要的先导作用。学校教育与家庭教育相比，显得更规范，主要由教育机构和专业团体开展，是按照拟订计划，落实规定内容的教育活动。在学校开展教育过程中国家设立了专业部门，通过国务院教育部和省市县教育部门管理和督导学校教育。家庭教育尤为突出的是自发性特点，在开展过程中各级人民政府和社会团体难以管理和监督，主要是家庭自行决定，每个家庭因文化程度、经济水平、世俗观念等差异，家庭教育情况也不尽相同。家庭教育在开展过程中部分父母及长辈难以认识到其重要作用，特别是教育程度不高且生活在偏远山区的部分农村家长，不重视家庭教育，难以正确引导和教育子女，基本忽略家庭教育的开展，简单地认为儿童教育是学校之事、老师之事。针对以上情况，对家庭教育进行研究凸显出必要性和紧迫性。

　　近年来，随着城镇化的不断发展，大批农民进城务工，农村"留守幼儿"家庭占比逐年增加，具有一定的普遍性；且这种较为特殊的家庭结构会给农村"留守幼儿"教育和发展带来较大影响。家庭是每个儿童教育的启蒙和开端，家庭教育对提升每个人的能力素质、品德修养和推动社会文明进步做出了巨大贡献。截至目前，学术界对农村"留守幼儿"这一特殊群体进行了一些探索和研究，但突出家庭教育的研究和探索还不够，需要引起各级政府部门和社会群体的高度重视。

　　四川是人口大省、农民工输出大省，尤其是经济欠发达、艰苦偏远地区，青壮年劳动力外出务工数量较多、占比较高，产生了大量

"留守幼儿"家庭。经前期在农村幼儿园中调查发现，部分班级中幼儿父母远离家乡务工占比高达80%。本书在经过较长时间的调查和访谈后，掌握留守幼儿在园学习、生活状态及其家庭生活方式、家庭教育情况，以期为解决留守幼儿家庭教育问题提出有针对性的对策和建议。

第一节 幼儿家庭教育问题概述

一 家庭教育的概念界定

自家庭教育的概念提出以来，学者们分别从不同的角度对家庭教育的概念进行了界定。到目前为止，学术界还存在一些争论，家庭教育的概念没有达成规范统一的解释，但存在几种大家相对认可的权威注释。比如，《辞海》中的注释是以儿童或青少年为教育对象，父母或者年长的家庭成员对其进行的教育活动。[1]《教育大辞典》指出，家庭教育是所有家庭成员从多个方向开展的教育活动，大家既是参与教育者，也是接受教育者，角色在不同条件下可以互相转换，绝大多数情况参与教育者为儿童父母或者年龄长者，而子女为接受教育者。[2]《中国大百科全书》中注释的是在幼儿成长的家庭范围内，父母或者其他参与的家庭成员对儿童开展的一系列有意识或无意识的教育活动。[3] 以上三个观点为权威工具书的注释。

研究此类问题的学者还对"家庭教育"的概念进行了详细的描述。比如，邓佐君撰写的《家庭教育学》中描述，家庭教育是以家庭亲子关系为基础展开广义的教育活动，家庭成员双人或者多人聚集在一起的时候开展，以教育和培养社会需求性、创造性人才为主。换言之，在父母和家庭成员的不断影响下，个人不断社会化的过程。[4]吴奇程、袁元编撰的《家庭教育学》一书中，围绕家庭教育的环境、

---

[1] 《辞海》，上海辞书出版社1979年版，第1023页。

[2] 《教育大辞典》，上海教育出版社1990年版，第11页。

[3] 《中国大百科全书》，中国大百科全书出版社1985年版，第140页。

[4] 邓佐君：《家庭教育学》，福建教育出版社2013年版，第6页。

结构、形成、标准、过程等进行了阐述，通过深入研究认为，在家庭文化熏陶下，以子女为教育对象，父母或者家庭年龄长者展开的广义的教育活动，不断健全子女人格、增强子女社会能力的全过程被称为家庭教育。同时还认为，子女德智体全面发展过程中家庭教育的作用是不可或缺的。① 赵忠心撰写的《家庭教育》中描述，家庭教育以每个家庭为单元，参与教育者主要为父母或者年龄长者，对子女开展的广义教育活动，既有主观教育内容，也包含身教言传。② 黄乃毓撰写的《家庭教育》认为，家庭教育是家庭成员多方的互动，既包括父母对子女的教育，也包括子女对父母的影响。杨忠宝撰写的《大教育视野中的家庭教育》认为，家庭教育是一种广义的教育活动，家庭成员都是参与教育活动的成员。同时该书还认为，家庭教育存在持续性，影响因素包含家庭地域环境、文化背景、经济水平、生活方式等，不同时期影响因素不同，影响结果也不尽相同。

以上的各种论述都认为，父母或者其他参与的家庭成员是家庭教育的主要实施者，受教者主要是未成年子女，家庭教育既有主观教育内容，也有言传身教，对受教者产生直接或者间接的影响，主要是不断健全人格，增强子女社会能力，促使其身心健康的发展。通过现有文献可以看出，学术界主要从广义和狭义两个方面认定家庭教育。从广义方面看，家庭教育指家庭成员之间一系列相互教育和多方向的影响。从狭义方面看，家庭教育主要指父母或者其他参与的家庭成员对子女单向的教育活动。本书研究留守幼儿的家庭教育，主要指以留守幼儿为教育对象展开的一系列家庭教育活动，参与教育者主要为留守幼儿在留守期间的家长或监护人。

二 留守儿童家庭教育的状况

通过研究留守儿童家庭教育状况，发现了家庭教育缺失的现实状况、具体表现、产生原因及其不利影响等。家庭环境是儿童成长过程

---

① 吴奇程、袁元：《家庭教育学》，广东高等教育出版社 2011 年版，第 7 页。
② 赵忠心：《家庭教育学》，中央广播电视大学出版社 2001 年版，第 4 页。

中最重要的因素，对于留守儿童而言，环境相对特殊，留守期间家庭结构并不完整，这势必会影响儿童身体、心理的成长。①

2006年，黄晓慧通过研究认为，留守儿童家庭教育缺失原因较为复杂，主要体现为家长文化水平不高、家长教育观念落后、家庭经济条件不好、家庭教育意识不强、监护权转移与教育职责不符、以隔代教育为主等。② 就当前中国留守家庭情况看，临时性、波动性是大部分留守儿童家庭教育结构特点。临时监护人或养护人与留守儿童父母存在一些差异，主要表现在教育观念、生活习惯、教育背景和心理特征上，这些差异性容易导致留守儿童的学习成绩、生活养成和心理素质等出现某些问题。③ 留守儿童家庭教育缺失主要包括以下四个方面：一是父母参与教育时间非常少；二是重视智力教育而忽略品德教育，重视身体健康而忽略心理健康；三是管教方式因监护权转移而发生较大改变；四是过度强调学校教育，忽视基本的家庭教育等。没有父母直接监管的情况下，人身安全是留守儿童面临比较多的问题。④ 留守儿童缺少亲情的关爱，部分儿童身心难以健康发展，行为、情绪、性格容易出现问题，特别是情绪及行为问题尤为突出，包括自卑、害羞、焦虑、胆怯、交际能力差、缺乏安全感等。⑤

三　学龄前儿童家庭教育研究概况

（一）教育方式和教育素质研究

家长文化水平、基本素养对儿童的行为和心理产生较大影响。梅文华等认为，家长的文化水平与儿童发生行为问题的概率成反比

---

① 段成荣、杨舸、王莹：《关于农村留守儿童的调查研究》，《学海》2005年第6期。

② 黄晓慧：《关于农村留守儿童家庭教育缺失的思考》，《当代教育论坛》2006年第5期。

③ 蒋平：《农村留守儿童家庭教育基本缺失的问题及对策》，《理论观察》2005年第4期。

④ 朱芳红：《农村留守学前儿童家庭教育弱化探析》，《现代教育科学》2006年第6期。

⑤ 张宇辉：《全面关注农村"留守儿童"——我省农村留守儿童家庭教育存在的问题及对策》，《协商论坛》2007年第3期。

关系。① 周文梅认为，由文化素质、心理素质、身体素质和思想素质四方面构成了家长素质。以上四个方面素质在儿童成长过程中产生至关重要的影响，且大部分影响以言传身教、潜移默化的形式存在。② 美国心理学家鲍姆林特认为，家长对儿童的管教主要是严格合理型和惩罚限制型。鲍姆林特还提出父母教养主要分三种方式，即专制型、宽容型和权威型。③

（二）家庭经济状况对幼儿身心发展的影响研究

家庭经济状况直接或间接影响幼儿的健康状况，学者 Goodman 认为，家庭经济状况对儿童的影响包含抑郁、信心和肥胖等。④ 家庭经济状况不同，儿童生活的社区发展水平也不同，利文撒尔等认为，社区的整体经济水平对儿童教育水平和学习成绩有正向影响。⑤

（三）家庭结构及家庭成员关系对幼儿行为的影响研究

家庭结构对儿童行为产生较大影响，桑标通过研究认为，不健全的家庭结构比健全的家庭结构下儿童更容易产生行为问题。⑥ 施特劳斯认为，父母关系长期不睦容易导致儿童形成警觉状态或过激反应，主要表现为儿童的注意力难以集中，遇事容易冲动。除此之外，不健全的家庭结构对儿童的心理产生较大影响，形成不同程度的自闭或者自卑心理，导致儿童身心难以健康成长。⑦

---

① 梅文华等：《珠海市4—5岁学龄前儿童行为问题的研究》，《中国儿童保健杂志》2003年第8期。

② 周文梅：《浅谈家长素质对学生心理健康的影响》，《当代教育论坛》（教学研究）2011年第10期。

③ Baumrind, D., "Current Patterns of Parental Authority", *Developmental Psychology Monographs*, Vol. 4, 1971, pp. 1 – 103.

④ Goodman, E., "The Role of Socioeconomic Status Gradients in Explaining Differences in US Adolescents' Health", *American Journal Public Health*, Vol. 89, No. 10, 1999, pp. 1522 – 1528.

⑤ Leventhal, T., Brooks-Gunn, J., "The Neiborhoods They Live in: Effect of Neiborhood Risidence on Child and Adolescent Outcomes", *Psychological Bulletin*, Vol. 126, No. 2, 2000, pp. 309 – 337.

⑥ 桑标、席居哲：《家庭生态系统对儿童心理健康发展影响机制的研究》，《心理发展与教育》2005年第1期。

⑦ 施特劳斯：《父母对孩子肉体惩罚与儿童反社会行为》，《国外医学妇女保健分册》1998年第2期。

四　留守幼儿家庭教育改进对策研究

已有研究认为，提升留守幼儿家庭教育质量，可以围绕以下三个方面着手：（1）避免或减少留守情况，尽量缩短留守时间长度；（2）提高养护人的教育水平和文化素质；（3）加强其他方面教育（学前教育、家园合作和家园支持体系）来填补家庭教育的缺失。鉴于此，我们可以围绕四个层面展开对留守幼儿的教育，即家庭、幼儿园、社会、政府。从家庭方面看，一是提升家长的教育水平和文化素养，不仅需要家长自身培养，同时还需要社会的广泛支持。[1] 二是避免和减少留守情况的发生，可以采取父母单方陪伴的养护方式。[2] 从幼儿园方面看，有效地开展学校教育，积极主动承担更多的教育责任，加大对留守幼儿教育的关注力度。比如，提升师资教育水平、广泛开展家园合作、组织监护人培训等。[3] 从政府方面看，加大经费投入、政策研究、法律保障投入等。比如，推动深度贫困区域的经济发展，增加就业机会，让更多幼儿父母可以在家乡就近务工；深入学前教育政策研究，加速推进学前教育立法，促进相关部门的沟通合作等。[4] 除此之外，各级人民政府应该进一步加强学前教育的场地建设，并不断提升幼师能力和水平等。[5] 云南省《学前教育条例》内容显示，区县一级教育部门需要出面协调解决外来务工人员的子女就近入读幼儿园等实际问题，进一步完善和建立学前教育资助制度，采取资金补助方式帮助贫困家庭幼儿

---

① 李晶、王建兵：《对西部农村幼儿家庭教育现状的调查及思考》，《潍坊教育学院学报》2010 年第 5 期。

② 张娜、蔡迎旗：《不同监护类型留守幼儿在生活、学习及沟通方面的困难与需求差异比较》，《学前教育研究》2009 年第 5 期。

③ 张亭亭、赵洁：《农村留守幼儿教育问题及解决路径》，《基础教育研究》2012 年第 20 期。

④ 刘璐、蔡迎旗：《农村"留守幼儿"问题解决中政府应承担的责任》，《学前教育研究》2007 年第 6 期。

⑤ 张春铭：《投入不足，流动儿童和留守儿童入园难，师资力量薄弱——农村学前教育还需跨过几道坎》，2012 年 2 月，中国教育新闻网（http://www.jyb.cn/china/gnsd/201202/t20120203_ 475929. html）。

入学。① 另外，积极倡导和发动社会组织、爱心人士推动支教或助学活动。②③

综上所述，前期家庭教育的研究主要以中小学留守儿童为主，对学前留守幼儿（3—6岁）的家庭教育研究相对较少。仅有的留守幼儿家庭教育研究也多是理论研究，关注留守幼儿的规模、数量、分布及其出现的生存状况问题的原因和对策的理论分析。但是关于农村留守幼儿家庭教育问题的实证研究寥寥无几，研究缺乏系统性，较为浅层化、片面化。个体的幼儿阶段（3—6岁）是重要的启蒙时期，对个体产生较为深远的影响，尤为重要的是幼儿阶段的家庭教育直接或间接影响个体成长过程中人格的健全水平。与学龄期留守儿童相比，学前留守幼儿的家庭教育缺失和隔代教育弊端更容易影响其成长。因此，关注留守幼儿家庭教育问题显得十分必要。本书采取实证研究手段，通过问卷法、访谈法和个案观察法多渠道收集数据，深入探究留守幼儿家庭教育问题及发生的原因和对策。

第二节　留守幼儿家庭教育现状的调查与分析

本书研究对象为四川某省级贫困县留守幼儿，研究重点为留守幼儿家庭教育。通过收集研究对象的数据和资料，进行科学的统计分析，然后对该县留守幼儿家庭教育状况充分探讨，论证理论研究与实证研究结果是否一致；同时对留守幼儿的概念再次进行界定，寻找产生留守幼儿家庭教育问题的客观原因和真实背景，探讨解决办法。通过调查研究分析，全面准确了解该县留守幼儿的家庭教育状况，即家庭教育现状、家庭教育愿望、家庭教育理念、家庭教育

① 刘百军：《云南省学前教育条例开始实施乡镇政府应动员留守儿童入园》，2013年4月，法制网—法制日报（http://www.mzyfz.com/cms/fazhishixian/zonghe/shehuiguanli/html/777/2013-04-08/content-714208.html）。
② 何文秋、史爱华：《全纳教育视域中的留守幼儿支教活俗队动——兼论留守幼儿支教的"晓庄模式"》，《南京晓庄学院学报》2012年第2期。
③ 张硕、田甜、史爱华：《留守儿童教育文化补给的田野实践》，《学前教育研究》2013年第11期。

成效，掌握面临的具体问题和客观影响因素，探讨普遍问题产生的原因，并从多个维度出发，研究制定解决留守幼儿家庭教育问题的思路和措施。

一　调查对象与研究过程

（一）调查对象的选取

调查对象为四川某省级贫困县 A、B、C 三所幼儿园的老师和留守幼儿监护人，三所幼儿园共有 439 名学前儿童，其中 201 名留守幼儿，占比为 45.79%；留守幼儿中与父母单方生活的占比 22.39%，与祖辈生活的占比 73.13%。A 幼儿园离城市较远，为乡镇的私立幼儿园，老师和保育员共 8 人，其中 1 人为园长（为该园投资人）。B、C 两所幼儿园为县城的公办幼儿园，园长由县教育局选派，主要担负幼儿园的管理工作，没有直接面对儿童的保教任务。

表 7-1　　四川某省级贫困县三所幼儿园留守幼儿的基本情况

幼儿园名称	幼儿总人数	留守幼儿人数	留守比例	跟一方父母生活	跟祖辈生活	随亲戚朋友留守	教师人数
A	146 人	57 人	39.04%	11 人	41 人	2 人	8 人
B	124 人	65 人	52.42%	16 人	49 人	3 人	7 人
C	169 人	79 人	46.75%	18 人	57 人	4 人	10 人
共计	439 人	201 人	45.79%	45 人	147 人	9 人	25 人

（二）问卷调查

针对留守幼儿的监护人和幼儿园老师编制两份调查问卷。问卷内容主要是封闭式问题，少量问题为开放式和半封闭式。从两方面针对监护人进行调查研究，一方面是家庭教育观念，另一方面是家庭教育方式。得分越高，说明监护人教养越好。从三个方面针对幼儿园老师进行调查研究，一是对留守幼儿父母外出务工的看法；二是对留守幼儿成长的看法；三是对留守幼儿监护人的看法。

调查过程中，调查人员向留守幼儿监护人发放问卷共计 250 份，向幼儿园老师发放问卷共25份。在此需要说明一点,部分留守幼儿监护人是文盲或者半文盲,问卷内容由调查人员现场帮助完成。问卷的填写时间为7天,从发出时间起算1周后完成回收,收回留守幼儿监护人问卷202份,回收率为80.8%,收回幼儿园老师问卷21份,回收率为84%。对收回调查问卷进行筛查整理,收回留守幼儿监护人有效问卷152份,有效问卷率为75.25%,收回幼儿园老师有效问卷17份,有效问卷率为80.95%。

(三)访谈

本书访谈对象主要是四川某省级贫困县具有一定相同特性的留守幼儿监护人,共选取8位具有典型代表性的留守幼儿监护人(基本情况如表7-2所示)。访谈要点主要包括家庭教育观念、开展形式和具体内容。留守幼儿的抚养者以祖辈为主,他们中文盲或半文盲占比较高,使用访谈法对留守儿童家庭教养方式进行调查最为合适。访谈形式以个人访谈为主,访谈设计的提纲主要以简单易懂的问题为主,比如:孩子的父母外出打工后,您是怎样关注孩子的日常表现和在园表现的?旨在更加准确了解受访者的想法和理念。

表7-2 四川某省级贫困县受访监护人的基本情况

和孩子的生活时间	祖孙/外祖孙	母女/子	总人数
3年	3人	0人	3人
4年	2人	1人	3人
5年	1人	1人	2人

访谈初始阶段,采取正式访谈法进行采访,但受访者不习惯这种方法,说话和问题回答都较为拘谨,具体表现为问一句答一句,交谈内容少,获取信息也少。在访谈过程中,受访者难以专注地参与访谈,甚至边做家务边回答访谈人员的问题,导致访谈难度系数加大,对访谈内容的记录也存在一定困难。针对以上情况,访谈人员临机决定调整访谈方式,采用非正式访谈法,主动帮助老人干农活,边做事情边和受访者聊天,这种方式不方便现场用笔记录交谈内容,因此采

用事后整理记录方法，以录音方式记录下现场的全部内容，访谈结束后立刻听取并整理录音进行补录。

采用正式访谈法采访幼儿园老师，按照访谈提纲的内容逐步进行，同时根据访谈实际适当调整访谈内容。正式访谈之前，为了最大限度地消除老师的防备心理，访谈人员将访谈的目的进行翔实阐述，力争最大可能地征得受访者认同，主动打消他们心中的顾虑。对幼儿园老师的正式访谈，较为顺利地进行笔录，结束后进行检查并补充完善。本书访谈的9位幼儿园老师，分别来自四川某省级贫困县A、B、C三所幼儿园，每所幼儿园选取3位老师，选取受访者考虑的因素主要包括年龄、教龄和班级，幼儿园老师的基本情况如表7-3所示。采取不记名的方式进行访谈，访谈内容主要突出留守幼儿与非留守幼儿的差异性，如个体性格、学习表现、交友能力等。

表7-3　　　　四川某省级贫困县受访幼儿园老师的基本情况

单位	编号	年龄（岁）	教龄（年）	任教班级	学历
A幼儿园	D	25	5	中班	大专
	L	32	9	大班	中师/高中
	Z	41	15	大班	中师/高中
B幼儿园	L	28	7	小班	大专
	X	33	6	中班	大专
	S	29	7	小班	中师/高中
C幼儿园	D	43	24	大班	中师/高中
	Y	34	12	大班	大专
	H	35	10	中班	大专

（四）个案观察

通过查看调查问卷，筛选出一些具有较强特性的留守幼儿家庭进行跟踪观察，在密切接触过程中了解、发现、收集他们的语言和行为，突出观察他们的家庭环境及背景、监护人开展家庭教育的方式和留守幼儿的日常行为习惯等。通过对监护人进行几个周期的全面观察和细致交流，了解到在父母教育一定程度缺位的情况下，家庭教育对留守幼儿的重要影响。在密切接触过程中主要以录音为主、笔录为辅，阶段观察结束后迅速整理录入，确保信息、数据和资料的信效度。

（五）数据统计与处理

本书量化的内容是问卷调查结果，量化处理采用 SPSS 20.0 软件对收集的相关数据进行系统分析，比对问卷调查结果，获取留守幼儿家庭教育共性化信息。

访谈和个案观察收集的内容以质性研究资料为主，处理方式主要是将前期录音及时记录整理，转化为文字性表述，基于研究目的、研究背景和内容统一整理、归类资料，之后依据研究需要对部分资料进行侧重性、选择性分析。与问卷调查数据信息进行比对研究，最终得出更加全面、准确、系统的结果，以便深入地了解、掌握留守幼儿当前家庭教育现状和影响因素，提出科学合理的建议与对策。

二　监护人家庭教育现状的调查与分析

本书主要采用三种研究方法，分别是问卷调查法、访谈法和个案观察法，以家庭教育背景、理念、形式和内容等为基础，展开对四川某省级贫困县留守幼儿家庭教育情况的研究，从而分析出真实、准确、可靠的现状信息。

（一）家庭教育背景

从教育社会学角度来看，家庭教育是一种由家庭成员共同提供的教育机会，是在家庭背景、文化程度、家长职业、经济状况等多种因素综合影响下共同产生的教育方式，具有较强的客观性和固定性。

在留守幼儿家庭中，父母外出打工期间，监护人几乎承担了留守幼儿的绝大多数教育任务。本书在调查研究过程中，主要从监护人的实际年龄、文化水平、生活环境、经济能力等方面对幼儿家庭教育背景进行研究，调查结果如表 7 - 4、表 7 - 5、表 7 - 6 所示。

1. 监护人的年龄

表 7 - 4 　　　四川某省级贫困县留守幼儿监护人的年龄情况

年龄	人数（人）	百分比（%）
20—29 岁	21	13.82
30—39 岁	24	15.79
40—49 岁	9	5.92
50—59 岁	65	42.76
60—69 岁	30	19.74
70 岁以上	3	1.97

由表 7 - 4 得知，监护人年龄在 50 岁以上的占比 64.47%，该群体逻辑思维固化、行动逐渐迟缓、健康日益下滑，教育孩子时通常会显得力不从心。

2. 监护人的文化程度

表 7 - 5 　　　四川某省级贫困县留守幼儿监护人的学历情况

学历	人数（人）	百分比（%）
没上过学	3	1.97
小学	96	63.16
初中	31	20.39
高中或中专	20	13.15
大学	2	1.32

由表 7 - 5 得知，留守幼儿监护人的文化程度普遍偏低，小学文化水平有 96 人，占比 63.16%；甚至存在没有接受过学校教育的监护人，占比 1.97%。以上表明，小学及以下文化水平的监护人占比 65.13%（63.16% + 1.97%），这个数据可以说明多数监护人对留守幼儿不具备一定的教育能力或者说教育引导能力偏弱。

3. 经济情况

通过访谈了解到，父母外出打工的家庭与父母在当地务农的家庭相比，前者收入明显好于后者，留守幼儿家庭的经济能力略好些，但还是主要为生计奔波。本书在调查过程中设计了这样一个问题——您是否会给孩子买零食或者玩具？调查结果如表7-6所示。

表7-6　　四川某省级贫困县留守幼儿监护人的购买零食或玩具情况

问题内容	选项	人数（人）	百分比（%）
您是否会给孩子买零食或者玩具？	会	112	73.68
	不会	40	26.32

由表7-6得知，监护人主动愿意或者倾向于为孩子购买零食或者玩具的有112人，占比73.68%，表明留守家庭的经济状况得到一定程度的好转或者说愿意为孩子投入更多的资金。

4. 居住环境

问卷调查结果显示，在中国新农村建设政策的强力推动下，绝大多数留守幼儿的居住环境得到一定程度的改善，但仍然存在一些软硬件问题，比如安全设施少隐患较多、卫生条件差容易生病、治安管理差风险较大等。留守幼儿与监护人通常在一起吃饭、睡觉，尤其是绝大多数幼儿并未与监护人分床睡，难以拥有自己的独立空间。在饭桌上写作业的情况也比较普遍，完成课后作业的条件和环境均较差。

（二）监护人的家庭教育观念

家庭教育观念从一定程度上可以反映家长的思想理念、逻辑思维和基本素养等情况，主要是指家庭在教育子女过程中不断形成的一些固定的观点。家庭教育观念促使家长开展良好家庭教育活动。从调查的情况看，在调查的范围内监护人的年龄主要在50—70岁。考虑到生活的年代和教育水平，与留守幼儿年轻的父母相比较，祖辈的教育理念表现出滞后性、差异性和局限性，落后的教育理念会直接影响监护人的教育方式。因此，本书主要从三个方面分析留守幼儿监护人的家庭教育理念，分别是儿童发展观、家庭养育观和教育期望，以便全面、系统、科学地分析研究留守幼儿家庭教育现状。

1. 监护人的儿童发展观

儿童发展观通常是指人们对儿童的认识、看法和态度，即大家怎样认识和看待儿童。本书主要采取访谈的方法了解留守幼儿监护人的儿童发展观现状。通过设计访谈问题的形式进行调查，比如，孩子父母双双外出打工，会对孩子的成长带来怎样的影响？如何促进孩子的健康成长呢？通过访谈了解到，监护人有点担心的占比 10.8%，认为没必要担心的占比 56.7%，认为没有太大问题及以后可以进行弥补的占比 32.5%。针对其原因进行进一步询问，调查结果如表 7-7 所示。

表 7-7　　　　四川某省级贫困县留守幼儿父母双双外出打工
对"留守幼儿"的影响

问题内容	选项	人数（人）	百分比（%）
您觉得孩子父母外出打工，是否影响孩子的成长？	幼儿园不重要，上小学就让他们的父母回来	110	72.37
	有点小题大做，我们这里都是大孩子带小孩子	107	70.39
	孩子上幼儿园，有老师教育就好了	43	28.29
	随着孩子逐渐长大，自然就好管了	57	37.50
	其他	24	15.79

由表 7-7 得知，监护人坚持"树大自直"观点的占比 70.39%，监护人坚持"自然成材"观点的占比 37.50%。以上结果可以得出，绝大多数监护人认为孩子父母外出不会对幼儿成长造成太大影响，主要还是倾向于"自然成长"法则。

在访谈过程中，对一个 5 岁留守幼儿奶奶的儿童发展观进行访谈，得到的答案是：我早年守寡，但还是养大四个孩子，没有谁可以帮我，都是靠自己。我们那个年代没有谁说发展观、教育观，就是说了也不懂，你现在问我也还是不懂，邻居都说我的四个孩子不错。现在国家提倡奔小康，生活比以前好多了，我还不到60岁，正是出劳力的时候，带一个孩子不会有任何问题。

2. 监护人的家庭养育观

家庭养育观是指家庭生活中家长对子女进行养育、培育和教育的价值观念。本书采取访谈的方式对留守幼儿监护人的家庭养育观进行了解，调查结果如表7-8所示。

表7-8　　　　四川某省级贫困县监护人养育子女的宗旨情况

问题内容	选项	人数（人）	百分比（%）
您养育孩子的宗旨是什么？	养儿防老	89	58.55
	服务国家	65	42.76
	传宗接代	74	48.68
	光宗耀祖	68	44.74
	不明	13	8.55

由表7-8得知，监护人认为"养儿防老"占比58.55%、"服务国家"占比42.76%、"传宗接代"占比48.68%、"光宗耀祖"占比44.74%、"不明"占比8.55%。通过访谈监护人得知，人兴财旺、儿孙满堂才是家庭的"福气"，根深蒂固、代代如此。监护人普遍认为，家族繁衍、兴旺的必要条件是生养孩子。这种养育观主要以家庭发展为主，同时也以家族发展为主，绝大多数监护人的家庭养育观具有较强的封建色彩和功利性质。

3. 监护人的教育期望

是否制定家庭教育目标，制定目标的科学性、合理性、具体性及与实际结合的程度等会对家庭教育产生较大的影响，决定家庭教育的成本，影响家庭教育的效果。针对以上情况，本书展开了这方面的相关调查，调查结果如表7-9所示。

表7-9　　　　　四川某省级贫困县留守幼儿监护人的家庭教育目标

问题内容	选项	人数（人）	百分比（%）
您培育孩子的目标是什么？	有吃有喝，健康成长就好	5	3.29
	突出人身安全，其他无所谓	15	9.87
	突出学习成绩，其他无所谓	23	15.13
	德智体美全面发展	106	69.74
	其他	3	1.97

由表7-9得知，监护人教育目标符合素质教育要求的占比69.74%，渴望幼儿德智体美全面发展，力争进行完美的照顾；监护人教育目标偏低的占比13.16%，仅仅满足于对孩子日常基本生活的照顾；监护人单一看重学习成绩占比15.13%，体现出教育目标缺乏科学性。

即便教育目标基本相同，但教育期望不一致，教育效果也不尽相同，甚至最终可能会导致家庭教育的失败。教育期望值太高，超过能力范围则导致教育目标难以实现，影响开展家庭教育的信心；教育期望偏低则容易实现家庭目标，容易让实施者产生自满情绪和心理。针对以上情况，教育期望的调查结果如表7-10所示。

表7-10　　　　　四川某省级贫困县留守幼儿监护人的家庭教育期望

问题内容	选项	人数（人）	百分比（%）
您对孩子的期望是什么？	上大学	83	54.61
	很好养活自己	27	17.76
	成为社会有用之人	24	15.79
	可以挣很多钱	11	7.24
	其他	7	4.6

由表7-10得知，监护人期望孩子考取理想大学的占比54.61%；期望孩子成为社会有用之人并很好养活自己的占比33.55%；期望挣很多钱的占比7.24%，具有较强的功利性。

（三）监护人的家庭教育内容

对幼儿良好成长起至关重要作用的是家庭教育内容，家庭教育内容是开展其他教育活动并促进孩子健康成长的基础，既是所有教育内容的起点，也是所有教育的最终归宿。所有家庭教育活动都必须与教育内容进行结合，并决定了家庭教育的质量和成效。因此必须全面准确提高家庭教育内容的质量，以便幼儿能够在正确引导下获得知识并逐步成长。留守幼儿家庭与一般家庭略有不同，前者的家庭背景和成长环境较为特殊，了解、收集留守幼儿的家庭教育内容对于本书研究具有非常重要的作用。基于"对于孩子开展何种教育"这一调查问题获取的答案如表7-11所示。

表7-11　　四川某省级贫困县留守幼儿监护人对家庭教育内容的认识

内容	人数（人）	百分比（%）
识字	145	95.39
数学	145	95.39
儿歌	17	11.18
绘画	12	7.89
唱歌	41	26.97
舞蹈	3	1.97
手工	12	7.89
故事	48	31.58
其他	12	7.89

由表7-11得知，留守幼儿的家庭教育内容单一、形式简单，难以全面准确落实素质教育的要求。首先，留守幼儿在家庭教育内容上基本没有绘画、唱歌、手工及舞蹈等内容。教育内容兼顾绘画和做手工占比7.89%；教育内容涵盖教幼儿儿歌的也同样比较少，占比11.18%，没有教孩子念儿歌的监护人给出的理由是"自己就不会唱，担心自己教不好，就没有教孩子"。教育内容涵盖讲故事相对高一点，但占比也仅有31.58%，而且讲述故事类型、题材、内容非常有限，

多为口口相传的故事，教育性和科普性难以得到保证。这主要与监护人的文化水平和人生阅历有关，他们自身掌握故事较少，而又缺少不断获取新故事的渠道，加之表述能力欠缺，难以给孩子呈现出精彩的故事画面。部分监护人表示忙于生计、难有闲暇，没有给孩子讲过任何感兴趣的故事。通过调查发现，几乎没有监护人教幼儿舞蹈，这种重要的早教活动严重缺失，与监护人自身水平有非常大的关系，很多监护人不具备曲艺教育的能力，也就更不能引导、教育幼儿。同时，贫困地区的基层社区也没有开设相关的艺术培训班。

其次，留守幼儿家庭基本不注重培养良好的生活习惯。通过观察得知，留守幼儿存在很多不良的生活习惯，生活细节培养不够，讲卫生、懂礼貌、守规矩等做得不够好。造成这种结果的主要原因还是监护人没有正确地教育、引导和纠正，在留守幼儿成长过程中这些不良习惯逐步趋于严重。但由于缺失全面细致的照顾，反而锻炼了留守幼儿的自理能力，他们能够完成基本生活事宜。

最后，部分留守幼儿没有养成良好的学习习惯，基本不主动完成老师布置的任务或作业，主要靠提醒和催促。监护人基本不引导或帮助孩子一起完成任务或作业。一少部分相对比较重视教育的监护人，仅仅起到督促的作用。

我们在访谈过程中发现留守幼儿教育是一个比较严重的问题，如果缺乏对幼儿有效监管和正确引导，将会直接影响其学习习惯的培养。比如监护人想要了解幼儿是否完成老师布置的任务或作业，他们的方式只是简单看一下孩子的完成情况，并未认真检查任务或作业完成的质量，甚至对很多没有完成的内容也不去提醒和督促。通过对 8名监护人进行深入访谈和调查，发现监护人年龄在 65—75 岁占比30%，其中患有心脏病、高血压、糖尿病、胃病等疾病的人比较多，这类留守家庭中的幼儿作业完成度严重偏低，主要原因是监护人没有能力监管孩子或者放纵不监管。这类监护人根本无法对留守幼儿实施有效的教育监督，他们简单地认为监护人只管孩子的日常生活，幼儿园才负责学习教育。由于监护人缺乏有效的监督和管理，留守幼儿的学习习惯和学习效果都受到严重影响。

通过整理分析前期的访谈内容得知，在学习教育方面，留守幼儿主要存在以下四个问题：

1. 家庭教育内容片面、单一

由表 7 - 11 可以得出这样一个结论，很大一部分监护人都以识字和数学来评判学习效果和教育程度，人数占比高达 95.39%。他们普遍认为，对于孩子来讲认字和算术是衡量教育程度的重要指标，认字越多、计算越快就说明孩子学习越好，就代表教育效果好。在家庭教育中留守幼儿也只能接受到认字和算术的训练，基本没有接受素质教育其他方面的训练。由表 7 - 12 可见，留守幼儿监护人把数学教育简单化，认为数学教育就只是数数和机械的加减练习，缩小了教育要求的范围，教学内容非常单一，大大地使学习内容片面化，导致留守幼儿数学能力不足。

表 7 - 12　　　四川某省级贫困县留守幼儿监护人对数学教学的认识

选项	人数（人）	百分比（%）
数数	8	100
加减法	8	100
数量关系	1	12.5
认识图形	2	25.0
其他	1	12.5

在调查过程中我们还访谈了监护人在留守幼儿语言方面的教学内容，访谈结果如表 7 - 13 所示。结果表明，在语言教育中留守幼儿监护人认为最重要的是认字和看图说话，非常轻视阅读、讲故事和儿歌训练。

表 7 - 13　　　四川某省级贫困县留守幼儿监护人对语言教学的认识

选项	人数（人）	百分比（%）
识字	8	100

续表

选项	人数（人）	百分比（%）
看图说话	5	62.5
阅读和讲故事	2	25.0
儿歌	1	12.5
其他	0	0

2. 突出以"孝"为内容的培养

在思想品德教育方面，留守幼儿的监护人非常重视传统道德教育中"孝"的培养，且单一地以"孝"来衡量孩子思想品德的教育水平。在访谈过程中留守幼儿监护人被问到什么道德素养最为重要时，答案基本是"孝顺""踏实""友爱"等，回答放在第一位的基本都是"孝顺"，"养儿防老"观念引导他们把"孝顺"放在最为突出的位置。笔者记录下的引证案例如下（为保证个人隐私，引用案例中姓名均为化名，下同）。

案例1

李大爷，64岁，中国共产党党员，参战退役军人，四年来除春节外基本和两个孙子、一个孙女四人共同生活。离开部队快40年的他还有非常明显的标签——严于律己，这样的作风也让他非常严格地对孩子进行管教，甚至制定家庭的规章制度并要求每个孩子严格遵守。他常常引导自己的孙子孙女爱党、爱国、爱人民，做好牺牲一切的准备，尤其突出的是引导他们尊重老人。他的大孙子骂了同村残疾老人，李大爷用这一件事教育了孩子一年，这件事成为全村教育孩子尊重老人的范例，用于其他家庭教育孩子。在访谈的过程中，他认为自己的孙子们都很听话，左邻右舍常常夸赞，孩子们得到大家的认可，明显感到他也非常自豪，尤其是说到两个孙子，这种情感更有甚之。

由此可见，大部分留守幼儿的家庭教育目标与内容仍然较为传统，在这种传统思想的引导下，监护人的教育观念相对守旧，传宗接代、养儿防老显得尤为突出，他们通常以幼儿是否听话为衡量标准，过分地强调绝对服从，忽略了想象力、创造力的激发培养。

3. 突出培养留守幼儿的生活自理能力

留守幼儿长期缺乏父母的细致照顾，他们在完成学习内容外需要掌握更多的生活技能，年幼的孩子就必须学会自己照顾自己，并尽最大努力帮助监护人做力所能及的家务或农活，动手能力相对较强。在监护人精力有限的情况下，幼儿主动分担一些家务，调查中分担家务的留守幼儿占比超过半数。访谈和观察结果得到相互印证，特选取下面的案例予以说明。

案例 2

陈大妈，61 岁，孙女果果 6 岁半，从 2 岁起就和她在一起单独生活。让陈大妈对果果的日常生活进行介绍时，她是这样说的："果果爸妈一年就春节在家待几天，我自己养了猪、种了田地，相对比较忙，我只管把饭做好，从 4 岁开始就是孙女自己吃，现在洗澡也不需要我操心，她的衣服自己放洗衣机里洗；有的时候还帮我洗碗，开始摔坏了几个，后面就没事了。感觉孩子很懂事，我也很高兴，越表扬她越听话、干的活也越多。开始的时候我确实不放心，担心果果吃饭饿着、洗澡烫着、摔碗划伤，自己平时活多也确实顾不过来，感觉她学习能力很强，我也就放心交给她自己去做。"

通过对幼儿的观察，印证了监护人陈述的真实性。虽然孩子吃饭存在浪费、洗澡较为糊弄、刷碗不太干净，可是不影响一个忙碌的陈大妈不经意间培养了一个能干的小孩。当然我们也不能简单按照成人的劳动标准去要求这般年龄的幼儿。总的来说，无论刻意培养，还是无意为之，留守幼儿的生活自理能力普遍较强。

4. 锻炼留守幼儿的社交能力

社交能力是一种适应社会的技能，它通过后天的不断学习获取并提升，比如仔细观察、认真模仿、反复练习等。留守幼儿的监护人做农活时有时不能让孩子同行，通常情况下都会把孩子交给隔壁邻居、近亲朋友帮忙照顾。这个临时安置的过程有利于留守幼儿不断提升社交能力。在没有监护人陪伴的情况下，他们需要逐渐适应不断发生变化的环境，通过认真模仿、反复练习，让自己拥有更强的社交能力。

在访谈过程中常出现监护人鼓励幼儿主动跟他人交往，例如，安排幼儿到邻居家借盐等情况。在日常生活中，积极教会孩子适应交往的语言，例如"外婆今天不在家，我可以在你们家玩会儿吗？""我口渴了，可以给我喝点水吗？"，便于孩子在没有陪伴的情况下自己能够主动解决一些问题，以此种方式不断提高孩子的社交能力。特举下面这个案例予以说明。

案例 3

背景：小树苗，5 岁半，坐在地上摆弄玩具，外婆计划到地里劳动。

外婆：小树苗，把玩具收起来！我要到何家湾锄草，你去隔壁李婆婆家玩吧，跟她说我去锄草了，你们 3 个小朋友一起玩，别争东西别打架！如果他们都不在家，你就去稳稳家玩，我看他们家门开着！

小树苗：好的！（拿着一个球就跑去了）

到了邻居家。

小树苗：婆婆，我外婆去地里干活了，现在家里没人，外婆让我来你们家玩一会儿，可以吗？

邻居：小树苗，快进来！和姐姐、弟弟去看动画片吧。

留守幼儿的监护人既要照顾孩子，还要负责维持生活必需的劳动，一部分时间不能把幼儿带在身边，这种情况下邻居之间需要相互帮忙照看。以上案例中，幼儿独自去隔壁邻居家，监护人基本由孩子自己完成整个交际过程。可以看出，在日常生活中留守幼儿的监护人并没有完全刻意去培养幼儿与人交往的能力，但独自让幼儿完成与人交往的过程，正好锻炼了孩子的社交能力，促进交往能力的正向发展，同时积累丰富的交往经验。

（四）监护人的家庭教育方法

家庭教育方法在幼儿成长过程中起着极其重要的作用，是家庭教育各组成部分中最核心、最关键的内容。对幼儿来讲，只有采取他们接受的教育方法，才能达到良好的教育效果；反之，幼儿反感和排斥的家庭教育方法，容易造成逆反情绪，达不到预期的家庭教育效果。

留守幼儿的家庭组成与其他的家庭相比存在较大差异，家庭教育方法呈现出如下特点：

1. 简单重复说教

留守幼儿父母外出务工后，陪伴在孩子身边的绝大多数是老人，而这些老人往往文化程度较低，对孙辈们的学习及日常教育产生较大影响。与此同时，老人们的思想落后、观念陈旧，学习接纳新生事物慢，基本不主动学习探索更好的家庭教育方法，甚至没有一个主导的教育理念。在访谈过程中，很多老人认为自己老了，能力有限，能让孩子吃饱穿暖就不错了，主要靠30年前自己带孩子的一些经验来教育引导孙子。特举下面这个案例予以说明。

案例4

王大爷，61岁，文化程度为小学未毕业，儿子儿媳双双在杭州务工，自己在老家负责照顾两个孙子。王大爷告诉笔者，一个人在家照顾孙子时经常会出现难以解决的问题。当年自己小学只读到三年级，幼儿园布置的一些需要家长帮助完成的家庭作业，比如做手工、学儿歌、背诗词等自己都不懂，只好反复催促他们完成，做得好坏自己也不太清楚，只好让他们上学后再请老师帮助，有的时候他们的爸妈在身边，多少能够教一些。

从以上的案例可知，简单重复的说教是留守幼儿家庭教育的主流，仅能督促孩子学习的过程，缺失对孩子学习质量的监管。在访谈过程中还发现，一部分老人将自己认为熟悉的字写在一张纸上教孙子认字，但老人写的字本身就不正确，这种情况证明部分留守幼儿家庭教育方法欠妥。

2. 锻炼动手能力

虽然祖辈对留守幼儿非常宠爱，希望代替孙子完成所有的事情，但留守家庭的老人在日常生活中不仅要照看孩子，而且要做农活和家务，并不能时刻陪伴孩子。由于老年人精力有限，繁重的农活将他们压得喘不过气，照顾幼儿呈现出"心有余而力不足"的情况，不得不放手让留守幼儿自己动手做很多事情。这样既锻炼了幼儿的动手能力，又培养了其独立自主的生活能力。

3. 批评、体罚情况较少

在前期家庭教育研究中，大部分学者认为农村家庭教育方法缺乏科学性，大多数农村家长习惯采用体罚教育的方式，原因主要是幼儿做错事丢了父母的"面子"，把体罚孩子当成自己找回"面子"的方式，且惩罚幼儿的方式非常粗暴。这种错误的家庭教育方法容易对幼儿造成严重的身心伤害。不过在留守幼儿家庭中，幼儿的监护人是祖辈的家庭占有较大比例，相对于年轻的父母，老人们更能温和地去教育、教导孩子，即使幼儿没有学好，也不会发脾气打人。在访谈中发现，老人很少打骂、体罚孩子的情况占比约为80%。幼儿即使做错事情，老人也不会进行严厉的批评。由此可见，留守幼儿监护人为祖辈的家庭基本没有体罚的情况，如果能更多地结合鼓励、表扬的话，对幼儿的身心健康将有极大的促进作用。

4. 过分溺爱

现在家庭教育中存在这样一种现象，当父母在严厉管教孩子时，老人不问缘由阻止管教，理由只有一个——孩子还小。留守幼儿家庭中这种现象更加突出，祖辈监护人会更加宠溺孩子。根据调查问卷得知，大多数老人认为父母没有在身边陪伴而亏欠幼儿，正是这种亏欠补偿心理导致了宠爱幼儿的程度加深。即使是幼儿犯了错误，也不会严格管教，甚至为幼儿找理由开脱，导致留守幼儿出现性格缺陷和不良的行为习惯。特举下面这个案例予以说明。

案例5

在访谈过程中偶遇了单独带4岁孙女（小米）的55岁老人牛大

妈。牛大妈在整个谈论自己孙女的过程中，表现出了极度的溺爱，在访谈快结束的时候，她告诉了访谈人员内心最真实的想法，小米的爸妈都去广州打工，他们走的那年小米只有 7 个月大，基本都是每年春节回来一次。她觉得孩子缺少父母的疼爱，就更不能让她受委屈，无论对错，都会顺着她，小孩长大了，自己就懂事了。

以上案例可见，牛大妈对小米的疼爱种下了非常大的隐患，幼儿成长过程中缺失对与错的是非观培养，这种源于补偿心理的溺爱非常容易让孩子养成错误的价值观，甚至导致一系列情绪及行为问题。

（五）缺失亲子沟通

每一个幼儿最初的生活环境均来自家庭，父母是每个孩子的第一任老师。家庭教育是每个人一生中最不可或缺的，也是无法被任何方式取代的。教育家福禄贝尔研究认为，任何国家的向前发展，从表面上看由领导人决定，其实本质上是家庭决定。彼得戴维斯认为，婚姻的价值不仅是生下孩子，而且孩子的降临也让父母成长。就单个家庭来讲，家庭教育效果受亲子关系影响较大。父母对孩子的陪伴是家庭教育最直接、最简单、最有效的方法，是家庭教育发挥其作用最关键、最重要的方式。通常情况下，缺失有效沟通也就意味着家庭教育难以实现预期的目标和效果。由于诸多原因，留守幼儿缺失父母陪伴难以得到应有的关爱，更难得到有效的亲子教育。这种状态长时间延续的话，孩子对父母的信任与依赖逐步降低。特举下面这个案例予以说明。

案例 6

欢欢，年满 3 岁，父母外出在南京务工，离开的时候她仅有 11 个月，奶奶从那时负责照顾欢欢。欢欢有一个非常明显的特点，见到任何陌生人都会显得害怕，在访谈时想拉近距离陪伴她玩耍，她显得非常紧张。奶奶讲，两年来欢欢的父母只有过年回家待几天，到现在为止加起来都不超过一个月，欢欢一点都不亲近爸爸妈妈，也基本不叫爸爸妈妈，欢欢对他们也没有什么感觉，遇到饿、困、生病等困难首先想到的只是奶奶。对于欢欢成长经历而言，她的保护者只有奶奶，父母对她来讲仅仅是偶尔来家里的客人。

从以上的案例可见，留守幼儿的心理因父母外出受到巨大的消极影响。在幼儿很小的时候，父母离开了她，她的脑海中基本没有父母的印象，在成长的过程中父母也基本与她无交集。欢欢表现出只信任奶奶的情况，原因在于缺失父母的照顾和长期陪伴。父母作为与孩子血缘关系最近的人，自然也就是孩子最佳的依赖对象和倾诉对象。在留守家庭中，每天陪伴孩子的基本是老人，他们成了孩子最为重要的交流、沟通对象。幼儿与父母长期分离，使得外出务工的父母回家后难以在孩子心中建立信任、树立威信，成为当前留守问题中一个较为棘手的问题。

三 幼儿园老师对留守幼儿家庭教育看法的调查与分析

通过调查 17 名幼儿园教师对留守幼儿家庭教育的认识和看法，从另一个侧面了解到留守幼儿家庭教育的开展情况和教育效果。

（一）对留守幼儿发展的评价

留守幼儿严重缺失父母的陪伴，使得成长环境和成长条件出现较大变化，这些变化带来的结果体现在幼儿园学习生活中与非留守幼儿表现出的较大差异。在幼儿园老师的认识中，留守幼儿与非留守幼儿差异的具体表现是什么呢？调查结果如表 7 - 14—表 7 - 18 所示。

表 7 - 14　　　四川某省级贫困县幼儿园老师对留守幼儿优点的看法

选项	人数（人）	百分比（%）
学习非常自觉	0	0
遵守纪律	0	0
吃苦耐劳	2	11.76
勤俭节约	6	35.29
独立生活能力强	9	52.94

由表 7 - 14 结果可见，幼儿园老师认为留守幼儿的优点依次是：

独立生活能力强占比 52.94%，勤俭节约占比 35.29%，吃苦耐劳占比 11.76%，规矩意识和学习习惯基本没有养成。

表 7 - 15　　　四川某省级贫困县幼儿园老师对留守幼儿缺点的看法

选项	人数（人）	百分比（%）
不遵守纪律	4	23.53
学习成绩差	1	5.88
个人卫生差	2	11.76
性格孤僻	8	47.06
惹是生非	2	11.76

由表 7 - 15 结果可见，幼儿园老师认为留守幼儿的缺点依次是：性格孤僻占比较高，接近一半，不遵守纪律占比 23.53%，个人卫生差、惹是生非分别占比 11.76%。

表 7 - 16　　四川某省级贫困县幼儿园老师对留守幼儿最难管教方面的看法

选项	人数（人）	百分比（%）
学习	1	5.88
纪律	4	23.53
行为习惯	9	52.94
品德修养	2	11.76
其他	1	5.88

由表 7 - 16 结果可见，幼儿园老师认为留守幼儿最难管教的方面依次是：行为习惯、遵守纪律、品德修养。

表 7 - 17　　　四川某省级贫困县幼儿园老师对留守幼儿差异性的看法

选项	人数（人）	百分比（%）
认知能力的发展	1	5.88
社会性发展	3	17.65

续表

选项	人数（人）	百分比（％）
品德行为习惯	4	23.53
健康	0	0
个性心理	9	52.94

由表7-17结果可见，幼儿园老师认为留守幼儿与非留守幼儿相比较，差异性主要体现在个性心理，持有这一看法的老师占比52.94%；其次是品德行为习惯的差异，占比23.53%。

表7-18　四川某省级贫困县幼儿园老师对留守幼儿是否更难管教的看法

选项	人数（人）	百分比（％）
很难	10	58.82
一般	4	23.53
不难	1	5.88
没有区别	2	11.76
其他	0	0

由表7-18结果可见，幼儿园老师认为留守幼儿与非留守幼儿相比更难管理，占比58.82%。在访谈的过程中，以上结论也得到进一步证实。特举下面两个访谈案例予以说明。

案例7

访谈人员：在幼儿园生活过程中，留守幼儿与非留守幼儿相比有什么不同之处？

王老师：还是有非常明显的特点，包含习惯养成、性格特点、学习能力等。

访谈人员：能够描述一下明显且具体的差别吗？

王老师：比如留守幼儿一个共同的特点就是性格趋于内向、严重缺乏自信。

访谈人员：行为习惯有什么明显的不同呢？

王老师：总体感觉都不是太好。

访谈人员：能具体描述是哪些方面吗？

王老师：比如不是太爱干净、卫生习惯较差、不好好吃饭、到处乱跑等。

案例 8

访谈人员：当前您幼儿园的留守幼儿总体情况怎么样呢？

陈园长：我们幼儿园处于城乡接合部，留守幼儿基数大、占比高，有以下两个比较明显的特点：一是性格孤僻、脾气暴躁，与其他幼儿有效交流少；二是习惯养成不太好，比如饭前便后不洗手，相比较其他孩子难以安静下来。

访谈人员：老师认为留守幼儿相对难以管教，你同意这种观点吗？

陈园长：我们幼儿园持有这种看法的老师很多，我和其他幼儿园的园长交流时，大家和我们幼儿园的情况差不多。

访谈人员：可以请您描述下留守幼儿难以管教的具体表现吗？

陈园长：生活习惯差、学习能力弱。

访谈人员：在教育管理留守幼儿方面，您的幼儿园采取了什么样的针对性措施呢？

陈园长：主要是投入更多的时间和精力，弥补父母外出务工缺失的管教，但还是杯水车薪，效果不够好。由于我们的理论水平有限，基本也没有可以学习的经验，现在只能摸着石头过河，难以找到积极有效的对策。

通过以上访谈可以得知，留守幼儿的父母外出务工后，他们在园的表现与非留守幼儿相比具有较大的差异性。幼儿园老师在教育、引导留守幼儿成长时需要付出更多的时间和精力且感觉效果不是太明显。当前这样的局面，仅仅依靠幼儿园自身难以寻找到有效的解决方法。

（二）留守幼儿父母外出务工后对其产生的影响

留守幼儿父母外出务工离开子女，给幼儿的成长带来较大影响，按照影响效果分为两类：积极影响和消极影响。留守幼儿在父母外出务工后会出现哪些显著变化呢？调查结果如表 7-19—表 7-21 所示。

表 7-19　四川某省级贫困县留守幼儿父母外出务工后对孩子的积极影响

选项	人数（人）	百分比（%）
没有积极影响	6	35.29
生活自理能力增强	5	29.41
学习更加自觉	4	23.53
相对节俭了	1	5.88
懂事多了	1	5.88

由表 7-19 可以看出，幼儿园老师认为缺乏父母在身边陪伴，对孩子没有任何积极影响的占比 35.29%，认为父母外出务工孩子的独立生活能力增强的占比 29.41%，认为孩子学习更加自觉的占比 23.53%。

表 7-20　四川某省级贫困县留守幼儿父母外出务工后对孩子的消极影响

选项	人数（人）	百分比（%）
讨厌学习	3	17.65
语言表达能力弱	6	35.29
性格孤僻	4	23.53
养成坏习惯	3	17.65
安全感差	1	5.88

由表 7-20 可以看出，幼儿园老师一致认为，父母外出务工对幼儿产生很多的消极影响，一是语言能力发展慢，二是性格逐渐孤僻，

三是学习有所放松，四是生活习惯变差。

表7－21　　四川某省级贫困县留守幼儿父母外出务工后孩子发生的变化

选项	人数（人）	百分比（%）
性格孤僻	1	5.88
不够热情，缺乏爱心	4	23.53
叛逆，攻击性更强	3	17.65
不讲卫生	1	5.88
没有安全感，不爱交流	8	47.06

由表7－21可以看出，幼儿园老师认为缺失父母陪伴的留守幼儿，会发生较为明显的变化，一是安全感缺乏，二是热情和爱心缺乏，三是逆反心理加重，四是攻击性变强。

（三）幼儿园老师对留守幼儿监护人家庭教育的评价

通过问卷法和访谈法，我们收集、整理了幼儿园老师对留守幼儿监护人家庭教育的态度，调查结果如表7－22—表7－24所示。

表7－22　　　　四川某省级贫困县留守幼儿监护人是否
参加幼儿园家长会的统计

选项	人数（人）	百分比（%）
积极参加	11	64.71
从不参加	0	0
偶尔参加	6	35.29
不关心	0	0
其他	0	0

由表7－22可知，幼儿园老师认为留守幼儿监护人会积极参加家长会的占比64.71%，认为监护人偶尔参加家长会的占比35.29%。

表7 - 23　　　　四川某省级贫困县留守幼儿监护人是否
主动了解孩子在园情况的统计

选项	人数（人）	百分比（%）
有，很多次	3	17.65
有，次数不多	13	76.47
根本没有	1	5.88
不关心	0	0
其他	0	0

由表7 - 23可知，幼儿园老师认为留守幼儿监护人主动了解幼儿在园情况的占比76.47%，但绝大多数监护人次数都不多。

表7 - 24　　　四川某省级贫困县幼儿园老师对留守幼儿监护人的期望

选项	人数（人）	百分比（%）
一起参与幼儿园的活动	1	5.88
与老师多多交流	1	5.88
孩子教育上多跟老师沟通	5	29.41
正确选择教育方式	8	47.06
能够多与孩子精神交流	2	11.76

由表7 - 24可知，幼儿园老师对留守幼儿监护人期望值最高的是对幼儿能够采取正确的教育方式，占比47.06%，其次的期望是能够积极主动配合老师对孩子进行教育管理，占比29.41%。

（四）幼儿园老师对留守幼儿父母的期望

关于幼儿园老师期望留守幼儿在外务工的父母做到的事情，调查结果如表7 - 25所示。

表7 - 25　　　四川某省级贫困县幼儿园老师对留守幼儿父母的期望

选项	人数（人）	百分比（%）
增加回家看望和教育孩子的时间	6	35.29

续表

选项	人数（人）	百分比（%）
跟孩子多多交流	5	29.41
多了解教育方式，便于正确选择	4	23.53
与老师多多沟通	1	5.88
能够关心孩子的心理健康	1	5.88

　　由表7-25可知，幼儿园老师期望值排在第一位的是：外出务工的父母增加回家的次数，增加有效陪伴的时间；排在第二位的是：外出务工的父母即使没有在幼儿身边，也要通过电话、视频、语音等方式增加有效的交流，锻炼幼儿的沟通表达能力；排在第三位的是：外出务工的父母选择正确有效的教育方式，达到教育目的，促进幼儿健康成长；排在第四位的是：外出务工的父母增加与老师沟通的次数和时间，主动了解幼儿近况，以利于更好地与孩子交流；并列第四位的是：外出务工的父母能够走进幼儿的内心，掌握孩子的心理状况。

第三节　留守幼儿家庭教育的影响因素分析

　　家庭是每个人走向社会化的启蒙环境，社会大众认为家庭是个体社会化的初始环节，家庭熏陶对于每个个体能否很好融入社会具有重要影响。家庭是社会化的重要内容和场所，对于幼儿的社会化有着重要的影响作用。当前留守儿童作为一个较为特殊的社会群体受到广泛的关注，特别是家庭教育问题成为义务教育阶段的重要研究方向。本书在研究过程中采用社会化理论，并从家庭内部环境、家庭外部环境和社会制度等三个维度出发，探索分析社会化要素如何影响留守幼儿的家庭教育。

一　家庭内部因素

（一）家庭内部客观因素对留守幼儿家庭教育的影响

家庭教育受多个因素联动作用、共同影响，单个要素的影响较小。因此，在对家庭内部客观要素分析时，笔者选取了家庭基本结构、监护人劳动时间、家庭经济情况三个方面来进行具体分析。

1. 家庭结构

家庭结构主要指家庭基本组成和成员间的相互关系，核心因素就是保证家庭成员长期稳定，是家庭这个独立社会群体存在的基础。家庭是幼儿成长的最初环境，或者说是启蒙环境，每个孩子从出生到成长均离不开家庭这个基础环境。20 世纪 90 年代以来的中国，随着城市化进程快速发展，使得经济欠发达的西部地区越来越多的人选择外出务工，导致父母无法陪伴在幼儿身边，以务农为主的传统家庭结构被迫改变，家庭结构完整性、稳定性发生了变化。调查结果如表 7 - 26 所示。

表 7 - 26　　　　四川某省级贫困县留守幼儿监护人的类型统计

选项	人数（人）	百分比（%）
祖孙/外祖孙	98	64.47
父（母）与子（女）	45	29.61
亲戚	8	5.26
朋友	1	0.66
其他	0	0

由表 7 - 26 可见，在留守幼儿家庭中，幼儿与祖辈长期生活在一起占比 64.47%，少部分留守幼儿和亲友一起生活。这种情况说明在留守幼儿的成长过程中缺失父母陪伴，从更严格意义上讲，留守幼儿的家庭结构是不健全的。父母是家庭结构的核心，而父母外出务工后，家庭结构就缺失了核心。家庭结构优化调查显示，排在第一位的是父母双方共同监护的家庭结构，排在第二位的是父母单方监护的家庭结构，排在最后的是祖孙的家庭结构。

监护人的教育方式通常是指在幼儿成长过程中监护人所采取的教育引导、管理培养方式，包含监护人家庭教育行为和所有的活动。监护人教育方式呈现出一定的稳定性、长期性。在调查问卷量化分析中，分值越高显示监护人的教育方式越好，表明监护人教养幼儿的效果越好。

为准确掌握家庭结构与监护人家庭教育方式的相互关系，本书采取相关分析的方法，结果如表 7 – 27 所示。

表 7 – 27　　　　四川某省级贫困县留守幼儿家庭结构与
家庭教育方式的相关分析

	M ± SD	r 值
家庭结构	1. 74 ± 0.608	0. 426 ***
教育方式	42. 54 ± 4.572	

注：＊p < 0.05，＊＊p < 0.01，＊＊＊p < 0.001，下同。

由表 7 – 27 可见，留守幼儿的家庭结构与家庭教育方式两者之间存在显著正相关（r = 0.426，p < 0.001）。父母单方监护留守幼儿的家庭教育方式相对较好，父母双方外出务工，由祖辈、亲友监护的留守幼儿家庭教育方式相对较差。前期的研究认为，在幼儿成长过程中祖辈养护的家庭教育模式具有很多不利因素，体现为对幼儿的教育以迁就、顺从、溺爱为主，从生活上给予孩子满足较多，对幼儿精神层面关注度不够并缺乏必要的引导。[①]

笔者在调查过程中发现，受中国传统观念影响，很多农村家庭都是三代同堂，但这种三代同堂结构又存在特殊性，即中间这一代常不在家，日常生活只有祖孙两辈相互陪伴，大部分学者认定这种结构为"隔代家庭结构"。与正常的三代同堂相比，隔代家庭对幼儿成长存在弊端，尤为突出的是幼儿缺失父母陪伴，同时父母无法开展广泛的亲子教育。文化程度偏低的父母认为，孩子长期与自己分离对孩子的影响并不明显，没有因为分离而缺少陪伴。随着通信技术发展，与孩子交流的方式包含电话、语音、视频等，已经完全可以达到亲子沟通甚至陪伴的要求。文化程度相对较高的父母认为，尽管清楚亲子教育

---

① 叶志忠等：《对留守幼儿的研究综述》，《农业经济问题》2005 年第 10 期。

对于孩子成长有着重要的作用，但迫于生活压力仍需外出务工增加家庭收入。这部分父母即使外出务工也较为关注孩子的学习生活情况，努力增加家庭收入的重要目标就是为孩子提供更好的条件。

父母长期缺位的家庭结构，致使家庭教育功能的缺失，提倡的言传身教家庭教育模式在缺位家庭结构中有所降低，部分家庭教育中甚至到了微乎其微的程度。这种情况会影响幼儿的身心发展，也是导致留守幼儿家庭教育问题最直接的原因。对于留守幼儿来讲，长期缺少父母的陪伴，不仅得不到父母的关爱，在成长过程中还使父母的影响力大幅降低。对于外出务工父母来讲，家庭教育的担子间接地被转嫁到祖辈身上。由于祖辈年龄偏高、文化程度偏低、接受新事物能力偏弱，且深居农村，思维观念具有一定局限性，陪伴幼儿的过程中难以提供幼儿成长的必要条件。留守幼儿的家庭教育缺失严重，甚至形同虚设，对幼儿成长极为不利，尤其是对人生观、世界观、价值观形成不利。留守幼儿长期远离父母，缺失陪伴的幼儿容易陷入孤独，这种孤独感容易影响幼儿与他人相处。

2. 家庭经济水平

家庭经济水平是指家庭经济收入状况，该要素对幼儿教育具有较大影响，决定家庭对幼儿教育的投入。有部分学者认为，尽管家庭经济水平不能完全决定家庭生活幸福程度，却是衡量家庭生活幸福度的一个重要指标。正常情况下，父母同时外出务工，可以大大改善家庭经济水平，对于幼儿的物质环境带来积极影响。同时，随着经济水平的提升以及亏欠补偿心理，对于留守幼儿的生活需求通常都会满足，而这种凡事都满足的做法对幼儿成长是否有利有待商榷。特举下面这个案例予以说明。

案例9

观察背景：豆豆与邻居家小朋友玩耍后回到家，爷爷正在做晚饭。

豆豆：爷爷，我要5块钱买东西。

爷爷：又想买什么东西？爷爷可没钱。（爷爷语气明显突出

"又"字，说明豆豆习惯性买东西）

　　豆豆：你有钱！我要买个和奔奔一样的小汽车！上个月爸爸才给了你钱，爸爸都告诉我了。

　　爷爷：上次给的钱我们已经花完了。

　　豆豆：你骗我，给我给我（有点哭闹）！

　　爷爷：没有骗你，你要不相信自己去找。

　　场景：开始用手打爷爷，然后坐在地上哭闹。哭了大约近 5 分钟的时候……

　　爷爷：好了，不要哭了，爷爷去给你取，下次可不能这样了。

　　通过案例 9 可知，祖辈监护人对于留守幼儿不合理的要求，通常以满足其要求结束，类似案例的情况在留守家庭中存在极为普遍。在访谈过程中，问监护人为什么最终会妥协时，祖辈给的答案大致包含三层意思：一是经济好了，孩子要的钱并不多；二是父母长期没有在家也不能亏待他；三是其他孩子有的玩具如果他没有，容易让孩子受委屈。以上观点基本反映祖辈监护人在带孩子时溺爱严重，这种教育方式让留守幼儿养成不好的生活习惯。

　　3. 监护人的劳动时间

　　本书在调查中了解到，留守幼儿监护人既要负责照顾幼儿，还要承担一定的农活，且劳动时间较长，导致教育孩子的时间较少。特举下面这个案例予以说明。

案例 10

　　苏大妈，65 岁，老伴患有慢性病只能卧床静养。在照顾老伴的同时还管教 2 个孙辈（1 个孙女，1 个外孙女）。虽然外出务工的年轻人准时向家里寄钱补贴家用，但还不能满足家庭正常支出，苏大妈还需要耕种 4 亩农田、养 5 头猪和 34 只鸡鸭。苏大妈不仅要照顾老伴的生活起居、管理教育 2 个调皮的孙辈，还要完成大量的农活，基本上是起早贪黑、难得休息。

通过案例 10 可以发现，留守幼儿监护人并不仅仅只照顾孩子，虽年事已高还要为生计而努力奔波，没有更多的时间和精力兼顾孩子的教育。

（二）家庭内部主观因素对留守幼儿家庭教育的影响

影响家庭教育既有客观原因，也有主观因素，其中亲子关系、监护人的教育期望和监护人的素质三个主观因素最为典型。

1. 亲子关系

家庭教育包含亲子教育，亲子教育是家庭教育的重要内容，良好的亲子关系对幼儿的健康成长产生极为重要的影响。而对于留守幼儿来讲，亲子教育缺失是难以弥补的。法国学者克里斯琴·施皮茨研究认为，父母应该尽最大可能与孩子生活在一起，让陪伴促进孩子的健康成长。每个幼儿都渴望得到父母的血亲之爱，但留守幼儿缺失父母陪伴的现实难以改变，使其在成长中难以像其他小朋友一样沐浴父母的关爱。对于留守幼儿父母来讲，长期通过电话、视频与孩子进行联系时，主要关心孩子的学习情况，严重忽略对孩子心理健康成长的关注。调查情况如表 7 - 28 所示。

表 7 - 28　　四川某省级贫困县留守幼儿与外出务工父母的联系频率

联系时间	人数（人）	百分比（%）
一周内	21	13.82
一个月内	87	57.24
三个月内	23	15.13
六个月内	16	10.53
一年内	5	3.29

由表 7 - 28 可见，外出务工父母每周与孩子联系的仅有 21 人，占比 13.82%，说明联络次数不多、频率不高；每月能与孩子联系的有 87 人，占比 57.24%，说明按月联系孩子的父母超过半数。

为了掌握亲子关系与留守幼儿监护人家庭教育之间的相关关系，

本书采用相关分析的方法进行研究，结果如表 7-29 所示。

表 7-29 四川某省级贫困县留守幼儿家庭教育方式与
亲子关系的相关分析

	M ± SD	r 值
亲子关系	1.36 ± 0.339	0.352**
教育方式	42.54 ± 4.572	

由表 7-29 的分析结果可知，留守幼儿家庭教育方式与亲子关系呈显著正相关（r = 0.352，p < 0.01）。结果显示，外出务工父母与孩子的联系频率越高，留守幼儿家庭教育方式越好，反之越差。3—6 岁是幼儿人格发展的关键时期，留守幼儿长期与父母分离，使得其生理、心理难以获得成长的满足，导致许多留守幼儿性格孤僻。同时，留守幼儿与父母、监护人长期缺乏亲密沟通，使得其不善于建立良好的人际关系，长大后可能难以正确处理与同事、亲朋好友的人际关系。随着留守幼儿的年龄逐渐增长，生理、心理不断成熟，更加迫切需要满足情感需求，外出务工父母难以达到这方面的要求，因此让留守幼儿对父母乃至生活的满意度不断下降。

2. 监护人的教育期望

监护人对于留守幼儿学习的期望值被称为教育期望，教育期望对家庭教育方式和教育水平产生直接影响。受传统教育理念影响，许多家庭尤其是农村家庭认为改变孩子命运的重要途径或者说唯一途径就是教育，可以得知父母对于孩子的教育期望较高，特别是留守幼儿父母期望值更高。大部分留守幼儿的父母外出务工生活条件差且较为辛苦，看到受过高等教育的知识分子工作的轻松与舒适，努力争取为孩子提供接受良好教育的机会，期望孩子通过努力学习考上大学而改变命运，这类父母的教育期望值较高。少部分父母认为孩子健康成长最重要，对孩子的教育期望值相对较低。两者相比较，前者对老人教育管理孩子的模式持有不同意见，但因客观原因难以落实自己的教育理念。如果有条件接受正规机构的教育和培训，比如幼儿园、托班、兴趣培训班等，他们希望通过这些正规教育提升教育水平和效果。特举下面这个具有代表性的案例予以说明。

案例 11

朵朵，4 岁，父亲在福建温州工地打工，母亲左某在家看管孩子。幼儿园放学回家后，左某教朵朵写阿拉伯数字，朵朵在写"3"的时候总是开小差想出去和其他小朋友玩耍，左某手把手教了 10 多分钟，女儿都没学会。左某情绪激动，非常生气，大声呵斥朵朵，竟将她拖到墙角面壁思过，恐吓孩子写不好就不许吃饭，朵朵吓得号啕大哭，边哭边保证要认真学习。

通过案例 11 可以发现，部分留守幼儿的监护人渴望孩子通过学习改变命运，把家庭的期望全部寄托在孩子身上，比较看重幼儿的学习教育，尤其强调幼儿拼音、认字、算术的能力，严重忽略幼儿学前教育阶段教育管理的重心，比如塑造性格、培养兴趣、养成习惯、锻炼独立能力、学习礼仪礼貌等。只要发现孩子不认真学习或学习效果不好，监护人就非常失落，经常打骂、惩罚幼儿，基本没有考虑对幼儿身心健康带来的不良影响。

3. 监护人的素质

家长作为家庭教育的核心人员，家长的素质对家庭教育水平具有直接影响。通常情况下认为，留守幼儿监护人素质主要包括文化水平和教育能力。在调查过程中发现，当前中国留守幼儿监护人大多数为祖辈，年龄偏高，主要在 50—70 岁。这个年龄区间监护人的主要特点是文化程度低、接受能力弱，甚至还有不认字的文盲，难以承担起留守幼儿学习指导的重任。文化素质影响教育素质，这类祖辈监护人在留守幼儿成长过程中，基本没有能力引导、培养幼儿的价值观、人生观和世界观，影响留守幼儿全面提升综合素质。为了掌握家庭教育方式与监护人素质的相关关系，本书采用相关分析的方法进行研究，结果如表 7 - 30 所示。

表 7 - 30　　　　四川某省级贫困县留守幼儿家庭教育方式与
监护人素质的相关分析

	M ± SD	r 值
监护人素质	3.28 ± 0.847	0.360**
教育方式	42.54 ± 4.527	

由表 7 - 30 的分析结果可知,留守幼儿家庭教育方式与监护人素质存在显著正相关关系 (r = 0.360,p < 0.01)。留守幼儿监护人受教育水平直接影响家庭教育方式,监护人受教育水平越高则家庭教育方式越优,教育方法也更加科学,文盲或者没有学校教育经历的监护人家庭教育方式最差。

本书采取随机调查法,通过与部分祖辈监护人进行谈话,了解到他们持有怎样的家庭教育观念,"对家庭教育不是很了解"的监护人占比高达 60%,他们的观念中教育是老师的责任。有的祖辈监护人表示听说过家庭教育,但对其科学内涵及重要作用认识模糊。有的祖辈监护人表示深知家庭教育的重要性,但受自身客观因素影响,明显感到心有余而力不足,比如幼儿喜欢舞蹈、音乐、美术等,监护人都不能提供及时、有效的引导。以上调查可见,大部分家庭教育过程中,教育内容缺乏科学、系统、规范和针对性,教育方法简单生硬,教育形式枯燥无味,没有充分发挥家庭教育的作用。留守儿童不仅缺乏父母有效的家庭教育,还被动接受祖辈监护人基本无效的家庭教育影响,导致留守幼儿的家庭教育朝着更为不利的方向不断发展。

二　外部环境因素

家庭教育不仅受到家人及家庭氛围内部环境的影响,也受到生活、学习的外部环境因素的影响,且外部环境因素还非常多。本书从留守幼儿面临的幼儿园教育环境、社区教育环境和社会环境等因素的影响力来进行研究分析。

(一) 幼儿园教育环境

通过对四川某省级贫困县三所幼儿园的调查发现,一个共同的特点是留守幼儿数量多、占比大，幼儿园老师数量少、年龄大。这些相对贫困的地区，建园理念落后、经济投入不足，导致了幼儿园教学质量差、硬件条件简陋。因该地区位置偏远、交通不便、生活枯燥，很难招聘到受过高等教育的大学生当老师，以至于幼儿园老师基本没有大学科班出身的专业人员，大多是中职、中专毕业的人员。幼儿园教育质量受老师的专业素养影响，调查的三所幼儿园部分教师居然没有幼师资格证，甚至未参加岗前培训，主要靠经验开展工作。

在调查的幼儿园中，基本未建立幼儿成长档案，也没有采取措施对留守幼儿家庭教育进行科学有效的指导。幼儿园教师少、班级人数多，导致老师工作量较大，几乎没有针对留守幼儿的家庭教育问题采取有效措施，老师基本同等对待留守幼儿和非留守幼儿。由于工资待遇低、生活环境差等因素，部分有能力的幼师在该县工作的时间短，一般是作为积攒工作经历进入大、中城市的跳板。频繁地更换老师对留守幼儿来讲影响较大，造成教育理念不连贯，会给幼儿带来一定的情绪波动和适应困难的问题。

（二）社区教育环境

本书通过对四川某省级贫困县村镇的工作人员进行访谈，深知家庭教育没有得到应有的重视。就社区而言，基本没有针对留守幼儿制定的措施，认为幼儿教育管理是家庭的事，与社区无关，体现出村委以及村妇联教育意识淡薄。就乡镇而言，行政部门对留守幼儿家庭教育的重视度不够，绝大多数措施大而化之，缺乏针对性、操作性，基本停留在书面上，难以落地见效。无论组织教育宣传还是文化活动均很少提及留守幼儿的家庭教育问题。

在经济发达地区，读书角、手工区成为每个班级和社区服务站的标配，图书绘本、益智玩具品类齐全、内容丰富，深受幼儿喜爱。在经济欠发达地区，村镇两级行政单位既没有图书、玩具提供给幼儿阅读与游戏，也没有培养幼儿阅读习惯的意识。目前中国的社区教育处在起步阶段，对幼儿教育投入不大、重视不够，不能科学合理地指导留守幼儿家庭开展教育。社区不能给幼儿提供优质教育资源和舒适教育环境，对于留守幼儿来说，家庭教育就显得更为重要和关键。而留守幼儿监护人文化素质低、教育能力弱，难以承担家庭教育责任，多种因素叠加导致留守幼儿的家庭教育现状堪忧。

（三）社会因素

新中国成立以来，尤其是改革开放以来，各行各业全面飞速发展，取得了举世瞩目的成绩。但也存在一些问题，比如东、中、西部地区经济发展不平衡，西部地区经济落后，第二、第三产业也不发达，农民仍然以农业为生且享受国家粮食种植的补贴。青壮年上有老、下有小，难以靠农耕自给自足、维持生计，生活的压力迫使他们外出务工，增加家庭经济收入以满足全家所需。外出务工的青壮年虽然接受过教育，但文化程度通常是中学水平。随着社会的不断进步、经济的高速发展，工作岗位对学历的要求不断提高，外出务工人员在城市谋求工作岗位越发艰难。进城务工的青壮年感受到城市生活的美好，被繁华都市吸引，逐渐习惯城市生活，不再愿意回到农村耕田种地，更为重要的原因是外出务工的收入远远大于在家种地的收入，更能改变家庭现状，过上较为富足的生活。外出务工的青壮年基本依靠体力挣钱，收入偏低，难以承担城市幼儿园的高昂费用及其他生活开销，只能选择夫妻双方都进城务工而将孩子留在农村抚养，因此大量的外出务工人员加剧留守幼儿的产生，这应该是留守幼儿家庭教育问题产生的根源。

第四节　改善留守幼儿家庭教育问题的对策和建议

留守幼儿缺失父母陪伴，无法享受双亲的细致照顾，难以接受正常的家庭教育，对其健康成长产生严重的不利影响。面对留守幼儿存在的诸多家庭教育问题，怎样促进留守幼儿身心健康成长，不仅是留守家庭面临的现实问题，也是全社会关注的热点问题，更是教育界亟须深入研究的棘手问题。当前需要通过家庭、学校、社会团体、政府等组织密切协作，切实为留守幼儿家庭提供有效的理论指导、意见措施和政策扶持。鉴于此，本书提出改善留守幼儿家庭教育问题的几点措施及建议。

一　家庭高度重视其育人功能

（一）父母

父母的言传身教对幼儿启蒙教育起到至关重要的作用，父母素质的高低直接影响幼儿的健康成长。教育培养子女是父母应尽的义务，父母既要积极克服自身存在的问题，也要努力学习教育孩子的方式方法。换言之，父母是子女最好的老师，教育培养子女是父母最大的责任，即使面临众多现实问题，父母也应该主动作为、积极解决，在有限的条件下开展良好的家庭教育。笔者建议留守幼儿父母从以下几方面去入手。

1. 留守幼儿父母应树立正确的教育观念

在孩子的成长过程中，父母的关怀与教育是不可或缺的。学前教育阶段的幼儿正处于性格形成、习惯养成、情感变化的关键期，如果幼儿缺失父母的引导培养、照顾养育，那么容易对其身心造成一定程度上的伤害。当前，一些"90后"夫妻迫于生活压力双双外出务工，大多数人选择把孩子留在老家，夫妻共同努力外出打拼，其实这样的安排较为不妥。调查显示，父母单方监护留守幼儿比祖辈监护的家庭教育方式要好。因此，对于留守幼儿父母而言，尽量克服困难，选择更优的监护方式开展家庭教育；同时积极获取有益教育知识，树立正确的教育观念，运用现代方便快捷的通信手段，投入更多的时间和精力，克服与留守幼儿距离上的不利条件，促进孩子健康、快乐地成长。

2. 留守幼儿父母需采取有力措施缓解陪伴缺失

从调查数据可知，留守幼儿严重缺乏有效亲子沟通。虽然父母没有和孩子生活在一起，但父母的爱要充分传递给孩子，比如和孩子电话聊天、视频对话，及时解决幼儿的疑惑和困难等，让孩子充分感受到父母对自己的爱。外出务工的父母可以通过多种途径了解、掌握孩子的情况，比如与监护人沟通、与幼儿园老师沟通、与邻居沟通。通过高频全面的沟通克服长期与幼儿离别带来的不利影响，从而进行有效的教育引导。父母不仅要关注孩子的衣食住行,还要高度重视孩子的心理健康,要尽量克服补偿心理带来的无条件、无原则地满足不合理的物质需求的心理,比如购买零食、玩具等,应该尽可能提供给孩子精神层面需求的满足,了解幼儿内心世界的真实想法,缓解因缺失陪伴带来的"亲情饥渴"。

3. 留守幼儿父母要掌握系统科学的家庭教育方法

部分留守幼儿的父母不仅自身文化程度不高,而且缺乏开展家庭教育的知识和经验,需要通过系统自学有关教育的知识、虚心请教家庭教育的优秀经验,力争更加科学合理地教育引导孩子。这样既对留守幼儿教育有利,又能提高家庭成员综合素质。教育引导既要突出文化课,也要注重孩子三观培养和习惯养成,让孩子沿着正确的方向健康成长。

4. 留守幼儿父母应采取就近原则外出务工

家庭经济状况是留守幼儿群体产生最直接的原因,为减少留守幼儿的数量、缩短留守幼儿的留守时间,留守儿童的父母必须控制外出务工的时长和频率。当前中国各级、各地政府想方设法发展当地经济,加快经济水平建设,增加就业机会,力争就近就便务工。虽然在西部地区的家乡务工与东部经济发达地区务工相比,直接收入会有所降低,但外出务工的成本也有所降低,对孩子的家庭教育来讲相对更有利。父母就近务工,孩子摘掉"留守幼儿"的帽子,获得更多的关心和陪伴,促进孩子健康成长。当前社会基本形成一种共识,孩子是每个家庭的希望,挣回来再多的钱不如培养一个好孩子,孩子成长过程中情绪及行为问题频繁发生、三观不正是家庭教育的失败,甚至是一个家族的悲哀。

俗话说,养不教父之过。父母抚育孩子是责任,也是义务,没有任何借口可以作为不认真管教孩子的理由。孩子的教育是每个家庭的重大工程,孩子教育成功也将提升家庭的幸福指数。因此留守幼儿的父母必须加以高度重视,采取有力、有效措施开展家庭教育。

(二)监护人

监护人对留守幼儿的家庭教育起着极其关键的作用,监护人素质直接影响留守幼儿家庭教育的水平，且两个因素间呈正相关。

通过对调研数据进行统计分析发现，留守幼儿的监护人绝大多数是祖辈，年龄大、文化低，大部分是小学文化水平，个别老人没有学校学习的经历。在整理分析访谈内容时发现，每个监护人都有自己开展家庭教育的方法，并固执认定自己的方法是绝对正确的，只会对孩子产生积极影响，没有不良影响。但实际情况并非如此，大部分祖辈的家庭教育方法不够科学合理，严重与当前素质教育理念相违背，难以正确培养幼儿的三观和行为习惯。

鉴于上述情况，监护人应不断地完善和丰富自己的教育理念，掌握适应新时代的育儿方法，积极主动请教幼儿园老师和同班的幼儿家长，快速有效地获取育儿知识。监护人需要与幼儿园老师保持高频次的沟通，掌握幼儿在园的情况，针对出现的问题及时采取有效措施加以纠正。除了要照顾幼儿的衣食住行，还要关注幼儿的心理健康状况，经常与幼儿谈论幼儿园里的高兴事和遇到的困难，保证幼儿身心平衡、健康发展。监护人首先要克服困难，及时满足幼儿的求知欲望，在幼儿面前树立优秀的榜样，同时保持幼儿探索世界的兴趣。其次要监督幼儿养成良好的习惯，及时制止、纠正成长过程中的问题行为。再次要鼓励留守幼儿与在外打工的父母保持积极正向的沟通，给孩子的思念寻找到释放点，化解情感寄托。最后要及时关注幼儿的情绪波动，给予幼儿情感温暖，即使父母不在身边，也要让孩子能够感受到家的温暖。

二　幼儿园要结合自身实际，建设家庭教育支持体系

（一）幼儿园方面

1. 幼儿园教师承担了大部分留守幼儿的教育责任，以在园教育为主，给予留守幼儿细致入微的照顾。在对幼儿园教师调查过程中可知，她们已经对留守幼儿的情况开始重视，认为留守幼儿与非留守幼儿之间存在极大差异，并对留守幼儿的教育管理进行了一些实践探索，但还难以完全满足留守幼儿全面的教育引导。在这种情况下，幼儿园需要加强对幼儿教师关于留守幼儿针对性管理及教育的培训，提

升教师的教育能力。幼儿园要建立针对留守幼儿教育管理的有效规章
制度，监督教师因材施教，丰富留守幼儿的教育形式，建立起翔实的
成长档案。

2. 幼儿园需要建立"家园联系"制度，形成"家园共育"的局
面。督导老师应定期拜访留守幼儿监护人，定期电话联系外出务工父
母，准确掌握每个留守幼儿的家庭教育开展情况。针对了解到的特殊
情况，教师应该把个人难以解决的问题及时梳理出来，与学校教学组
共同探讨解决。在沟通交流过程中，主动向留守幼儿监护人和父母传
递科学的教育方法，结合留守幼儿实际提出合理化家庭教育意见和建
议，及时发现并纠正他们在教育引导留守幼儿方面存在的突出问题；
同时商议留守幼儿的教育方案，共同制定科学合理的教育引导措施，
切实协助家长共同解决留守幼儿的教育问题，呵护其健康成长。

3. 幼儿园定期开展丰富多彩的亲子活动，增进监护人与留守幼
儿的感情。家庭和幼儿园是平等互助的教育合作伙伴，监护人积极配
合参加幼儿园活动，幼儿园主动协助留守幼儿健康发展。通过参加亲
子活动，有效地加深监护人和幼儿之间的感情，进一步传递幼儿园和
教师先进的教育理念，促进祖辈对家庭教育方法的学习。幼儿园可以
开展专题亲子活动，既让留守幼儿受益，也让监护人学习，可以不断
提升家庭教育的质量。

（二）幼儿教师方面

1. 留守幼儿在学习、卫生、安全等方面与非留守幼儿存在明显
差距，教师不仅不能因此轻视他们，而且要投入更多的时间和精力关
注并帮助他们。教师与留守幼儿主动结成帮扶对子、开展帮教活动，
还可以组织留守幼儿与其他孩子结成互助小组，通过非留守幼儿的行
为潜移默化地影响留守幼儿。教师依靠留守幼儿对自己的信任，掌握
幼儿真实的内心想法，影响其做出行为方式的正向改变。

2. 幼儿园教师要广泛开展有助于留守幼儿身心健康发展的活动，
比如送给幼儿一些可爱的小手工、召开丰富有趣的主题班会，让留守
幼儿感受到老师和同学对他们的关爱和友善。结合留守幼儿常出现的
情绪及行为问题，老师提前采取相应措施，把问题扼杀、制止在起始

阶段。对幼儿进行大纲要求的思想教育，促使他们树立正确的三观。这些方法对留守幼儿的社会性发展、价值观形成、学习热情的激发都将起到重要作用。

3. 幼儿园教师既要做好留守幼儿的在园教育，又要帮助做好留守幼儿的家庭教育。通过主动家访传递有效的教育方法，并细心关注每个留守幼儿的言行、情绪的变化，相应地调整针对每个人的教育方式方法。

三　政府应采取积极措施，加大对留守幼儿教育的支持力度

政府在促进儿童的健康成长方面具有重要责任，目前政府在留守儿童的社会性发展问题上已经进行了大量的支持和投入。比如，在政府的高度重视下创建了由国家统一领导，职能部门共同参与，对留守幼儿表达关爱的慈善活动机构，逐渐形成了社会、学校、家庭三位一体的教育体系。国家通过新闻媒体、网络渠道呼吁社会关注留守儿童，营造了充满正能量的舆论氛围。在留守儿童中需要更加关注留守幼儿，笔者建议应该把留守幼儿团体工作纳入社区建设计划当中，提高留守幼儿的教育管理水平。把留守幼儿工作作为国家实施的幼儿发展战略的重要组成部分，全面保护留守幼儿的权益，保证其身心健康，促进社会和谐进步。

（一）加快户籍制度改革

事实证明，推进制度改革是从根本上解决问题的关键，违背发展规律就会抑制社会进步。学前教育不属于九年制义务教育，留守幼儿的教育问题更不属于国家的九年义务教育问题。因此，解决留守幼儿的学前教育问题，必须从制度上解决根本性问题。当前户籍政策造成城乡产生较大差距，严重抑制了学前教育的平衡发展。要想解决留守幼儿的家庭教育问题，必须坚持以完整的家庭监护为主，校园、社会监护为辅的制度机制。通过不断完善户籍、入学、就业等制度，保障留守幼儿在流出、流入过程中公平地享受到社会公共资源。建立完善户籍制度及科学合理的身份认证，保障外出务工人员的基本权益，避免留守幼儿的数量快速增加，使更多留守幼儿的家庭尽早团聚。

（二）发展农村经济，加大教育财政拨款

城乡的经济二元化是留守幼儿群体产生的根本原因，经济落后也影响了留守幼儿的根本利益和发展。要解决这一客观存在的问题，各级政府部门需寻求发展契机、引进企业投资、创造就业机会、增加日常收入，积极鼓励外出务工的人员返回家乡、建设家乡、创造财富，这样有利于减少留守幼儿的数量。各级政府必须加强教育领域的投资力度，积极改善偏远地区幼儿园的硬件环境和师资力量，推进幼儿园的基础设施建设，为幼儿园开展教育提供强有力保障。在留守幼儿偏多的地方，及时修建可供孩子活动、游乐的设施，增加留守幼儿与外界接触和交往的机会，从而避免幼儿养成性格孤僻和情绪异常的问题，千方百计降低留守给幼儿带来的伤害。

（三）基层组织应发挥应有的作用

社区是最基本的基层群众组织，积极鼓励基层组织互帮互助活动，关心、关爱留守幼儿。如果留守家庭出现问题和困难，基层组织必须主动上前帮扶。政府要发挥主导作用，寻找帮助力量，建立一个保护留守幼儿的完善机制。社区准确掌握每个留守幼儿的家庭情况，倡导党员干部主动帮助，持续抓好"一帮一"活动，促使留守幼儿遇到的家庭教育问题得到有效解决。根据调查了解到有1/3的留守幼儿监护人希望通过社区的帮助和教育来获得家庭教育知识，可见留守幼儿的家庭教育受社区文化影响较大。社区可以利用日常的宣传活动，传递幼儿身心健康发展的教育知识和技能，营造良好氛围。

四　社会各界积极关注留守幼儿的家庭教育，创造良好的社会环境

（一）发动主流媒体宣传，倡导社会关注留守幼儿

社会媒体应充分运用电视、报纸、网络和自媒体的传播媒介优势，积极反映留守幼儿学习、生活的真实情况和存在的问题，引起社会各界广泛关注。倡导开展关心、关爱留守幼儿的群众性活动，同时大力宣传保障留守幼儿利益的相关法律法规，在社会中形成关照留守幼儿的良好氛围，创造保护留守幼儿的优越环境。积极发挥关爱下一

代等社会组织的功能，努力联合各界爱心人士，对较为困难的留守幼儿进行实质性的帮助，给予物质和精神上的关心，让他们感到社会这个大家庭的温馨。

（二）创造和谐社会环境，关心留守幼儿的健康成长

联合社会各界人士大力开展公益活动，完善社区活动场地和设施，不断营造温馨的社会环境。广泛开展"手拉手"的关爱活动，并将活动逐步由线下发展到线上，建立监护留守幼儿成长的大数据，不断建立、完善关心、爱护留守幼儿的有效机制。卫生部门和民间组织要针对留守儿童及其监护人，深入社区宣传卫生健康知识，以"爱国卫生月"活动为契机，不断调节和改善他们的生活习惯，加强常患疾病和季节性流行病知识的教育，引导他们科学预防疾病。坚持以《未成年人保护法》为准则，充分发挥公益性法律机构的作用，突出保障留守幼儿的个人权益，积极构建有助于他们健康成长的社会环境。

（三）优化社区文化建设，营造良好社会风气和氛围

积极投入社区文化环境建设，尤其是社区文化软实力的建设力度，不断提升社区文化的感染力和影响力。积极树立良好的社会风气、和谐的文化氛围和平等的人际关系，让他们潜移默化地影响留守幼儿的情绪健康、行为习惯，使他们在积极向上的环境中成长。在全社会共同努力下，从多个侧面全面关注留守幼儿的生活与成长。

总之，通过留守幼儿的父母、监护人、幼儿园、社区和社会的共同配合，努力改善留守幼儿的家庭教育，提升留守幼儿家庭教育的质量。

第八章　留守幼儿的师幼关系问题及对策

　　留守幼儿缺失有效的亲子交往，导致他们严重的"情感饥渴"，监护人永远不能替代父母的长期陪伴。当留守幼儿出现高兴、悲伤、恐惧、激动等情绪的时候，监护人还是难以充当孩子信赖的人进行交流和疏导，只能自己独立应对，久而久之，与非留守幼儿相比更易产生心理问题。教师在幼儿心目中占据着重要的地位，教师的言行时刻影响幼儿的认知发展、思想道德发展、情绪情感发展、意志品质发展和行为习惯发展，教师也是幼儿的榜样，对幼儿的影响最直接、最权威、最深远。老师是除监护人以外幼儿接触最多的成人，也是幼儿最信任的人，幼儿在园期间能够充分接收到老师给予的关爱，不仅可以让幼儿养成良好的行为习惯，而且可以在人际交往中拥有良性互动。

　　教师既是留守幼儿健康成长的协助者，也是他们教育成长的引领人。在教师的日常示范和精心的呵护下，大部分留守幼儿的情感寄托会放在老师身上，每天上学积极主动，乐意听老师的话，及时改正自身问题，较好地适应幼儿园生活。幼儿教师在留守幼儿的成长过程中发挥着重要的导向作用。

　　师幼关系主要与教师职业素养密切相关，良好的师幼关系让老师在教学活动中充满激情，凡事从幼儿的角度出发，时刻关心幼儿的感受，合理运用专业技能，科学解决幼儿遇到的矛盾和问题，在积极的教学过程中专业素养也会不断提升。反之，不良的师幼关系导致老师在教学活动中与幼儿相处时会表现出一定的厌烦情绪，刻意地疏远幼儿，甚至与幼儿发生矛盾和冲突，在消极的教学过程中教师的专业素养难以进一步提升。近年来，媒体曝光了幼儿园教师辱骂、体罚、虐待幼儿的事件，充分体现了一些幼儿园管理不善，部分幼儿老师的职业素养差，同时也反映出幼儿园老师和幼儿关系紧张。

《幼儿园教育指导纲要》这样阐述了师幼关系——教师应成为幼儿学习活动的引领者、支持者、合作者、监督者。较强的职业素养是良好的师幼关系的基础，这既要求教师准确掌握育儿知识，也要求教师具有高尚的职业道德，与幼儿建立民主、平等、友爱、互动的师幼关系，时刻保持爱心、耐心、责任心，积极开展良性互动，按纲顺利地完成幼儿教学任务。

第一节　幼儿师幼关系概述

一　关于幼儿师幼关系的研究

教师和幼儿的关系被称为师幼关系，即老师和幼儿在教学过程中发生的相互作用，这种关系体系是多层面的，一般情况下分为教育关系和心理关系。与教育目标相关的是教育关系，要求老师具备一定的专业知识和教学技能；与情感交往和交流相关的是心理关系，要求老师具备较强的责任心和人格魅力。良好师幼关系能促进老师和幼儿双方共同的正向发展。

幼儿阶段是人生的初始起点，承担学前教育任务的幼儿园是儿童进入的首个社会机构。幼儿时期思维方式不同于成人，具有发散性、跳跃性和创造性，幼儿还具有较强的洞察力，对老师的行为并不因为年幼而毫无感觉，幼儿心里非常清楚老师的亲疏远近。因此，是否具备良好的师幼关系直接影响教学效果，既是幼儿园教育质量的关键，也对幼儿的发展产生较为深远的影响。

大多数学者研究师生关系均以儿童义务教育阶段为主，近年来关系研究不断向学前教育阶段的幼儿与教师之间延伸，并逐渐重视该领域的发展研究，充分说明学前教育阶段师幼关系的重要性。20 世纪 90 年代，彦洁、庞丽娟研究认为，师幼观的产生和发展及师幼关系是重大的理论问题。过去是以老师为主，具有较强的权威性，幼儿缺乏主动性。现在以幼儿为主，提倡安全、健康、快乐发展，因此必须以新时代的要求重新审视和研究师幼问题。① 邓艳在师幼关系个案研究中，综合采用观察法、访谈法等研究方法，结果发现，幼儿教师在管理过程中总是强调自身的权威性，幼儿难以获得平等对话的机会。② 在培养幼儿的独立人格和探索精神过程中，要求教师具备正确的儿童观，尊重幼儿权利和人格尊严。丁璐璐通过对游戏教学活动的观察发现，老师对幼儿的管理呈现出两种情况，要么是教师对幼儿管理控制比较多，要么是完全放手不管理，师幼关系明显不合理。③ 幼儿在游戏活动中不断锻炼成长，良好的师幼关系提升游戏活动开展的质量，而有益的游戏活动促进良好师幼关系的建立。

研究者从多个角度对幼儿如何影响教师这一问题进行研究。杨萌在"我（幼师）—你（幼儿）"关系研究时再次印证了幼儿和教师在教学活动中的相互影响。幼儿需要得到关怀，幼师也获得被关怀的体验。④ 李常红以"向幼儿学习"为课题，从教师的角度研究发现幼儿对教师的性格磨砺、专业成长、知识技能和观念转变都有影响，提倡教师树立正确的儿童教育观，树立终生学习理念，不断提高自身专业素养。⑤ 王京从五个方面研究分析了生态型师幼关系的基本特征，分别为平等性、差异性、可持续发展性、情感交融性和互利共生性。⑥

近年来，受亲子依恋理论的广泛影响，众多外国学者开始研究师

---

① 彦洁、庞丽娟：《论有利于儿童社会性发展的环境创设》，《学前教育研究》1993年第6期。

② 邓艳：《绵阳市城市幼儿园师幼关系互动的个案研究——以四川省绵阳市盐亭县幼儿园为例》，硕士学位论文，西南师范大学，2002年，第29页。

③ 丁璐璐：《幼儿园游戏教学活动中的师幼关系研究》，硕士学位论文，山东师范大学，2013年，第20页。

④ 杨萌：《关怀理论视角下的幼儿园教师课堂管理研究》，硕士学位论文，西北师范大学，2013年，第36—40页。

⑤ 李常红：《我向幼儿学到了什么——幼儿对教师成长的影响研究》，硕士学位论文，南京师范大学，2016年，第60—70页。

⑥ 王京：《生态学视野下的幼儿园师幼关系研究》，硕士学位论文，山东师范大学，2016年，第24—28页。

幼关系的双向性，从多个维度划分师幼关系种类，通过大量的系统研究，学者们一致认为良好的师幼关系对两者均产生积极影响。长期的跟踪研究证明早期良好的师幼关系，对幼儿后期的人格健康发挥重要作用。

思若弗对 3—4 岁幼儿进行了师幼对话关系研究，发现教师与同班级的单个孩子结成师幼关系时有五个鲜明的类型区别，分别为参与型、冲突型、温暖型、控制型和支持型，即使在受过高层次专门训练的教师身上出现的这五个类型的师幼关系也非常明显。[1] 豪斯通过研究互动中的行为习惯、情感表现，认为师幼关系分为四种类型，分别是依赖型、安全型、积极调适型和消极调适型。[2] Silberman 在相关研究后详细描述了四种师幼关系的特点，分别是依恋型、冷漠型、关怀型和拒绝型。[3] Lynch，M. 和 Cicchetti，D. 以情感质量为变量把师幼关系分为五类，分别是一般型、被剥夺型、最佳型、不介入型和混乱型，其中安全型包含一般型和最佳型师幼关系，不安全型包含其余三个类型，同时详细阐述了不同的师幼关系在情感质量方面呈现的规律。[4]

Pianta，R. C. 等在师生互动、依恋理论研究的基础上认为师幼关系分为六个类型，分别是积极参与型、依赖型、不良型、普通型、冲突型和不参与型，其中依赖性主要是指过度依赖老师的帮助，冲突性主要是指师幼关系中的不合作、不友善。Pianta，R. C. 等还采用因素分析法描述了师幼关系三个维度，分别是愤怒依赖、温暖安全、焦虑不安，作为"师幼关系量表"（STRS）编制的基本结构。[5] 而

① 杨丽珠、吴文菊：《幼儿社会性发展与教育》，辽宁师范大学出版社 2000 年版，第283—284 页。

② 刘金波：《外国学者关于师幼互动问题研究的文献综述》，《早期教育》2000 年第13 期。

③ 刘万伦：《初中与小学生师生关系的发展特点及其与学校适应性的研究》，硕士学位论文，北京师范大学，2000 年，第 18 页。

④ Lynch，M.，Cicchetti，D.，"Maltreated Children's Reports of Relatedness to Their Teachers"，*New Directions for Child Development*，Vol. 57，1992，pp. 81 – 108.

⑤ Pianta，R. C.，Steinberg，M.，"Teacher-Child Relationships and the Process of Adjusting to School"，*New Directions for Child Development*，Vol. 57，1992，pp. 61 – 80.

Howes 与 Pianta，R. C. 的一些观点有所不同，Howes 基于依恋理论提出情感安全性，并为师幼关系增加了一个维度：社会调解。师幼间情感联系的程度被称为情感安全性，在儿童对环境适应、探索中，教师作为"安全基地"发挥着重要作用。教师的社会调解在一定程度上会影响儿童的社会化进程，他突出了教师在同伴互动过程中的调解作用。[①] 刘金波基于情感、行为维度，将师幼关系分为两种不同的关系模式，分别是积极的关系和存在障碍的关系，两种关系模式中幼儿被对待的态度截然相反：积极的师幼关系中，教师与幼儿沟通顺畅、交流密切，教师对幼儿表现出较高的关注度和较热情的关爱；存在障碍的师幼关系中，教师与幼儿在思想和行为上经常发生冲突，幼儿时常被孤立。[②]

Birch，G. W. 研究认为积极的师幼关系与儿童的良好适应有关，从而进一步提升儿童的发展质量。幼儿早期拥有支持性师幼关系的儿童与其他儿童相比可以更快地适应新环境。温暖、亲密、开放性的师幼关系下，儿童在认知、适应、社交等方面呈现出较高的水平。[③] Pianta，R. C. 等认为早期积极的师幼关系容易缓解和改善儿童的适应不良。根据调查显示，积极的师幼关系可以预测儿童一年级期末的适应水平，预测力显著高于儿童在幼儿园中的适应状况对一年级期末适应程度的预测。[④]

Silver，R. B. 等学者认为儿童早期积极的师幼关系可以大量减少其外显问题行为。通过提高儿童自尊、帮扶问题解决、及时给予奖赏及提供情感支持等方式，可以大幅降低高危儿童面对各种压力

---

① Pianta，R. C.，"Patterns of Relationships Between Children and Kindergarten Teachers"，*Journal of School Psychology*，Vol. 32，1994，pp. 15 – 31.

② 刘金波：《外国学者关于师幼互动问题研究的文献综述》，《早期教育》2000 年第 13 期。

③ Birch，G. W.，"The Teacher-Child Relationship and Children's Early School Adjustment"，*Journal of School Psychology*，Vol. 35，1997，pp. 61 – 79.

④ Pianta，R. C.，Nimetz，S. L.，"Relationships Between Children and Teachers：Associations with Classroom and Home Behavior"，*Journal of Applied Developmental Psychology*，Vol. 12，1991，pp. 379 – 393.

的脆弱性。调查中显示，早期师幼关系属于积极性质的幼儿，在中班时问题行为会大量减少，同时为幼儿后期的社会适应奠定一些基础。[①]

通过综述师幼关系研究，我们认为，随着社会的进步，新时代的到来，教师和幼儿的地位都在逐渐变化。从最开始以教师为中心，所有事情都要完全按照教师规定做，逐渐演变为以教师为主导、以幼儿为主体的形式；从教师对幼儿的单向影响逐渐演变为幼儿与教师两者之间的双向高频互动；由幼儿向教师学的单向索取演变为幼儿与教师两者互相学习，甚至开始采用生态学视野观察师幼关系。研究理念的先进性、研究方法的多样化和研究人员的暴增性充分证明了师幼关系的重要性。教育学者们应积极主动地采取措施，力图改善师幼关系，促进幼儿的健康发展。

二　关于留守幼儿师幼关系的研究

幼儿园老师和留守幼儿之间的关系统称为留守幼儿师幼关系，是指留守幼儿与幼儿园老师在教学活动中相互作用而产生的在行为、心理、习惯等方面都会有变化的影响。留守幼儿师幼关系既能体现教师与留守幼儿之间的相互联系，还可以体现两者的地位和作用。

曹述蓉采取问卷调查的方式发现师生关系越好，留守儿童在学校的适应能力就越强。[②] 李骊通过研究认为师生关系与留守儿童的安全感关联紧密。[③] 许守琼通过研究认为，留守儿童自我提升与师生关系的相关非常显著。[④] 陈芸对一名苏北留守初中生进行个案研究，全面、

[①] Silver, R. B., Measelle, J. R., Armstrong, J. M., et al., "Trajectories of Classroom Externalizing Behavior: Contributions of Hild's Characteristics, Family Characteristics, and the Teacher-Child Relationship during the School Transition", *Journal of School Psychology*, Vol. 43, 2005, pp. 39 – 60.

[②] 曹述蓉：《农村留守儿童学校适应的影响因素分析》，硕士学位论文，华中科技大学，2006 年，第 34 页。

[③] 李骊：《农村留守儿童安全感发展的学校动因研究》，硕士学位论文，湖南师范大学，2008 年，第 47 页。

[④] 许守琼：《农村留守儿童自我提升与其人际适应的关系研究》，硕士学位论文，西南大学，2012 年，第 47 页。

详细地分析了师生关系对留守儿童幸福感的影响。① 林美在探讨留守儿童品德如何养成的问题时重点提出积极培养关怀型师生关系。② 田香通过对新时代留守儿童的变化如何引导师生关系新发展问题的分析，为积极改进师生关系提出了翔实的意见和建议。③

相对而言，国外拥有更多的寄养儿童。马斯洛的需要层次理论说明了个体的安全需要与归属和爱的需要层次之间的紧密联系。分离焦虑是留守儿童的一个重要特征，容易导致其出现情绪问题。缓解幼儿分离焦虑的一条有效途径就是老师的正确引导。Helinger 在"系统排列和家庭治疗"中谈到孤儿院儿童和寄养儿童由于缺乏关注、遭到忽视及异样对待，使其过度自我关注的可能性大概率增加，主要表现为与人的接触过程中容易胆怯，出现退缩行为。Booth 在对非洲某深度贫困地区留守幼儿追踪研究后发现，留守幼儿与教师的亲密程度比其他幼儿低，同时认知上也与父母在身边的幼儿相差较大。导致师幼关系不和谐的原因包含位置偏远、环境恶劣、校舍破旧、教师待遇低等。④

综上所述，很多学者已经逐渐认识到师幼关系对留守幼儿的心理及行为产生巨大影响，包含社会适应能力、思想品德、情绪调节、性格养成、行为习惯、语言发展等。目前虽然国内没有专门对留守幼儿的师幼关系进行过系统研究，但是前人对于留守儿童师生关系的研究会为留守幼儿师幼关系的研究提供一定的理论及方法指导。

第二节　留守幼儿师幼关系现状调查

留守幼儿的健康成长与师幼关系有非常紧密的关联。师幼关系越

---

① 陈芸：《苏北农村留守初中生学校生活幸福感的个案研究》，硕士学位论文，南京师范大学，2013 年，第 17—19 页。

② 林美：《关怀伦理视角下的农村留守儿童品德养成教育探析》，硕士学位论文，吉林大学，2012 年，第 25—27 页。

③ 田香：《义务教育阶段留守儿童的变化与师生关系发展研究》，硕士学位论文，湖北师范大学，2015 年，第 32 页。

④ Cortes，R.，*Children and Women Left Behind in Labor Sending Countries：An Appraisal of Social Risks*，New York：UNICEF，2007，p. 96.

积极，留守幼儿的情绪状态越好、行为问题越少、抗压能力越强。早期的研究仅仅从单方面论述师幼关系，研究者们通过调查逐渐发现教师与留守幼儿的相互作用明显，留守幼儿积极的师幼关系不仅指教师对留守幼儿产生正向作用，而且留守幼儿对教师的教学活动所做出的行为反馈也直接影响教师，充分证明了研究者们已经重视师幼关系的双向影响。

中国留守幼儿的师幼关系问题在国外也同样存在。联合国官方机构和非正式国际组织高度注重发展中国家留守幼儿的权利保护和人文关怀，重点促进发展中国家制定法律保护条款。联合国儿童基金会从保护留守儿童权利出发倡议的多项研究直指保护儿童权利。近年来很多学者试图通过构建共生、平衡、可持续生态环境，研究教师与留守儿童间的相互作用，持续关注留守儿童的情绪及行为问题。不尽如人意的是，绝大部分的研究主要是针对义务教育阶段的留守儿童师生关系，忽略了作为身心发展关键期的学前教育阶段对个体成长的重要性。对留守幼儿社会支持系统领域的研究主要集中在亲子关系、同伴关系等，基本忽略了师幼关系这一重要课题。

笔者整理分析已有留守儿童师生关系和非留守幼儿师幼关系的研究成果，结合四川某国家级贫困县（少数民族地区）学前教育阶段留守幼儿师幼关系的实际情况，采用问卷法、观察法、访谈法等多种研究方法调查了解留守幼儿师幼关系的现状及亟待解决的问题。通过实证研究分析问题产生的原因，并提出针对性的解决措施和教育建议。研究结果某种程度上促进了少数民族地区留守幼儿心理及行为的正常发展，也促进了幼儿园教师职业生涯的健康发展。

一　研究方法

（一）研究对象

四川凉山彝族自治州某国家级贫困县彝族人口占比 75.42%。2015 年以前，县城及城郊才有幼儿园。自 2015 年以来，"一村一幼"政策实施后，基本所有幼儿都能上幼儿园。

本书调查了四川凉山彝族自治州某国家级贫困县的 6 所幼儿园，

选取这 6 所幼儿园中的留守幼儿和幼儿教师作为研究被试。6 所幼儿园分别为 1 所乡镇私立幼儿园、2 所城郊公立幼儿园和 3 所"一村一幼"幼儿园。村级幼儿园因师资不足，全部为混龄班。访谈幼儿共238 人，整理访谈问卷 238 份，其中无效问卷 18 份，有效问卷 220份，占比 92.44%。其中小班 8 份、中班 47 份、大班 67 份、"一村一幼"混龄班 98 份。访谈及问卷调查教师共 180 人，发出问卷 180 份，回收问卷 180 份，通过整理发现无效问卷 19 份，获得有效问卷 161份，占比 89.40%。访谈对象除了幼儿和幼儿教师外，还包括该县的教育局领导和幼儿园园长。

（二）研究工具及内容

1. 访谈

（1）访谈幼儿

幼儿访谈问卷分为两部分，分别是幼儿基本信息问卷（共 3 道题）和幼儿师幼关系访谈问卷（共 16 道题）。

幼儿基本信息问卷调查的是幼儿所读班级、性别和监护人等基本信息。

幼儿师幼关系访谈问卷主要参考了北京师范大学张磊编制的量表，根据留守幼儿的心理特点适当进行了调整，该问卷包含 4 个维度，分别是依恋性、亲密性、冲突性和回避性。

依恋性维度指的是幼儿对老师的态度和言行过分关注，并且有倾慕之情，共包含 4 个题项，分别是第 3、8、9、15 题；亲密性维度指的是幼儿与老师相处较亲密，能相互接纳彼此的态度和行为，共包含3 个题项，分别是第 1、2、10 题；冲突性维度指的是师幼之间在情绪或行为上的不和谐，共包含 5 个题项，分别是第 4、5、6、11、12题；回避性维度指的是幼儿在态度或者行为上回避与老师进行交流沟通，共包含 4 个题项，分别是第 7、13、14、16 题。在每个维度上得分越高，代表师幼关系在该维度上的程度越明显。所有题项按照肯定、否定两级评分，肯定选择"是"，计 1 分，否定选择"否"，计0 分。

在幼儿园的大力支持和配合下，对幼儿的观察和访谈主要安排在自由活动或休息时间，然后由笔者整理信息、填写问卷。

（2）访谈教育局领导

采用开放性访谈形式，访谈内容主要集中在以下几个方面：①目前教育行政管理部门掌握了留守幼儿的哪些情况？②教育行政管理部门针对留守幼儿采取了什么措施？③教育行政管理部门采取的措施效果如何？有哪些措施需要进一步改进和完善？

（3）访谈园长

采用半结构性访谈形式，访谈内容主要包括：①园长的年龄、教龄、学历、专业等基本信息。②本园留守幼儿的人数和比例。③留守幼儿的监护类型及分别占比。④幼儿园是否高度关注留守幼儿的成长？⑤师幼关系对留守幼儿有哪些影响？⑥提高留守幼儿师幼关系采取了什么措施？

（4）访谈幼儿老师

采用半结构性访谈形式，访谈内容主要包括：①老师的年龄、教龄、学历、专业等基本信息。②本班留守幼儿的成长情况。③留守幼儿与非留守幼儿存在哪些差别？针对差异问题采取什么措施？④师幼关系对留守幼儿有哪些影响？采取什么措施可以促进留守幼儿的师幼关系？

2. 问卷调查

问卷调查的对象主要是幼儿园教师，教师调查问卷共包括17个题项，主要包含了老师个人年龄、教龄、学历、职务、月薪、培训经历、教学效能感、幼儿园性质、班级人数等内容。

3. 观察

学前儿童由于认知水平低，有时难以清楚、准确地回答访谈问题，甚至出现描述的内容和实际严重不符的情况。基于这一原因我们采取了观察法，主要是参与到幼儿园的班级活动中，实地观察幼儿的学习和生活情况，准确掌握幼儿的言谈举止，充分了解老师对待幼儿的真实态度。观察期间把发生的重要事项一一记录，事后再进行整理完善、研究分析。

二 研究结果

四川凉山彝族自治州某国家级贫困县彝族人口占比75.42%，再加上其他少数民族，少数民族人口众多。这就导致很大一部分年龄较小的少数民族幼儿不懂汉族或只懂简单的汉语，以致本书研究对象中小班幼儿较少。笔者在此对调查对象的年龄段划分做如下说明：3岁和4岁幼儿划为一个年龄段，5岁幼儿划为一个年龄段，6岁幼儿划为一个年龄段。

（一）幼儿基本信息调查

表8-1　　　四川某国家级贫困县被试幼儿的性别、年龄基本情况

年龄（岁）	人数（人）	年龄占比（%）	男孩（人）	男孩占比（%）	女孩（人）	女孩占比（%）
总体	220	100.0	122	55.45	98	44.54
3—4	55	25.00	26	42.27	29	52.73
5	67	30.45	39	58.21	28	41.79
6	98	44.55	57	58.16	41	41.84

由表8-1可知，在参与调查的220名幼儿中，男孩有122人，占比55.45%，女孩有98人，占比44.54%。其中3—4岁幼儿55人，占比25%，5岁幼儿67人，占比30.45%，6岁幼儿98人，占比44.55%。

表8-2　　　四川某国家级贫困县留守幼儿与非留守幼儿年龄的基本情况

年龄（岁）	留守幼儿		非留守幼儿	
	N（人）	百分比（%）	N（人）	百分比（%）
3—4	25	45.45	30	54.55
5	33	49.25	34	50.75
6	77	78.57	21	21.43

　　由表 8-2 可知，在参与调查的 220 名幼儿中，留守幼儿 135 人，占比 61.36%，非留守幼儿 85 人，占比 38.64%。其中，3—4 岁留守幼儿 25 名，占比 45.45%，3—4 岁非留守幼儿 30 名，占比 54.55%；5 岁留守幼儿 33 名，占比 49.25%，5 岁非留守幼儿 34 名，占比 50.75%；6 岁留守幼儿 77 名，占比 78.57%，6 岁非留守幼儿 21 名，占比 21.43%。

　　班级里 3—5 岁留守幼儿较少，在半数以下，6 岁留守幼儿数量较多，接近总人数的 60%。由此可以看出，幼儿年龄到 6 岁左右，大多数父母认为孩子已经长大，具有一定的自理能力；同时迫于生活压力而选择背井离乡，努力增加家庭收入为孩子提供更好的受教育机会，只能依靠祖辈照顾孩子。

表 8-3　　　　四川某国家级贫困县留守幼儿监护人的基本情况

年龄（岁）	父亲监护		母亲监护		（外）祖父母监护	
	N（人）	百分比（%）	N（人）	百分比（%）	N（人）	百分比（%）
3—4	6	24.00	17	68.00	2	8.00
5	8	24.24	15	45.45	10	30.30
6	17	22.08	35	45.45	25	32.47

　　由表 8-3 可知，在四川某国家级贫困县参与调查的 135 名留守幼儿中，由父亲单方照顾的 3—4 岁、5 岁、6 岁留守幼儿分别占该年龄段留守幼儿的 24%、24.24%、22.08%；由母亲单方照顾的 3—4 岁、5 岁、6 岁留守幼儿分别占该年龄段留守幼儿的 68%、45.45%、45.45%；由祖辈照顾的 3—4 岁、5 岁、6 岁留守幼儿分别占该年龄段留守幼儿的 8%、30.3%、32.47%。总体来看，留守幼儿由父亲单方照顾的占比 22.96%，留守幼儿由母亲单方照顾的占比 49.63%，留守幼儿由祖辈照顾的占比 27.41%。

　　由以上三个数据表可知，四川凉山彝族自治州某国家级贫困县留守幼儿人数较多，且随着幼儿年龄增加，留守幼儿人数逐渐增加。在幼儿 3—4 岁年龄段，父母单方照顾占比高达 92%，随着幼儿年龄的增长，父母单方照顾呈下降趋势，在幼儿成长到 6 岁时，留守幼儿由父母单方照顾占比下降到 67% 左右。

（二）留守幼儿师幼关系调查

1. 留守幼儿师幼关系的性别差异比较

为进一步了解性别对留守幼儿师幼关系的影响，本书采用独立样本 t 检验对留守男孩、女孩在师幼关系四个维度上的得分进行差异分析。

表 8 - 4　　　　四川某国家级贫困县不同性别留守幼儿师幼
关系的差异比较（M ± SD）

类型	男孩	女孩	t
亲密性	0.32 ± 0.403	0.57 ± 0.405	- 3.471 ***
依恋性	0.33 ± 0.347	0.44 ± 0.325	- 1.800
回避性	0.57 ± 0.403	0.40 ± 0.406	2.406 *
冲突性	0.41 ± 0.319	0.25 ± 0.269	3.050 **

注：* $p < 0.05$，** $p < 0.01$，*** $p < 0.001$，下同。

由表 8 - 4 得知，性别对留守幼儿亲密性师幼关系影响极其显著（$t = -3.471$，$p < 0.001$），女孩得分明显高于男孩；性别对回避性和冲突性师幼关系影响非常显著（$t = 2.406$，$p < 0.05$；$t = 3.050$，$p < 0.01$），男孩得分明显高于女孩；性别对留守幼儿依恋性师幼关系影响不显著（$p > 0.05$）。

老师对不同性别留守幼儿的态度影响他们的师幼关系。特举下面案例予以说明（为保证个人隐私，引用案例中姓名均为化名，下同）。

案例 1

对象：幼儿园中班，女，曲比阿美，由父亲单独照顾（案例来自老师口述）。

内容：该女孩刚入园时有几个特点：挑食、腼腆、话少、不合群。在安排儿童节表演人选时，老师有意识地让她担当主角，通过排练和演出，曲比阿美树立了自信心，性格也变得外向且更加开朗，逐渐主动和同学一起玩耍，挑食的问题也不存在了。

案例 2

对象：大班，男，阿力曲术，由祖辈照顾（案例来自研究人员的观察及老师口述）。

内容：观察发现，该男孩在园期间不遵守纪律、不听从老师安排，老师处理方法以罚站为主。休息时间老师告诉研究人员，因为家庭困难，阿力曲术父母都外出务工，祖辈监护人非常溺爱孩子。与监护人沟通后也基本不管教，总是上课不听、下课太闹，老师采取了很多办法基本没有效果，现在只要他不影响上课，老师已不再管了。有一个非常明显的现象，他基本不主动拥抱老师，偶尔玩高兴了，和其他小朋友一起来拥抱一下。

幼儿教师基本以女性为主，对留守女孩态度更为温和。当男孩和女孩都犯同样错误时，老师明显对男孩的批评更加严厉。这样就导致具有行为问题的留守女孩在老师的宽容对待下，师幼关系比以前更加亲密，而具有行为问题的留守男孩与老师的关系会逐渐恶化，进而形成回避性或冲突性师幼关系。

2. 留守幼儿师幼关系的年龄差异比较

为进一步了解年龄对留守幼儿师幼关系的影响，本书采用单因素方差分析法对三个年龄阶段留守幼儿在师幼关系四个维度上的得分进行比较分析。

表 8-5　　四川某国家级贫困县不同年龄留守幼儿师幼关系的差异比较

	年龄	M ± SD	F
亲密性	3—4 岁	0.52 ± 0.387	0.730
	5 岁	0.39 ± 0.468	
	6 岁	0.42 ± 0.411	

续表

	年龄	M ± SD	F
依恋性	3—4 岁	0.50 ± 0.354	2.327
	5 岁	0.40 ± 0.359	
	6 岁	0.33 ± 0.322	
回避性	3—4 岁	0.41 ± 0.432	0.712
	5 岁	0.54 ± 0.441	
	6 岁	0.50 ± 0.411	
冲突性	3—4 岁	0.26 ± 0.263	1.347
	5 岁	0.32 ± 0.304	
	6 岁	0.37 ± 0.320	

由表 8 - 5 结果得知，不同年龄留守幼儿在师幼关系四个维度上的差异均不明显（$p > 0.05$）。

3. 留守幼儿师幼关系的监护类型差异比较

为进一步了解不同监护类型对留守幼儿师幼关系的影响，本书采用单因素方差分析法对三种监护类型留守幼儿师幼关系的四个维度得分进行比较分析。

表 8 - 6　四川某国家级贫困县不同监护类型留守幼儿师幼关系的差异比较

	监护人	M ± SD	F
亲密性	母亲	0.49 ± 0.405	2.347
	父亲	0.46 ± 0.461	
	（外）祖父母	0.31 ± 0.396	
依恋性	母亲	0.41 ± 0.352	2.899 *
	父亲	0.45 ± 0.384	
	（外）祖父母	0.27 ± 0.253	
回避性	母亲	0.42 ± 0.411	4.036 *
	父亲	0.47 ± 0.397	
	（外）祖父母	0.65 ± 0.393	

	监护人	M ± SD	F
冲突性	母亲	0.30 ± 0.296	2.429
	父亲	0.33 ± 0.261	
	（外）祖父母	0.43 ± 0.348	

　　由表 8 - 6 得知，留守幼儿依恋性和回避性师幼关系受监护类型影响显著（$F = 2.899$，$p < 0.05$；$F = 4.036$，$p < 0.05$），而留守幼儿亲密性和冲突性师幼关系受监护类型影响不显著（$F = 2.347$，$p > 0.05$；$F = 2.429$，$p > 0.05$）。进一步事后检验可知，由父亲单方养育的留守幼儿依恋性师幼关系比祖辈养育的留守幼儿得分明显要高（$p < 0.05$），由祖辈养育的留守幼儿回避性师幼关系比由父母单方养育的留守幼儿得分明显要高（$p < 0.05$），父亲和母亲单方养育的留守幼儿回避性师幼关系差异不显著（$p > 0.05$）。

　　在访谈幼儿园园长过程中，发现由祖辈或亲友抚养的留守幼儿容易出现心理问题。特举下面案例予以说明。

案例 3

　　对象：由祖辈抚养的 7 个留守男孩，大班。

　　内容：园长吉胡阿莎召开教学分析会的时候，了解到几个小朋友衣服总是很脏，换洗不勤，还有异味，2 个幼儿身上还有虱子。他们既不主动与老师、同学说话，其他同学也刻意回避不和他们玩耍。经了解这 7 名留守幼儿来自 4 个家庭，父母全都在中国沿海地区务工，4 个家庭还是亲戚关系，每天都是 1 位老人使用电动三轮车接送 7 个幼儿。在家访过程中，发现他们居住的条件非常简陋，1 个老人负责照顾 7 个幼儿，基本无法周全地照顾他们的日常生活，所以导致 7 个幼儿的身上有异味。园长掌握该情况后，第一时间倡导老师献爱心，安排老师在幼儿园为他们洗头，提醒他们及时换衣服，同时教会他们自己洗衣服。在老师特殊关心下，孩子身上的异味没有了，脸上的笑容变多了，和老师更加亲密，经常请教老师做家务的方法，也喜欢和其他小朋友一起玩了。在外务工的家长知道这一情况后，回家探亲时为表感谢，给幼儿园打扫了一天卫生、送了一面锦旗。

调查发现，由祖辈或亲戚照看的留守幼儿容易产生自卑感。祖辈由于年龄大，精力不够；亲戚还有自己的家人要照顾，忙于生计，只能让幼儿吃饱穿暖，难以顾及到幼儿的情绪变化和心理需求，导致留守幼儿的孤独感和自卑感会更加严重。

4. 留守与非留守幼儿师幼关系的差异比较

为进一步了解留守与非留守幼儿师幼关系的差异，本书采用独立样本 t 检验对两个群体幼儿师幼关系的四个维度得分进行比较分析。

表 8 – 7　　　　四川某国家级贫困县留守与非留守幼儿师幼
关系的差异分析（M ± SD）

类型	留守幼儿	非留守儿童	t
亲密性	0.43 ± 0.420	0.65 ± 0.392	– 3.889 ***
依恋性	0.38 ± 0.341	0.39 ± 0.303	– 0.374
回避性	0.49 ± 0.412	0.24 ± 0.356	4.753 ***
冲突性	0.34 ± 0.307	0.19 ± 0.259	3.915 ***

由表 8 – 7 得知，留守与非留守幼儿在师幼关系的亲密性、冲突性和回避性三个维度上差异极其显著（t = – 3.889，p < 0.001；t = 3.915，p < 0.001；t = 4.753，p < 0.001），主要表现为非留守幼儿的亲密性师幼关系得分明显高于留守幼儿，但非留守幼儿的冲突性和回避性师幼关系得分明显低于留守幼儿。在依恋性师幼关系维度上留守与非留守幼儿不具有明显差异（t = – 0.374，p > 0.05）。

案例 4

对象：混龄班，男，6 岁，布吉吉哈，由祖辈照顾。

内容：在 2 岁的时候，布吉吉哈的父母就外出务工，他和爷爷奶奶生活至今。老人想着布吉吉哈从小就离开父母，所以非常宠爱他，但犯了错误无法管教时也要打骂、体罚孩子。因此布吉吉哈效仿老人的样子打其他小朋友，习惯性反对老师，即使被老师罚站，也只能管3分钟，老师的训导难以入心入脑，老师着急批评他时，他基本都会顶嘴。

通过案例4再次验证了留守幼儿的回避性与冲突性师幼关系比非留守幼儿更多、更明显。这个问题既要从幼儿自身查找原因，又要从监护人身上找原因。一部分留守幼儿的监护人文化素质低、言语粗俗、行为怪异、情绪暴躁，在与留守幼儿生活过程中悄然地影响留守幼儿的行为，使幼儿产生情绪及行为问题，容易导致与老师建立回避性与冲突性师幼关系。

（三）教师基本情况与师幼关系调查

为了进一步调查研究留守幼儿的师幼关系，本书对留守幼儿老师进行了问卷调查和访谈。

表8-8　　　　四川某国家级贫困县留守幼儿教师月薪及满意度情况

项目	类别	N（人）	百分比（%）
每月薪水	2000 元以下	78	48.45
	2000—3500 元	53	32.92
	3500—5000 元	28	17.39
	5000 元以上	2	1.24
收入满意度	非常不满意	12	7.45
	不满意	59	36.65
	一般（将就）	69	42.86
	满意	18	11.18
	十分满意	3	1.86

由表8-8得知，留守幼儿教师月工资在2000元以下有78人，占比48.45%，表明几乎接近半数的老师工资很低。非常不满意自己收入的有12人，占比7.45%，不满意自己收入的有59人，占比

36.65%，觉得收入一般的有69人，占比42.86%，对自己的收入感到满意和非常满意的有21人，占比13.04%，可见大多数教师认为自己的工资低，不满意自己的收入。

表8-9　　四川某国家级贫困县留守幼儿教师所带班级幼儿人数调查表

项目	类别	N（人）	百分比（%）
所带班级幼儿人数	20 人以下	12	7.45
	20—30 人	18	11.18
	30—40 人	33	20.50
	40 人以上	98	60.87

由表8-9得知，在调查的6所幼儿园中，所带班级人数在20人以下的占比7.45%，在20人至30人的占比11.18%，在30人至40人的占比20.50%。在40人以上的占比60.87%，且超过总数的半数。

从表8-8、表8-9中可知，四川某国家级贫困县幼儿园中班级人数相对较多，导致老师的工作量较大。老师非常辛苦，但收入却不高，付出与回报不成正比，接近半数的幼儿教师月工资在2000元以下，由于当地经济落后，其他的福利待遇基本没有。

在采访留守幼儿教师的过程中，研究人员对他们的工资满意度和上课感受进行了记录。

案例5

对象：老师，冯琴，女，在"一村一幼"教点工作2年。

内容：我们的工资主要由乡政府管理发放，不仅工资过低，而且不能按时发放。工资还没有县城服务员、销售员收入高。在艰难的时候总想打退堂鼓，想选择辞职。由于父母坚决不同意辞职，学前教育也是自己所学专业，加之也比较喜欢孩子，所以选择了继续坚持。我的大专同学已超过10人选择辞职去沿海地区发展了。现在的想法是再坚持一下，看政策和待遇是否有变化，如果长期这样低，很有可能选择走那些同学的路。

案例6

对象：老师，米色，在幼儿园工作3年。

内容：我们幼儿园是"一村一幼"教学点，处于城乡接合部，我们班是彝族、汉族混合大班，幼儿年龄跨度较大，3—7岁的都有，两个老师负责管理56个幼儿。两个民族的孩子都不好管理，上课跟打仗似的，主要是抓好安全，确保孩子不受伤。针对一些爱哭的孩子，就是让他们哭到不哭为止；针对一些淘气的孩子，只能让他们站在后排，没有太多的时间讲道理。即使按这样的标准开展教学活动，每天放学后都觉得很累。

通过案例5、6和问卷调查可知，该地区年轻幼儿老师有辞职想法的较多，主要原因是认为自己的付出与回报不成正比。长期如此容易造成两种结果：一是难以留住较为优秀的幼儿老师；二是主要精力投入到抓安全这个底线上，难以顾及幼儿的心理健康。前期研究成果也表明，班级幼儿人数多，幼儿教师配置少，幼儿互动频繁，但基本以打闹为主，一定程度上影响教学质量。在这种情况下开展教学活动，只能通过简单直接的罚站维护教学秩序，教师的严厉管教会导致师幼关系消极发展。

案例7

对象：幼儿教师，吉友阿妞，在公立幼儿园工作7年。

内容：近年来，我们幼儿园留守儿童逐年增多，总的感觉就是留守幼儿性格内向、不善交流，与同学沟通不畅，与老师主动交流明显少于其他幼儿。很少部分的留守幼儿主动与老师沟通。

通过案例7和问卷调查可知，绝大多数留守幼儿的师幼关系没有非留守幼儿师幼关系好，但也有少部分留守幼儿自身性格外向、乐观开朗、善于交流，与同学关系良好，与老师亲密度也较高。

（四）幼儿园园长对留守幼儿师幼关系的看法

在访谈幼儿园园长的过程中，重点了解全园留守幼儿师幼关系的情况，现整理笔录如下。

案例 8

对象：私立幼儿园，园长张丽。

内容：我所掌握的留守幼儿问题主要体现在性格上，特点主要是内向、孤僻、自卑，每年"六一"儿童节演出时体现得特别明显。师幼关系呈现出两个极端，要么是高度依赖，要么是内向回避。高度依赖的留守幼儿渴望从老师那里得到父母缺失的爱。内向回避的留守幼儿对老师的关心反应迟钝，但其内心应该还是感受到温暖的，需要经过长期的关爱才会有一定反应。

案例 9

对象：公立幼儿园，副园长陈静。

内容：我认为由祖辈监护的留守幼儿问题远远大于父母单方监护的幼儿。父母双方都外出务工，幼儿长期缺失陪伴，对性格及行为发展上都会带来较大影响。这就要求老师对留守幼儿比对其他幼儿投入更多的时间和精力，如果老师没有耐心、不愿付出，对大多数留守幼儿的心理会造成影响。

我有个大学同学一直和外婆生活，从小到大是个非常典型的留守幼儿，即使在大学期间与父母通话依然容易哭泣，每次假期她都迫切需要返回到父母身边。平时和同学交流较少，同学关系也不是很好，更不主动和老师沟通，课间休息时间经常看到心理学老师找她谈话。

通过案例 8、9 可知，留守幼儿的问题主要体现在性格和情绪方面，通常表现为内向、孤僻、自卑、情绪低落等，导致沟通能力欠缺，学习效果不佳，尤其是由祖辈监护的留守幼儿这一情况更加严重。幼儿园园长也认为留守幼儿的性格和情绪问题以及师幼关系问题可以通过老师倾力付出和关心向积极方向发展。

第三节　留守幼儿师幼关系存在的问题及原因分析

美国布朗芬布伦纳的生态系统理论认为，每个个体的成长环境是一个复杂的生态系统，包含从小到大的多个系统，每个系统通过一定方式对个体的发展施以影响。[①] 因此，在看待留守幼儿师幼关系问题时，可以从以下方面着手思考。

一　留守幼儿的师幼关系状况及与非留守幼儿的差异比较

本书调查了四川某国家级贫困县幼儿 220 名，其中留守幼儿 135名，非留守幼儿 85 名，男孩 122 名，女孩 98 名。据表 8-2 统计可知，3—5 岁留守幼儿人数占比 47.35%，非留守幼儿人数占比 52.65%，留守与非留守幼儿人数基本一致，相差不大。6 岁留守幼儿占比 78.57%，非留守幼儿人数占比 21.43%，该年龄段留守幼儿明显增多，可见大多数父母外出务工的时间选择在幼儿 6 岁左右。通过访谈了解到，父母认为幼儿已经长大了，自理能力、安全意识比以前提高了，加之即将上小学，由父母单方或祖辈监护问题不大。同时迫于生活的压力，为给孩子创造更好的条件，青壮年劳动力选择不辞辛劳进城务工，只能依靠父母单方或祖辈监护孩子。

据表 8-3 统计可知，由父亲单方监护的留守幼儿占比 22.96%，由母亲单方监护的留守幼儿占比 49.63%，由祖辈监护的留守幼儿占比 27.41%，可见，该地区留守幼儿主要由母亲单方监护，该调查结果与罗天竺研究的留守儿童情况一致。[②] 男性负责外出挣钱养家，女性负责家庭内部事务也是中国传统的家庭模式。进一步调查发现，很多留守幼儿的祖辈和母亲没有接受过义务教育，文化水平很低，大多

---

① 朱家雄：《生态学视野下的学前教育·多元视野下的学前教育丛书》，华东师范大学出版社 2007 年版，第 66 页。

② 罗天竺：《农村留守儿童与非留守儿童的心理、行为状况比较研究》，硕士学位论文，浙江大学，2014 年，第 61 页。

数都不懂汉语，留守幼儿长期在该类家庭环境下成长，容易对其认知和行为造成不良影响，特别是出现问题时，监护人难以采取科学的方法及时纠正。

从性别上看，性别对留守幼儿亲密性师幼关系的影响明显，且存在的差异非常显著，留守女孩相对留守男孩更愿意主动与老师沟通，男孩更容易与老师产生冲突，表达自己的不满情绪。从年龄结构来看，各个年龄段留守幼儿在四个维度上都无明显差异，可见留守幼儿的师幼关系受年龄影响不明显。本书研究显示，监护人类型对留守幼儿依恋性、回避性师幼关系影响较明显，由父亲单方监护的留守幼儿依恋性师幼关系得分高于由祖辈监护的留守幼儿，原因可能是幼儿母爱严重缺失，父亲在情感方面不够细腻，孩子容易将对母亲的情感依恋转移到老师身上，出现对老师的高度依恋。由祖辈监护的留守幼儿回避性师幼关系得分明显高于由父母单方监护的留守幼儿，可知由祖辈监护的留守幼儿长期缺失父母的关爱，教养方式主要以骄纵溺爱型和忽视冷漠型为主，导致祖辈监护的留守幼儿比父母单方监护的留守幼儿容易出现退缩行为问题。结果充分说明受"隔辈亲"影响，祖辈监护孩子溺爱过度，而对幼儿与人相处指导不力，使幼儿面对新环境时容易出现胆怯、恐惧等情绪及社交退缩行为，在此种情绪及行为问题的长期影响下自然形成回避性师幼关系。

对留守幼儿和非留守幼儿的师幼关系进行对比后发现，留守与非留守幼儿在师幼关系的亲密性、回避性、冲突性三个维度上差异非常明显，而依恋性这个维度上差异不明显。在调查中发现，该县留守幼儿师幼关系明显没有非留守幼儿师幼关系亲密，主要是因为留守幼儿内向、自卑、胆怯等性格因素造成的，同时留守幼儿与教师相处过程中比非留守幼儿有更多的回避和退缩行为，基本不主动与老师沟通交流。部分留守幼儿缺失父母教育引导，再加之祖辈的过度溺爱，更易出现一系列行为问题，与老师发生冲突的可能性增大。综上所述，大多数留守幼儿师幼关系明显差于非留守幼儿的师幼关系。

二　留守幼儿师幼关系的影响因素分析

（一）性别、监护人差异影响留守幼儿的师幼关系

在不同性别留守幼儿师幼关系对比中发现，留守男孩在亲密性师幼关系这个维度上分数明显低于留守女孩，在冲突性、回避性师幼关系这两个维度上，留守男孩的分数显著高于留守女孩。出现此类问题是老师对不同性别留守幼儿的差异性态度造成的，在潜意识中老师就已经认为留守男孩比留守女孩问题更多，留守女孩为弱势群体，更需要保护和关爱。老师认为留守男孩天生好斗、极度活跃、容易发生冲突等行为。[①] 在此认识基础上，在管教有问题行为的留守男孩时采取的惩罚措施较重，而管教有问题行为的留守女孩时采取的措施较为温和。案例 1 和案例 2 均是问题型留守幼儿，只是性别不同，案例 1 中老师对女孩态度较为温和细心，在组织活动中鼓励女孩主动参与、大胆表达，女孩在参与过程中树立起自信心，形成了积极良性的互动，达到了较好的效果。对于幼儿来讲，当积极正向的改变得到老师的表扬，会强化这种行为模式，促进师幼关系良性循环。案例 2 中老师对问题男孩通过罚站这一消极互动方式来制止其行为，当男孩接收来自老师惩罚的信号后，问题男孩回应通常是不与老师接触或直接以冲突方式发泄愤怒的情绪，男孩不主动拥抱老师，但时而在其他小朋友拥抱老师的时候也会拥抱老师，可见男孩心理上有意识地和老师作对并假装不亲近老师，其内心深处依然期望得到老师的关爱。

在对不同监护类型留守幼儿师幼关系的对比中发现，留守幼儿在依恋性、回避性这两个维度上与监护类型明显相关，亲密性和冲突性这两个维度的师幼关系与监护类型基本无关。案例 4 中的布吉吉哈从 2 岁起和祖辈共同生活，监护人缺乏科学的育儿知识走向了两个极端，要么是骄纵溺爱，要么是严厉打骂，没有从行为问题的根源科学

---

① Fagan, J., "The Interaction Between Child Sex and Temperament in Predicting Behavior Problems of Preschool-Age Children in Day Care", *Early Child Development and Care*, Vol. 59, 1990, pp. 1 – 9.

地管教幼儿，导致幼儿模仿监护人的打骂行为。幼儿对制止打骂行为的老师容易产生不满情绪，甚至与老师发生言语或身体冲突。当老师期望通过向监护人反馈留守幼儿的问题共同管教时，监护人置之不理，造成老师在教学过程中对同类型幼儿带有负面情绪，从而继续加强与留守幼儿消极的师幼关系。

师幼关系是双向的互动，不仅是单向作用。案例 7 中吉友老师认为，留守幼儿存在的消极师幼关系情况较重，但不是全部的留守幼儿师幼关系都差。大部分留守幼儿家庭教育缺失，与老师消极互动，但也有少部分留守幼儿自身性格开朗（不排除监护人素质高、父母常沟通教育等原因），与老师亲密互动良好。前期学者研究发现，幼儿气质类型影响幼儿与老师的关系，[1] 老师面对幼儿的态度主要取决于幼儿对老师的回应。[2] 老师容易不自觉地对乖巧听话的幼儿更加偏爱，即使犯了错也温和相待，而把主要精力放在管教问题幼儿身上。问题幼儿接收到严厉管教的信息后，则又与老师进行消极互动，所以留守幼儿如何与老师建立良性互动机制可以作为下一步的研究课题。

（二）幼儿教师的学历、教学经验、收入情况影响留守幼儿师幼关系

自 2015 年以来，针对偏远地区适龄幼儿入学难的问题，政府投入大量资金发展"一村一幼"，在该县全境所有村都开设了幼教点，新增幼教点急需大批幼儿教师，一时难以满足，为确保每个幼教点能基本运转，几次放宽招录条件致使新增教师学历不高、能力不强。

前期的研究认为，幼儿教师的学历与师幼关系的敏感度成正比。[3]

① 闫靖华：《国外关于师幼关系影响因素的研究及其启示》，《宁波大学学报》2017 第 39 期。

② Shores, R., Jack, S., Gunter, P., et al., "Classroom Interactions of Children with Behavior Disorders", *Journal of Emotional and Behavioral Disorders*, Vol. 1, No. 1, 1993, pp. 27 – 37.

③ Howes, C., "Children's Experiences in Center-Based Child Care as a Function of Teacher Background and Adult: Child Ration", *Merrill-Palmer Quarterly*, Vol. 43, No. 3, 1997, pp. 404 – 425.

在本书开展的调查中，教师学历是中专及以下学历占比约25%，绝大多数毕业于西昌市职业技术学校；教师是大专学历的占比67.7%，部分毕业于凉山民族师范学校，部分毕业于"3+2"办学模式学校（中专3年，大专2年）；教师是本科学历的仅占比8.07%。以上说明该县缺乏高学历、专业技能强的幼儿教师。

从工作经历上看，从事幼教工作5年以上的教师积累了丰富的教学经验，能够时刻掌握幼儿需求，合理解决幼儿的问题，与幼儿相处关系更加和谐，也对幼儿发生的问题行为能够宽容。有2—5年工作经历的教师占比不到50%，有6年及以上工作经历的老师占比约30%，说明该县缺乏工作经验丰富的幼儿教师。

调查结果显示，教师月收入在2000元以下占比高达48.45%，基本接近半数。面对工资收入低、工作量大的问题时，部分老师存在只求过得去、不求过得硬的思想，不注重幼儿感受，不提升教学质量。调查中村幼教点老师反映工资经常不能及时发放，时有拖欠。有相当一部分老师在上班时不谋工作质量，另谋工作出路，放弃教育战线工作的念头经常闪现。案例5中的冯老师，因为喜欢小孩而选择了幼师专业，因为梦想而选择了支教，但在快速发展、物价飞涨的时代，付出艰辛的努力，拿着难以养活自己的工资，自我认可度极低，难免在情绪低落的时候以负面情绪面对幼儿，影响幼儿与老师之间的交流和互动。

（三）幼儿园班级规模影响留守幼儿师幼关系

从调查中显示，该县幼儿园各班幼儿在40个以上的占比60.87%，超过半数。在访谈中得知，在100多幼教点中，除了2所公立幼儿园每班配备2名老师，1名保育员外，其他班级基本都只有2名老师。2名老师负责幼儿在园的所有事宜，每个工作日都是从早忙到晚。斯洽弗兰德·瑞德研究认为，班级幼儿人数越多，幼儿之间的交流活动越频繁。老师在课堂上主要担负管理的任务，老师为完成规定教学任务采取的措施更为严厉，以直接方式进行控制，容易导致幼儿与老师发生冲突。[①] 案例 6 与米色老师交谈中进一步印证了此观点，两位老师每天负责管理 56 个幼儿，始终按照要求抓好幼儿安全、守住底线，没有精力顾及发展良好的师幼关系，更难以顾及留守幼儿的师幼关系。

（四）幼儿园教师对留守幼儿的重视程度影响留守幼儿师幼关系

接受访谈的幼儿园园长一致认为，留守幼儿的心理问题和师幼关系随着老师对其持续的关爱向好的方向发展。案例 3 中幼儿园园长吉胡阿莎掌握留守幼儿的困难，及时开会研究，查找问题原因，制订解决方案。园长广泛发动老师，组织献爱心活动，部分老师受园长行为的鼓舞而感动落泪。7 名留守幼儿从内敛、自卑中走出来，逐渐变得自信、开朗，师幼关系良好。案例 8 中张园长提出留守幼儿师幼关系的两种极端——高度依赖和内向回避。从不同监护类型师幼关系差异可知，一般由父亲单方监护的留守幼儿易出现依恋老师的情况，而由祖辈监护的留守幼儿易出现回避老师的情况。但无论哪种师幼关系的幼儿，在心理上都渴望老师的关爱。通过幼儿园园长的科学引导和正向示范，教师在教学活动中对留守幼儿关注更多，付出更多的精力。留守幼儿感受到关爱后，不自觉地调整自己，改变与老师的互动方式，发展为良性的师幼关系。

（五）政府行为影响留守幼儿师幼关系

四川凉山彝族自治州某国家级贫困县实行"一村一幼"至今，切实解决了大量留守幼儿的学前教育问题，促进留守幼儿的汉语学习。2016 年，国家计生委在 12 个省 27 个县启动农村留守儿童健康教育项目，该县成为项目县之一。政府教育部门认为，掌握了留守经历对幼儿生活、学习的影响，积极协调争取国家政策扶持幼教事业，逐步提升、完善留守幼儿的管理水平。但通过访谈幼儿园园长得知，幼儿园上报本园难以解决的问题给教育局时，由于经济落后的原因基本上以

---

① Bronson, M., Tivnan, T., Seppanen, P., "Relations Between Teacher and Classroom Activity Variables and the Classroom Behaviors of Prekindergarten Children in Chapter 1 Funded Programs", *Journal of Applied Developmental Psychology*, Vol. 16, 1995, pp. 253 – 282.

精神支持为主，无具体实质性措施，造成留守幼儿的问题仍然不能及时得到解决，师幼关系也不能正向发展。

第四节　促进留守幼儿师幼关系良性互动的建议

一　对留守幼儿家庭的建议

幼儿时期是人生发展启蒙教育的关键期，应该要有父母的陪伴。在经济飞速发展的时代，父母虽然想陪伴孩子左右，但迫于生活压力只能背井离乡、外出务工以谋求更好生活。有研究发现，留守幼儿的监护人类型会影响其性格、情绪、行为等方面的发展，通过本书研究发现监护人类型也会影响师幼关系。

（一）尽量让父母在发展的关键期多陪伴幼儿

父母单方监护和祖辈监护是留守幼儿的主要监护形式，祖辈监护的留守幼儿师幼关系是几种监护形式中最差的一种。因为祖辈文化知识缺乏、观念落后、行动不便，仅仅关注留守幼儿的吃穿住行，不会关注情感交流、心理健康，更不会关注师幼关系是否良好。长期与祖辈共同生活的留守幼儿缺乏安全感，与老师互动时容易出现冷漠、回避、冲突的情况。父母单方监护的幼儿比隔代祖辈监护的幼儿师幼关系相对好一些，特别是由母亲单方监护的幼儿要更好一些。当幼儿感受到关爱，情感需求充分满足时能促使其学习进步。所以在幼儿时期，父母应该尽量选择留在幼儿身边，确实迫于生活压力需外出打工，请让母亲留下陪伴幼儿，降低母子分离带来的情感缺失问题。对于父母双方均外出务工的家庭，增加与幼儿联系的时长，提高互动的频率，确保联系的效果，及时掌握幼儿的情绪和行为问题，并通过远程手段解决幼儿困难，让幼儿感受到更多的安全感，同时常与老人沟通教育方法，指导老人调整教养方式，让留守幼儿身心向着积极的方向发展。

（二）监护人尽量与老师保持有效沟通

部分监护人觉得老师对自家孩子不够重视，在留守幼儿面前也不回避对老师的不满情绪，从而导致师幼关系的不良发展。留守幼儿监护人不仅自己要关注幼儿身心健康发展，还要积极、有效地与老师交流，了解幼儿在园情况的基础上主动介绍幼儿在家情况，让老师全方位了解幼儿情况，力争做到家园教育方式一致。特别是由祖辈监护的留守幼儿，尽量参加幼儿园的各项活动，通过这种积极的良性互动，增进亲子感情。监护人和老师相互理解、互相支持、相互配合、共同努力才能够促进良好的师幼关系发展。

二 对留守幼儿老师的建议

（一）善于倾听并分析不同留守幼儿的心理

师幼关系是老师和幼儿双向的互动，绝不是单向的。通过访谈可知，老师和幼儿的态度都能影响师幼关系的发展，良性互动要求老师付出更多的时间和精力。老师做实家访工作，主动与留守幼儿监护人沟通，掌握留守幼儿家庭情况和现实表现，并针对监护人教育方式问题进行一些帮助和指导。幼儿老师要掌握幼儿心理学知识，分析幼儿心理状况，倾听幼儿的心声。针对留守幼儿存在的具体问题要具体分析。比如，回避性师幼关系下老师要给予更多鼓励、主动亲近幼儿；冲突性师幼关系下老师既要严格要求又要给予更多关爱；依恋性师幼关系下老师要鼓励幼儿与同伴接触，并可以安排同伴提供帮助。总之，对暂时处于不良师幼关系的留守幼儿投入更多的精力、给予更多的关心，关系性质的转变指日可待。

（二）认真组织班级活动

幼儿教师应按照2012年教育部颁发的《幼儿园教师专业标准》要求自己，始终用先进的教育理论武装自己、扎实的基础知识丰富自己、辛勤的教学实践提升自己，锻造全面过硬的能力素质。该县幼儿园普遍存在老师少、幼儿多的矛盾，这种不合理的师幼比例容易导致留守幼儿出现行为问题。回避性师幼关系的留守幼儿，在班级组织的活动中往往以事不关己的态度回应；冲突性师幼关系的留守幼儿，在班级组织活动时极度活跃却不听管束，两种情况都难以取得良好的教学效果。因此，老师在组织班级活动时既要让大家广泛参与，也要具有一定的针对性，每次活动针对班级幼儿的问题确定一个主题，确保以活动的形式解决实际问题，提升教育效果，达到教学目标。比如，在组织活动分组时把留守幼儿和非留守幼儿分为一个小组，把性格外向的幼儿和内向的幼儿分为一个小组，以鼓励表扬为主，适当批评为辅，不仅要表扬表现好的幼儿，更要表扬进步快的幼儿，同时在活动中增加老师和回避性留守幼儿互动的机会。

三　对幼儿园的建议

（一）多开展园内活动

四川凉山彝族自治州某贫困县城区面积不大、乡村居多，在组织大型活动时发现留守与非留守幼儿的区别较为明显，比如留守幼儿上台胆怯、因监护人缺席感到自卑等。针对此类现象，幼儿园应多组织各项活动，比如朗诵比赛、歌唱比赛、以传统节日为主题的表演活动、运动会、游园活动等。以活动的形式增加留守幼儿与老师、同学的互动，在参加活动中学会合作、树立信心。在安排留守幼儿参与项目时需要考虑留守幼儿的性格特点，比如不自信的留守幼儿安排其擅长的项目，让他体会成功带来的欢乐，逐步树立起自信心。幼儿园可以组织各种形式的亲子活动，让留守幼儿监护人参加，增加监护人和留守幼儿的亲密度。因父母缺席而感到自卑的留守幼儿，可以开展有针对性的活动，比如组织演讲比赛，主题设置为"我的爸爸在美丽的××（地名）"，引导留守幼儿去了解父母在外的情况，感受父母外出务工的辛苦，培养感恩之心，增进亲子感情。通过参与演讲活动，让留守幼儿知道不仅自己的父母在外务工，幼儿园还有同学与自己一样，逐渐消除父母缺位带来的影响。

（二）及时研究处理留守幼儿问题

幼儿园应该增加班级数量，减少班级人数；招聘幼儿老师，增大师幼比例；减轻老师工作量，提供培训学习机会；总之，要使老师能有时间、有精力、有能力更好地关注留守幼儿的问题。只有老师工作节奏慢的时候，才能认真倾听幼儿心声，把握留守幼儿的特点，制定解决问题的措施，与幼儿建立良性的师幼关系。在幼儿园设立心理辅导室，由具备心理咨询师资格的专业老师对问题较为严重的留守幼儿进行心理辅导。幼儿园园长带头并鼓励老师们做与留守幼儿相关的研究，在实践中总结规律，在研究中提升水平，以研究结果指导实践，还可以向上级申请课题专项资金，保障课题顺利完成。幼儿园要及时处理留守幼儿、监护人与老师之间的问题，组建家园共育工作室，倡导家庭、村社、学校密切配合，促进家园共建，努力为留守幼儿营造一个温暖的成长环境。

四　对政府机构的建议

(一) 加强贫困地区的经济建设

四川凉山彝族自治州某贫困县地理位置偏远、自然资源缺乏、交通设施落后，导致大量的青壮年外出谋求生计。要想改变此现状必须加快当地的经济建设，广泛招商引资，因地制宜发展特色产业，比如种植适宜当地生长的果树苗等。政府应不断拓宽就业渠道，增加当地工资收入，让彝族区群众不再背井离乡就能过上幸福生活。

(二) 提高老师任职要求及待遇

四川凉山彝族自治州实施"一村一幼"计划，将根治贫困"积累循环效应"，结束彝区幼儿没有学前教育的历史。2015—2017 年，该县用两年的时间将"一村一幼"计划落实到 289 个行政村。在幼儿老师缺口巨大、邻县争夺人才激烈的情况下，为满足正常运行的需要降低了招聘要求，导致部分素养不是很高的幼儿教师在一线工作。因此，政府的教育管理部门要提高招聘幼儿教师的条件（学历和教学经验等），严把入职关口，确保把具备了良好的学前教育专业素养的人充实到一线。同时，州教育行政管理部门要加强指导师范院校抓好学前教育专业实践活动，让实习学生走进课堂，来到留守幼儿身边，掌握留守幼儿情况，发现留守幼儿的各类问题，以便为今后工作积累一定的教学经验。

为在职老师提供培训的机会，优化工作环境、增加福利待遇、提高社会地位。对幼儿教师的工资实施专项管理，严禁挪用、及时发放；积极帮助幼儿园教师解决遇到的困难和问题，尤其是留守幼儿的问题；建立奖励激励机制，留住现有优秀老师，吸引招聘更多优秀老师。

（三）号召社会爱心人士关爱留守幼儿

社会各界对留守儿童关注较早、投入较多，媒体的宣传报道持续不断，但关注留守幼儿的人不多。幼儿作为儿童的一个初始阶段，对个体一生的影响巨大。政府机构要积极宣传留守幼儿群体，反映幼儿面临的实际问题，让社会各界爱心人士关注留守儿童这一大群体的同时，更加关心留守幼儿这一子群体。通过教育援助、物资援助、资金援助等方式帮助存在心理及行为问题、家庭生活困难的留守幼儿。倡导"一市一县"的结对帮扶，组织学前教育发展良好的市对口帮扶发展滞后的县，该项措施可以跨省、市级单位全面实施。

参考文献

一　中文著作

黄希庭:《普通心理学》,人民教育出版社 2000 年版。

雷万鹏:《中国农村教育焦点问题实证研究》,华中科技大学出版社 2007 年版。

李季湄、冯晓霞:《3—6 岁儿童学习与发展指南》,人民教育出版社 2013 年版。

李生兰:《幼儿家庭教育》,上海教育出版社 2002 年版。

林崇德:《发展心理学》,人民教育出版社 1995 年版。

林崇德、杨治良、黄希庭:《心理学大辞典》,上海教育出版社 2003 年版。

林克勇:《21 世纪中国教育向何处去》,吉林人民出版社 1999 年版。

刘金花:《儿童发展心理学》,华东师范大学出版社 1997 年版。

刘晓东:《解放儿童》,上海教育出版社 2004 年版。

孟育群、李锦韬、张谦:《少年亲子关系研究》,教育科学出版社 1998 年版。

彭聃龄:《普通心理学》,北京师范大学出版社 2001 年版。

王振宇:《儿童社会化与教育》,人民教育出版社 1992 年版。

许远理、熊承清:《情绪心理学的理论与应用》,中国科学技术出版社 2011 年版。

杨丽珠、姜月、陶沙:《早期儿童自我意识情绪发生发展研究》,北京师范大学出版社 2014 年版。

叶敬忠:《关注留守儿童》,社会科学文献出版社 2005 年版。

叶平枝:《幼儿社会退缩的特征及教育干预研究》,中国社会科学出版社 2007 年版。

张文新：《幼儿社会性发展》，北京师范大学出版社 1999 年版。

张武升：《教育创新论》，上海教育出版社 2000 年版。

郑静、曹家正、邵慧铃：《幼儿问题行为及其矫正》，华东师范大学
　　出版社 1997 年版。

周念丽、张春霞：《学前儿童发展心理学》，华东师范大学出版社
　　1998 年版。

周宗奎：《儿童社会化》，湖北少年儿童出版社 1995 年版。

朱家雄：《生态学视野下的学前教育》，华东师范大学出版社 2007
　　年版。

朱小蔓：《教育的问题与挑战》，南京师范大学出版社 1999 年版。

［美］戴蒙、勒纳、埃森伯格：《儿童心理学手册（第 6 版）第 3 卷
　　（上）》，林崇德、李其维、董奇等译，华东师范大学出版社 2009
　　年版。

［美］杜威：《民主主义与教育》，王承绪编译，人民教育出版社 1990
　　年版。

［美］卡莱特：《情绪》，周仁来等译，中国轻工业出版社 2009 年版。

［英］H. 鲁道夫·谢弗：《儿童心理学》，王莉译，电子工业出版社
　　2010 年版。

二　中文期刊

曹晓君、陈旭：《3—5 岁留守幼儿抑制性控制与攻击行为的关系研
　　究》，《中国特殊教育》2012 年第 6 期。

陈昌凯、徐琴美：《3—6 岁幼儿对攻击性行为的认知评价分析》，《心
　　理发展与教育》2003 年第 1 期。

陈璟、李红：《幼儿心理理论愿望信念理解与情绪理解关系研究》，
　　《心理发展与教育》2008 年第 1 期。

陈英和、崔艳丽、王雨晴：《幼儿心理理论与情绪理解发展及关系的
　　研究》，《心理科学》2005 年第 3 期。

段飞艳、李静：《近十年国内外隔代教养研究综述》，《上海教育科

研》2012 年第 4 期。

范兴华：《不同监护类型留守儿童与一般儿童情绪适应的比较》，《中国特殊教育》2011 年第 2 期。

管红云、王声湧、刘治民、陈青山：《学龄前儿童攻击性行为的影响因素分析》，《中国学校卫生》2005 年第 11 期。

郭晓飞、藏学萍、刘刚、王玲凤：《特殊家庭教养方式与子女心理健康状况的关系》，《中国特殊教育》2008 年第 2 期。

何洁、徐琴美、王旭玲：《幼儿的情绪表达规则知识发展及其与家庭情绪表露、亲社会行为的相关研究》，《心理发展与教育》2005 年第 3 期。

侯瑞鹤、俞国良：《儿童对情绪表达规则的理解与策略的使用》，《心理科学》2006 年第 1 期。

侯瑞鹤、俞国良、林崇德：《儿童对情绪表达规则的认知发展》，《心理科学进展》2004 年第 3 期。

李董平、张卫、李丹黎、王艳辉、甄霜菊：《教养方式、气质对青少年攻击的影响：独特、差别与中介效应检验》，《心理学报》2012 年第 2 期。

李梅、卢家楣：《不同人际关系群体情绪调节方式的比较》，《心理学报》2005 年第 4 期。

李燕燕、桑标：《母亲教养方式与儿童心理理论发展的关系》，《中国心理卫生杂志》2006 年第 1 期。

李颖、李敏：《预防"留守幼儿"社会性发展异常的几点思考》，《学前教育研究》2007 年第 6 期。

连光利、王惠珊、黄小娜、石淑华、刘国艳、张建端：《幼儿社会性和情绪发展与行为问题的相关性研究》，《中国儿童保健杂志》2008 年第 2 期。

蔺秀云、李文琳、黎燕斌等：《对立违抗障碍儿童家庭影响因素和家庭相关干预方案》，《心理科学进展》2013 年第 11 期。

刘云艳、刘婷、周涛：《运用情绪主题绘本开展幼儿情绪教育的理论基础与教学模式》，《学前教育研究》2011 年第 8 期。

罗静、王薇、高文斌:《中国留守儿童研究述评》,《心理科学进展》
　　2009 年第 5 期。

马伟娜、姚雨佳、曹亮:《幼儿情绪理解层次的发展及其与依恋的关
　　系》,《心理发展与教育》2010 年第 5 期。

莫书亮、陶莉莉、贾蒙蒙、周宗奎:《3—5 岁儿童的攻击——破坏行
　　为与心理理论、气质的关系》,《心理研究》2012 年第 1 期。

孙俊才、卢家楣、郑兴军:《中小学生的情绪表达方式认知及其与同
　　伴接纳的关系》,《心理科学》2007 年第 3 期。

孙铃、陈会昌、单玲:《儿童期社交退缩的亚类型及与社会适应的关
　　系》,《心理科学进展》2004 年第 12 期。

王玉龙、姚治红、姜金伟:《农村留守儿童亲子依恋与情绪调节能力
　　的关系:留守时间的调节作用》,《中国临床心理学杂志》2016 年
　　第 3 期。

王振宏、田博、石长地、崔雪融:《3—6 岁幼儿面部表情识别与标签
　　的发展特点》,《心理科学》2010 年第 2 期。

徐慧、张建新、张梅玲:《家庭教养方式对儿童社会化发展影响的研
　　究综述》,《心理科学》2008 年第 4 期。

杨丽珠、宋辉:《幼儿自我控制能力发展的研究》,《心理与行为研
　　究》2003 年第 1 期。

杨小冬、方格:《学前儿童对事实、信念、愿望和情绪间关系的认
　　知》,《心理学报》2005 年第 5 期。

姚端维、陈英和、赵延芹:《3—5 岁儿童情绪能力的年龄特征、发展
　　趋势和性别差异的研究》,《心理发展与教育》2004 年第 2 期。

展宁宁:《农村留守幼儿的情绪理解能力与侵犯性和同伴关系的关
　　系》,《社会心理科学》2014 年第 10 期。

张春晓、刘文、邵姝嫚:《幼儿情绪能力发展与母亲气质、教养方式
　　的关系》,《学前教育研究》2015 年第 3 期。

张光珍、梁宗保、陈会昌等:《早期气质对焦虑退缩行为的影响:社
　　会适应的背景性作用》,《心理学报》2013 年第 1 期。

张娜、蔡迎旗:《不同监护类型留守幼儿在生活、学习及沟通方面的

困难与需求差异比较》，《学前教育研究》2009 年第 5 期。

张文新、纪林芹、宫秀丽、张茜、王益文、陈欣银：《3—4 岁儿童攻击行为发展的追踪研究》，《心理科学》2003 年第 1 期。

张文新、张福建：《学前儿童在园攻击性行为的观察研究》，《心理发展与教育》1996 年第 4 期。

赵景欣、刘霞、张文新：《同伴拒绝、同伴接纳与农村留守幼儿的心理适应：亲子亲合与逆境信念的作用》，《心理学报》2013 年第 7 期。

郑名：《离异家庭儿童行为问题与母亲教养方式的研究》，《中国特殊教育》2006 年第 3 期。

郑淑杰、陈会昌等：《四岁退缩儿童亚类型研究》，《心理科学》2005 年第 1 期。

周梦婷、张金荣：《幼儿情绪表达规则策略运用与其同伴接纳的关系》，《早期教育》（教科研版）2015 年第 11 期。

三 学位论文

陈俊赢：《3—6 岁幼儿嫉妒结构、发展特点及内在相关因素研究》，博士学位论文，辽宁师范大学，2014 年。

陈艳芳：《3—6 岁儿童情绪表达规则认知的研究》，硕士学位论文，华东师范大学，2011 年。

丁璐璐：《幼儿园游戏教学活动中的师幼关系研究》，硕士学位论文，山东师范大学，2013 年。

林美：《关怀伦理视觉下的农村留守儿童品德养成教育探析》，硕士学位论文，吉林大学，2012 年。

陆芳：《学龄前幼儿情绪调节策略的发展及其相关研究》，硕士学位论文，华东师范大学，2004 年。

马啸：《4—6 岁幼儿动态表情识别能力发展特点》，硕士学位论文，陕西师范大学，2012 年。

乔金凤：《留守儿童问题行为与其看护人教养方式、社会支持的关系研究》，硕士学位论文，西南大学，2014 年。

石磊:《儿童情绪表达规则及其与家庭情绪表露的相关研究》,硕士学位论文,西南大学,2010 年。

王京:《生态学视野下的幼儿园师幼关系研究》,硕士学位论文,山东师范大学,2016 年。

王秋金:《同伴拒绝/接纳与农村留守儿童学校幸福感之间的关系:教师支持的作用》,硕士学位论文,山东师范大学,2017 年。

吴春侠:《中国农村留守儿童与非留守儿童攻击行为及影响因素比较研究》,硕士学位论文,华中科技大学,2018 年。

熊莲君:《父母教养方式对 3—6 岁幼儿情绪理解能力发展的影响》,硕士学位论文,湖北师范大学,2017 年。

叶慎花:《父母教养方式与幼儿行为问题关系的研究》,硕士学位论文,南京师范大学,2011 年。

卓美红:《2—9 岁儿童情绪理解能力的发展研究》,硕士学位论文,浙江大学,2008 年。

四 外文文献

Arsenio, W., "Affective Predictors of Preschoolers' Aggression and Peer Acceptance: Direct and Indirect Effects", *Developmental Psychology*, Vol. 36, 2000.

Bai, S., Repetti, R. L., Sperling, J. B., "Children's Expressions of Positive Emotion Are.

Bennett, M., Galpert, L., "Children's Understanding of Multiple Desire", *International Journal of Behavioral Development*, Vol. 16, No. 1, 1993.

Brumariu, L. E., Kerns, K. A., "Mother-Child Attachment and Social Anxiety Symptoms in Middle Childhood", *Journal of Applied Developmental Psychology*, Vol. 29, 2008.

Brumariu, L. E., "Attachment in Middle Childhood: Theoretical Advances and New Directions in an Emerging Field", *New Directions for Child and Adolescent Development*, Vol. 148, 2015.

Calkins, S. D. , Hill, A. , *Caregiver Influences in Emerging Emotion Regulation*, New York: Guilford Press, 2007.

Caroline, K. , Lara, M. , "Associations Among Friendship Jealousy, Peer Status, and Relational Aggression in Early Adolescence", *Journal of Early Adolescence*, Vol. 29, 2016.

Catrinel, A. S. , Julia, A. , Mircea, M. , "Children's Awareness Concerning Emotion Regulation Strategies: Effects of Attachment Status", *Social Development*, Vol. 17, 2016.

Cervants, C. A. , Callanan, M. A. , "Lables and Explanations in Mother-Children Emotion Talk: Age and Gender Difference", *Developmental Psychology*, Vol. 60, 1989.

Cole, P. M. , Dennis, T. A. , Smith-Simon, K. E. , Cohen, L. H. , "Preschoolers' Emotion Regulation Strategy Understanding: Relations with Emotion Socialization and Child Self-Regulation", *Social Development*, Vol. 18, 2009.

Coplan, R. J. , Wichmann, C. , Lagacé-Séguin, D. G. , "Solitary-Active Play Behavior: A Marker Variable for Maladjustment in the Preschool", *Journal of Research in Childhood Education*, Vol. 15, No. 2, 2001.

Cunningham, J. N. , Kloewer, W. , Garner, P. W. , "Emotion Socialization, Child Emotion Understanding and Regulation and Adjustment in Urban African American Families: Differential Associations across Child Gender", *Development and Psychopathology*, Vol. 21, No. 1, 2009.

Denham, S. , Kochanoff, A. T. , "Parental Contributions to Preschoolers' Understanding of Emotion", *Marriage and Family Review*, Vol. 34, No. 3, 2002.

Eisenberg, N. , Gershoff, E. T. , Fabes, R. A. , Shepard, S. A. , Cumberland, A. J. , Losoya, S. H. , et al. , "Mother's Emotional Expressivity and Children's Behavior Problems and Social Competence: Mediation through Children's Regulation", *Developmental Psychology*,

Vol. 37, No. 4, 2002.

Eisenberg, N., Spinrad, T. L., Eggum, N. D., "Emotion-Related Self-Regulation and Its Relation to Children's Maladjustment", *Annual Review of Clinical Psychology*, No. 6, 2010.

Eisenberg, N., Zhou, Q., Losoya, S. H., et al., "The Relations of Parenting, Effortful Control, and Ego Control to Children's Emotional Expressivity", *Child Development*, Vol. 74, No. 3, 2003.

Fivush, R., "Maternal Reminiscing Style and Children's Developing Understanding of Self and Emotion", *Clinical Social Work Journal*, Vol. 35, No. 1, 2007.

Fuentes, M. J., "Impact of the Parenting style of Foster parents on the Behaviour problems of Foster Children", *Child: Care, Health & Development*, Vol. 41, 2015.

Garner, P. W., "Continuity in Emotion Knowledge From Preschool to Middle-Childhood and Relation to Emotion Socialization", *Motivation and Emotion*, Vol. 23, No. 4, 1999.

Gosselin, P., Warren, M., Diotte, M., "Motivation to Hide Emotion and Children's Understanding of the Distinction Between Real and Apparent Emotions", *Journal of Genetic Psychology*, Vol. 163, No. 4, 2002.

Greeno, E., "Effects of a Foster Parent Training Intervention on Child Behavior, Caregiver Stress, and Parenting Style", *Journal of Child & Family Studies*, Vol. 25, 2016.

Gross, J. J., *Handbook of Emotion Regulation*, New York: Guilford Press, 2014.

Gross, J. J., John, O. P., "Individual Differences in Tow Emotion Regulation Process: Implication for Affect, Relation-ships, and Well-Binge", *Journal of Personality and Social Psychology*, Vol. 85, No. 2, 2003.

Gross, J. J., Thompson, R. A., *Emotion Regulation: Conceptual Foundations*, New York: Guilford Press, 2007.

Hannah, K. L., Anna, L., Catrin, F., Isabela, G., "Jealousy in Adolescents' Daily Lives: How Does It Relate to Interpersonal Context and Well-Being", *Journal of Adolescence*, Vol. 54, 2017.

Harris, P. L., *Children and Emotion: Mixed Emotions*, Oxford: Blackwell Publishers, 2001.

Harris, P. L., Johnson, C. N., Hutton, D., Anddrews, G., Cooke, T., "Young Children's Theory of Mind and Emotion", *Cognition and Emotion*, Vol. 3, 1989.

Harter, S., Buddin, B., "Children's Understanding of the Simultaneity of Two Emotions: A Five stage Developmental Acquisition Sequence", *Developmental Psychology*, Vol. 23, No. 3, 1987.

Haviland, J., Lelwica, M., "The Induced Affect Response: 10-Week-Old Infants' Responses to Three Emotion Expressions", *Development Psychology*, Vol. 23, 1987.

Izard, C. E., "Basic Emotions, Natural Kinds, Emotion Schemas, and a New Paradigm", *Perspectives on Psychological Science*, Vol. 2, No. 3, 2007.

Jones, D. J., Abbey, B., "The Development of Display Rule Knowledge: Linkage with Family Expressive and Social Competence", *Child Development*, Vol. 69, No. 4, 1994.

Katz, L. F., Windecker-Nelson, B., "Parental Meta-Emotion Philosophy in Families with Conduct-Problem Children: Links with Peer Relations", *Journal of Abnormal Child Psychology*, Vol. 32, No. 4, 2004.

Leslie, D. L., Philip A. F.; David S. D., "Peer Relations at School Entry: Sex Differences in the Outcomes of Foster Care", *Merrill-Palmer Quarterly*, Vol. 53, 2007.

Lunkenheimer, E. S., Shields, A. M., Cortina, K. S., "Parental Emotion Coaching and Dismissing in Family Interaction", *Social Development*, Vol. 16, No. 2, 2007.

Maria, N. S., Francisco, P., Paola, M., "Emotion Regulation Strategies in Preschool Children", *British Journal of Developmental Psychology*, Vol. 32, 2014.

Ontai, L. L., Thompson, R. A., "Patterns of Attachment and Maternal Discourse Effects on Children's Emotion Understanding From 3 to 5 Years of Age", *Social Development*, Vol. 11, No. 4, 2002.

Parker, J. G., Kruse, S. A., Aikins, J. W., *When Friends Have Other Friends. In Handbook of Jealousy: Theory, Research, and Multidisciplinary Approaches*, Wiley-Blackwell, 2010.

Pears, K. C., "Emotion Understanding and Theory of Mind among Maltreated Children in Foster Care: Evidence of Deficits", *Development and Psychopathology*, Vol. 17, 2015.

Pons, F., Lawson, J., Harris, P. L., De, R. M., "Individual Differences in Children's Emotion Understanding: Effects of Age and Language", *Scandinavian Journal of Psychology*, Vol. 44, No. 4, 2003.

Saarni, C., The development of emotional competence. New York: The Guilford Press, 1999.

Sala, M. N., Pons, F., Molina, P., "Emotion Regulation Strategies in Preschool Children", *British Journal of Developmental Psychology*, Vol. 32, 2014.

Schwarzer, G., Jovanovic, B., "The Relationship Between Processing Facial Identity and Emotional Expression in 8-Month-Old Infants", *Infancy*, Vol. 15, No. 1, 2010.

Southam-Gerow, M. A., Kendall, P. C., "Emotion Regulation and Understanding Implications for Child Psychopathology and Therapy", *Clinical Psychology Review*, Vol. 22, 2002.

Steele, H., Steele, M., Croft, C., Fonagy, P., "Infant-Mother Attachment at One Year Predicts Children's Understanding of Mixed Emotions at Six Years", *Social Development*, Vol. 8, No. 2, 2010.

Sustained by Smiling, Touching, and Playing with Parents and Siblings: A

Naturalistic Observational Study of Family Life", *Developmental Psychology*, Vol. 52, No. 1, 2016.

Thijs, J. T., Koomen, H. M. Y., Jong, P. F., et al., "Internalizing Behaviors Among Kindergarten Children: Measuring Dimensions of Social Withdrawal with a Checklist", *Journal of Clinical Child and Adolescent psychology*, Vol. 33, No. 4, 2004.

Volling, B. L., McElwain, N. L., Miller, A. L., "Emotion Regulation in Context: The Jealousy Complex among Young Siblings and Its Relations with Child and Family Characteristics", *Child Development*, Vol. 73, 2002.

Waters, S. F., Virmani, E. A., Thompson, R. A., Meyer, S., Raikes, H. A., Jochem, R., "Emotion Regulation and Attachment: Unpacking Two Constructs and Their Association", *Journal of Psychopathology and Behavioral Assessment*, Vol. 32, 2010.

Widen, S. C., Russell, J. A., "Children Acquire Emotion Categories Gradually", *Cognitive Development*, Vol. 23, No. 2, 2008.

Zeman, J. M., Cassano, C. Perry-Parrish, S. S., "Emotion Regulation in Children and Adolescents", *Developmental and Behavioural Paediatrics*, Vol. 27, 2006.

Zeman, J., Garber, J., "Display Rules for Anger, Sadness, and Pain: It Depends on Who Is Watching", *Child Development*, Vol. 67, 1996.

后　记

从大学本科到硕博、再到工作，17 年来，我热爱自己所从事的心理学专业，从最初渴望通过学习解决自身问题逐渐发展到通过学习解决社会热点问题，我乐在其中、受益匪浅。30 多年的人生，我是一个从未离开过学校的人，求学在校、工作在校、研究在校，甚是欣慰。我是一个非常喜欢与孩子接触的人，在选择本科专业时因自己是理科生，与学前教育专业失之交臂。进入大学后就希望有机会走近儿童、了解儿童、研究儿童，研究生期间参与了导师多项关于儿童社会性发展的研究课题，自己也开始沉迷于幼儿心理的科学研究。工作之后，有幸担任学前教育专业的研究生导师，带领我的研究团队一如既往地关注学前儿童的社会性发展及心理成长。

近 30 年来，国内学者对义务教育阶段留守儿童的心理发展与教育问题开展了大量的实证研究，成果也颇为丰富。但是对学前留守幼儿的心理及行为发展问题研究较为匮乏，原因可能在于幼儿配合度不高、表达不准确、数据难采集等。在研究留守幼儿的 12 年里，我意识到留守幼儿身上存在严重的情绪及行为问题，非常需要心理及教育科研工作者加以重视和指导。最初选择研究留守幼儿这一群体，有一部分原因出于自己儿时的经历。我的父亲是一名军人，我一出生他就远赴边境，一直到我 7 岁时才得以团聚。7 年来，我一直由母亲单独养育，是典型的单亲监护留守幼儿。我的人生经历告诉自己，留守幼儿的心理发展存在很多问题；我的专业知识告诉自己，留守幼儿的心理问题需要更多呵护；我的个人能力告诉自己，留守幼儿的心理问题需要全社会的关注，这也是我撰写此书的初衷和动力源泉。

本书包含我主持的四川省教育厅人文社科基地重点项目"生态系

统模型视角下留守儿童的情绪问题研究"（CJF16002）的部分成果。书中涉及四川省各区县、乡镇 20 多所幼儿园的调研数据与资料，共调查 1400 多名幼儿及其家长。感谢各区县教育局的大力支持，感谢各幼儿园的积极协助，感谢幼儿教师的全力配合，感谢幼儿监护人的辛勤付出，祝愿每一个留守幼儿健康成长。感谢我的硕士研究生团队成员张荣臻、姜美茹、夏云川、李文轩、彭思琪、王梓阳、杨函露、苏红、丁梓馨、余霞，感谢与我同行远赴山区，不辞辛劳进行实地调研与数据收集，感谢你们在书籍撰写和校对过程中所提供的帮助，可以说这部著作是整个科研团队汗水与智慧的结晶。

虽说"师父领进门，修行在个人"，但在此我还是要特别感谢我的导师，西南大学心理学部陈旭教授，感谢您对我在校 6 年的精心培养、工作 7 年的鼓励与支持，以及在书稿写作过程中的悉心指导。

此外，还要感谢我的爱人杜可先生，没有他的理解和支持，在这个新冠肺炎蔓延全球、承载太多的春季，我是不可能将出版本书的愿望变成现实的。他总是我论著的第一读者，他对我的研究和写作给予的帮助和建议，让我倍加感动与珍惜。

非常感谢中国社会科学出版社的赵丽编辑，她对本书的写作和出版非常关心，对文稿一丝不苟的态度和敬业精神让我既紧张又感动。为了本书的编校放弃了节假日的休息，为书稿的早日出版提供了宝贵的意见。同时也感谢中国社会科学出版社其他编辑老师的辛勤工作。

本书对留守幼儿的社会性发展仅仅做了一些初步的、局部的研究，由于留守幼儿这个群体的复杂性和作者水平的局限性，深知在思路整理、观点提出、结构安排、文字表达等方面都存在太多的不足和遗憾。书中难免存在粗疏、错误、遗漏之处，真诚期待同行专家及广大读者批评指正，以便不断修改完善。

曹晓君

2020 年 6 月于西华师范大学